창의적 소프트웨어 디자인

김진묵·김부용·문정경·
양호경·차현종 지음

창의적 소프트웨어 디자인

초판 1쇄 인쇄 / 2020년 8월 25일
초판 1쇄 발행 / 2020년 8월 28일

지은이 / 김진묵, 김부용, 문정경, 양호경, 차현종
발행인 / 황선조
발행처 / 선문대학교 출판부
등록번호 / 제 9호
등록일 / 1998년 9월 25일
주소 / (31460) 충남 아산시 탕정면 선문로 221번길 70
전화 / (041)530-2827 팩스 / (041)530-2979

인쇄처 / 다해 (02)2266-9247

값 16,000원

ISBN 978-89-8423-887-9 93530

발간사

최근 들어 빅데이터 분석, 인공지능, 코딩 교육에 관한 관심이 매우 높아지고 있다. 특히, 대학교에 처음 입학한 신입생을 대상으로 한 코딩 교육은 스마트폰과 태블릿 같은 이동형 장치를 사용해서 실시하고자 하는 노력이 매우 높다.

이에 본 집필진은 소프트웨어 교육에 대한 필요성을 깊이 인식하고 대학교 학생들이 스스로 프로그래밍 작업을 수행하고 작성한 프로그램을 직접 스마트폰이나 태블릿에서 실행하고 수정해 볼 수 있는 다양한 예제를 설계 및 구현하였다. 이를 위해서 사전에 이해해야 할 소프트웨어공학이나 프로그래밍 이론 등을 지루하게 제시하기보단 디자인 사고법(DT: Design Thinking)을 이용해 현실에서 필요한 프로그램을 개발하기 위한 접근 방법을 제안하였다.

본 교재를 사용해서 프로그래밍 작업을 처음 시도하는 대학교 학생들이 현실 생활에서 찾거나 느끼게 된 문제점들을 스스로 해결하기 위한 노력을 실천해 학습 능력을 향상할 뿐만 아니라 자기 만족도를 높일 수 있는 계기가 되기를 바란다. 학생들은 교재에서 제안하는 대로 자신이 만들고자 하는 프로그램이 가져야 할 기능을 디자인 사고법을 사용해서 정의하고, 앱 인벤터를 사용해서 개발하고 싶은 프로그램의 외형을 설계한다. 또한 앱 인벤터의 블록 코딩을 통해서 개발하고 싶은 프로그램에서 해결하고자 하는 문제에 대한 알고리즘을 구현하였다. 마지막으로 학생이 소유한 스마트폰이나 태블릿에서 직접 개발한 프로그램 소스를 내려받고 실행해 봄으로써 프로그램 개발에 대한 만족도와 체험 경험을 높이는 기회가 되길 바란다.

끝으로 본 교재가 개발되기까지 바쁜 업무와 강의에도 불구하고 물심양면으로 도움을 주신 집필진들에게 진심으로 감사드립니다.

2020. 1. 8.

미리보기

창의적 소프트웨어 디자인

Chapter 1. 창의적 소프트웨어의 소개

▶ **이론과 팀 회의**

하나의 주제를 주고 팀 회의를 통하여 창의적 해결 방법을 도출하도록 진행한다.

▶ **창의적 소프트웨어의 소개**

1. 창의적 소프트웨어 디자인
2. 디자인 사고의 이해
3. 디자인 사고의 프로세스

▶ **팀구성 및 회의**

아이스 브레이킹 | 빨리 친해지기

그룹 회의를 위해 낯선 팀원들과 대면하여 앞으로 활발하게 회의를 할 수 있도록 간단한 목표를 두고 해결함으로써 팀웍을 향상시킨다.

▶ **실습**

App Inventor 소개

▶ **프로그램 소개하기**

앱인벤터 소개

개발환경 설명

앱인벤터 작업을 위해 필요한 것

새로운 프로젝트 시작하기

화면구성 | 디자이너 | 블록

화면의 구성 설명과 디자이너와 블록으로 구분된 기능 설명

각 컴포넌트의 기능을 개략 설명

스마트 기기 연결하기 | 공유

작성한 앱을 확인하는 몇 가지 방법.

하나의 파일을 컴퓨터로 내보내기와 가져오기

▶ **AppInventor 실습하기**

화면 배경색 변경 앱 제작하기

화면의 배경색을 버튼을 눌러 변경하는 앱을 제작한다.

· 예제: ColorChange.aia

· 컴포넌트: 버튼, 스크린의 배경색 변경

창의적 소프트웨어 디자인 Chapter 2. 디자인 사고(1)

▶ 디자인 사고(1)

개념 이해

1. 디자인 사고의 핵심
2. 1단계 – 공감하기
3. 2단계 – 정의하기

▶ 팀 회의

공감하기

제시된 문제에 대한 불편함 공감하기

· **주제 1 : 생활 속의 불편한 점 생각하기**
· **주제 2 : 말을 못하는 친구 도와주기**

정의하기

공감하기에서 얻어진 불편함을 기반으로 진짜 문제를 정의한다.

· **문제 정의 1:**
· **문제 정의 2:**

▶ 실습

AppInventor를 사용하여 앱을 제작한다.

▶ AppInventor

글을 읽어주는 앱 제작하기

텍스트상자에 문자를 입력하고, 글자를 읽어주는 앱을 제작한다.

· **예제: TextReader.aia**
· **컴포넌트: 텍스트 상자, 음성변환**

▶ 이론과 팀 회의

하나의 주제를 주고 팀 회의를 통하여 창의적 해결 방법을 도출하도록 진행한다.

창의적 소프트웨어 디자인 Chapter 3. 디자인 사고(2)

▶ 디자인 사고(2)

개념 이해

1. 3단계 – 아이디어 발상이란?
2. 아이디어 발상의 방법
3. 창의적인 생각의 결과

▶ 팀 회의

아이디어 내기

정의된 문제를 해결하기 위한 아이디어 회의를 진행한다.

· **주제 : 위기 상황에서 벗어나기(위험한 상황)**

▶ 실습

AppInventor를 사용하여 앱을 제작한다.

▶ AppInventor

흔들면 화면 변경 앱 만들기

폰을 흔들면 배경화면이 변경되는 앱을 제작한다.

· **예제1: Shaking.aia**
· **컴포넌트 : 이미지, 가속도 센서, 소리**

호신용 앱 만들기

이미지를 누르면 임의의 그림이 나타나고, 폰을 흔들면 사이렌 소리가 나는 앱을 제작한다.

· **예제1: KeepSafe.aia**
· **컴포넌트: 레이블, 가속도 센서, 소리**

▶ 이론과 팀 회의

하나의 주제를 주고 팀 회의를 통하여 창의적 해결 방법을 도출하도록 진행한다.

창의적 소프트웨어 디자인 Chapter 4. 디자인 사고(3)

▶ 이론과 팀 회의

하나의 주제를 주고 팀 회의를 통하여 창의적 해결 방법을 도출하도록 진행한다.

▶ 디자인 사고(3)

개념 이해

1. 4단계 - 프로토타입 만들기
2. 5단계 - 테스트

▶ 팀 회의

프로토타입 만들기

자신의 피부 타입을 조사하는 종이 프로토타입 양식을 제작한다.

테스트

종이 프로토타입을 참고로 앱 인벤터를 사용해 제작한 앱이 원활하게 동작하는지 여부를 테스트한다.

▶ 실습

AppInventor를 사용하여 앱을 제작한다.

▶ AppInventor

나의 피부타입은? 앱 만들기

변수의 개념을 이해하고, 피부 타입에 따라 피부보호 제품을 추천하는 앱을 제작한다.

· 예제1: Variable.aia
· 컴포넌트: 레이블, 목록뷰

· 예제2: Variable2.aia
· 컴포넌트: 레이블, 수평배치

· 예제3: Variable3.aia
· 컴포넌트: 레이블, 수평배치

· 예제4: SkinType.aia
· 컴포넌트: 체크박스, 변수, 스크린 이름

창의적 소프트웨어 디자인 Chapter 5. SW개발 방법론1 폭포수 모델

▶ 이론과 팀 회의

하나의 주제를 주고 팀 회의를 통하여 창의적 해결 방법을 도출하도록 진행

▶ SW개발방법론

1. SW개발방법론
2. 폭포수 모델

▶ 팀 회의

계획 | 요구분석

여행지를 검색하기 위한 앱을 만들기 위해서 요구사항 분석 회의 진행

설계 | 구현 | 테스트와 유지보수

요구사항을 참고하여 앱을 설계하고 상세 기능을 작성한다. 앱 작성후 오류에 대한 테스트를 진행하고 수정한다.

▶ 실습

AppInventor를 사용한 앱 작성
appinventor.mit.edu

▶ AppInventor

여행지 검색하기1

텍스트 상자에 입력하는 여행지를 사용하여 구글지도에서 여행지를 찾아주는 앱을 제작한다.

· 예제 1: Webview.aia
· 컴포넌트: Webview

여행지 검색하기2

텍스트 상자에 입력하는 여행지를 사용하여 구글지도에서 여행지를 찾아 새로운 창에 보여주는 앱을 제작한다.

· 예제 2: ActivityStarter.aia
· 컴포넌트: ActivityStarter

학과 홈페이지 찾기

우리학교 학과 홈페이지를 찾을 수 있는 간단한 앱을 제작한다.

· 예제 3: SchoolApp.aia
· 컴포넌트: 스피너, Webview

창의적 소프트웨어 디자인
Chapter 6. SW개발 방법론2 프로토타이핑 모델

▶ 이론과 팀 회의
하나의 주제를 주고 팀 회의를 통하여 창의적 해결 방법을 도출하도록 진행

▶ SW개발방법론
1. SW개발 방법론
2. 프로토타이핑 모델

▶ 팀 회의
계획 | 요구분석

약을 빼먹지 않고 먹을 수 있는 방법에 대한 아이디어 회의 진행

설계 | 구현 | 테스트와 유지보수

요구에 대한 프로토타입을 작성하고, 여러번의 수정을 거쳐 최종 선택된 내용으로 앱을 제작한다.

▶ 실습
앱 인벤터를 사용한 앱 작성
appinventor.mit.edu

▶ AppInventor
몇 분후 알람 울리기

텍스트 상자에 입력된 시간 후에 알람을 울리는 앱을 제작한다.

· 예제 1: TimerAlarm.aia
· 컴포넌트: 알림, 시계, 플레이어

지정시간 알려주기

시간선택 컴포넌트로 지정한 시간이 되면 알람이 울리는 앱을 제작한다.

· 예제 2: SelectAlarm.aia
· 컴포넌트: 시계, 플레이어, 시간선택

창의적 소프트웨어 디자인
Chapter 7. SW개발 방법론3 애자일모델

▶ 이론과 팀 회의
하나의 주제를 주고 팀 회의를 통하여 창의적 해결 방법을 도출하도록 진행

▶ SW개발방법론
1. SW개발 방법론
2. 애자일(Agile)모델

▶ 팀 회의
요구파악 | 분석

퀴즈 만들기 앱을 작성하기 위한 아이디어 회의 진행

설계와 구현 | 테스트

회의에서 나온 의견 중 앱으로 만들기 적합한 의견을 선택하여 프로토타입 작성

▶ 실습
앱 인벤터를 사용한 앱 작성
appinventor.mit.edu

▶ AppInventor
퀴즈 맞추기

문제가 출제되면 정답을 맞추는 앱을 제작한다.

· 예제 1: Quiz.aia
· 컴포넌트: 이미지, 스피너, 리스트

행운의 쿠키

버튼을 클릭하면 행운의 쿠키가 깨지면서 소리와 함께 오늘의 운세가 나타나는 앱을 제작한다.

· 예제 2: FortuneCookie.aia
· 컴포넌트: 캔버스, 이미지, 리스트, 소리

연락처 검색하기

친구의 연락처를 저장, 검색, 삭제가 되는 앱을 제작한다.

· 예제 3: TelSearch.aia
· 컴포넌트: TinyDB, 목록뷰

창의적 소프트웨어 디자인 Chapter 8. UI/UX의 정의

▶ 이론과 팀 회의
하나의 주제를 지정하고 팀 회의를 통하여 창의적 해결방법을 도출하도록 진행한다.

▶ UI/UX의 정의
1. UI의 정의
2. UX의 정의
3. UI와 UX의 차이점

▶ 팀 회의
UI디자인 특징 | UX 디자인 특징

팀원들은 만들고 싶은 게임의 UI UX특징에 관련된 아이디어 회의 진행한다.

프로토타입 | 테스트

회의 결과에서 나온 특징을 이용하여 스크린 화면(종이 프로토타입)을 설계한다.

▶ 실습
AppInventor를 사용하여 앱을 제작한다.

▶ AppInventor
단순 mp3 플레이어 제작하기

1개의 mp3파일과 이미지를 업로드 하고 버튼을 누르면 업로드한 mp3파일을 재생, 일시정지, 멈춤 기능의 앱을 제작한다.

- 예제1: Mp3.aia
- 컴포넌트: 플레이어, 버튼, 이미지

mp3 플레이어 제작하기

여러 개의 mp3파일과 이미지를 업로드 하고, 선택한 mp3 파일을 일시정지, 시작, 정지하는 앱을 제작한다.

- 예제2: Mp3Player.aia
- 컴포넌트: 플레이어, 버튼, 이미지

CarGame 제작하기

캔버스에서 하나의 이미지 스프라이트를 플링하여 이미지스프라이트가 서로 충돌하면 활동을 정지시키는 앱을 제작한다.

- 예제3: CarGame.aia
- 컴포넌트: 캔버스, 이미지스프라이트, 시계

창의적 소프트웨어 디자인 Chapter 9. 모바일UX 디자인

▶ 이론과 팀 회의
하나의 주제를 지정하고 팀 회의를 통하여 창의적 해결방법을 도출하도록 진행한다.

▶ 모바일UX 디자인
1. 모바일 UX의 정의
2. 모바일 UX전략
3. 모바일 UX 디자인을 위한 와이어프레임 및 프로토타입

▶ 팀 회의
UI디자인 특징 | UX 디자인 특징

앞서 제작한 위기탈출 앱을 UI, UX특징을 고려해 개선하기 위한 아이디어 회의를 진행한다.

프로토타입 | 테스트

회의 결과에서 나온 UI/UX 특징들을 적용할 수 있는 프로토타입을 설계한다.

▶ 실습
AppInventor를 사용한 앱을 제작한다.

▶ AppInventor
SOS앱 제작하기

위치센서를 이용하여 현재 위치를 읽어오고, 스마트 기기에 저장된 연락처 목록에서 문자를 보내고자 하는 사람의 연락처를 선택하여 문자를 보낼 수 있는 앱을 제작한다.

- 예제1: SOS.aia
- 컴포넌트: 위치센서, 문자메시지, 연락처 선택

내차찾기 앱 제작하기

주차장에서 내 차의 위치를 찾을 수 있도록 도와주는 앱을 제작한다.

- 예제2: IamHere.aia
- 컴포넌트: 위치센서, GPS

창의적 소프트웨어 디자인
Chapter 10. 소규모 프로젝트

▶ 이론과 팀 회의
하나의 주제를 지정하고 팀 회의를 통하여 창의적 해결방법을 도출하도록 진행한다.

▶ 소규모 프로젝트
디자인사고를 적용해 학교생활에서 불편한 점을 개선하는 프로젝트

▶ 팀 회의
공감 | 정의 | 아이디어

캠퍼스에서 자신이 원하는 정보를 찾는 주제에 관련된 아이디어 회의를 진행한다.

프로토타입 | 테스트

회의에서 나온 의견 중 앱으로 만들기 적합한 의견을 선택하여 프로토타입을 완성하고, 테스트한다.

▶ 실습
AppInventor를 사용하여 앱을 제작한다.

▶ AppInventor
팀별 소규모 프로젝트 앱 만들기

팀 회의에서 설계한 프로토타입을 기반으로 SchoolApp을 제작한다.

- 발표하기
- 느낀점, 개선할점 작성하기

목차

Chapter 1.

창의적 소프트웨어의 소개

1.1 창의적 소프트웨어 디자인

1.2 디자인 사고의 이해

1.3 디자인 사고의 프로세스

UA. 팀구성 및 회의 진행하기

프로그램 소개하기

AppInventor 실습하기

1.1 창의적 소프트웨어 디자인

1 소프트웨어

컴퓨터는 크게 하드웨어와 소프트웨어로 나뉜다. 하드웨어(Hardware, HW)는 컴퓨터 기계 자체의 집합체를 가르킨다. 소프트웨어(Software, SW)는 컴퓨터 프로그램 및 이와 관련된 문서들까지 포함된다. 즉, 하드웨어가 컴퓨터 시스템의 물리적인 기반을 제공하는데 반해 소프트웨어는 사람이 원하는대로 기계를 작동하게 만드는 명령어의 집합이라고 할 수 있다.

소프트웨어는 흔히 컴퓨터 프로그램과 같은 의미로 사용한다. 하지만 음악회나 각종 행사에서 사용되는 식순과 같은 작업의 순서를 나열한 것도 해당된다. 이와 같이 작업의 순서를 차례로 나열한 것을 프로그램(program) 이라고 한다. 예를 들어, 프로그래밍 언어인 C언어 코드와 졸업식에서 사용되는 식순도 프로그램이라 한다.

```
#include <stdio.h>

int main()
{
    int fa, ce;
    printf("변환할 화씨를 입력 : ");
    scanf("%d", &fa);

    ce= (fa-32) * 5 / 9;

    printf("화씨 %d는 -> 섭씨 %d이다 ₩n", fa, ce);

    return 0;
}
```

식 순

1. 개 회 사
2. 국 민 의 례
3. 학 사 보 고
4. 졸업장 수여
5. 상장 수여
6. 학교장 회고사
7. 내 빈 축 사
8. 학교를 떠나며
9. 졸업식 노래 및 교가제창
10. 폐 회 사

2 창의적 소프트웨어

(관련 동영상 : https://youtu.be/YN0ZIMCfII8)

'소프트웨어 중심사회'란 소프트웨어가 혁신과 성장, 가치창출의 중심이 되고 개인의 삶의 질을 향상시키며, 기업과 국가의 경쟁력을 좌우하는 사회를 말한다.

소프트웨어는 그 자체로 거대한 시장을 형성하고 있다. 과거에는 제조업이 시장의 중심이었다면, 현재는 세계 SW시장이 자동차, 반도체, 휴대폰 시장과 그 규모가 비슷하다. 또한 기업의 시가총액도 SW분야 1위인 애플이 5,896억달러인 반면 자동차분야 1위인 도요타가 1,884억달러로 압도하고 있다. 또한 새로운 일자리의 대부분이 SW관련분야에서 발생되고 있다. 미국의 대형서점인 '보더스'가 파산하여 2만여 직원이 실업자가 된 것이 가장 큰 예이다. 유엔 미래연구보고서는 4차 산업혁명으로 약 710만개의 일자리가 사라질 것이라고 밝혔다. 미국 보스턴 컨설팅 그룹(BCG)은 보고서를 통해 "2025년에는 로봇과 소프트웨어 등 인공지능이 전 세계 일자리의 25%를 대체할 것"이라고 전망했다. 즉, SW로 인해 전통적인 일자리가 없어지기도 하지만 SW는 좋은 일자리를 더 많이 창출하기도 한다. 또한 가트너가 제시한 10대 전략기술 트렌드를 보면 거의 모든 항목이 소프트웨어 기술로 채워져 있다. 이것은 미래의 산업에서 중심이 되는 기술이 SW 기술이 된다는 것이다.

구분	전략 기술 트렌드	설명
인간 중심	초자동화	AI를 이용한 자동화(RPA 등)
	다중 경험	다중 센서 경험, 다중 모드 경험
	전문성의 민주화	데이터 분석, 개발, 설계 민주화
	인간 증강	물리적 증강, 인식적 증강
	투명성 및 추적성	디지털 윤리와 개인정보 보호의 요구 충족
스마트 공간	강화된 엣지	엣지 컴퓨팅의 발전된 개념
	분산 클라우드	퍼블릭 클라우드 서비스의 분포 확대
	자율 사물	로봇, 드론, 자율주행차 등 다양성, 자율성 증가
	실용적 블록체인	DID 등 실용적 블록체인 활용
	AI 보안	AI를 이용한, AI에 의한, AI에 대한 보안

그림. 가트너 10대 전략기술 트렌드, 2020년

그러나 우리나라의 SW 생태계는 악순환의 고리에 빠져 있는 상태이다. SW의 가치 인식 부족으로 불법 복제가 만연해있고, 응용 SW를 무상 배포하는 일이 많다. 또한 아이디어를 무단으로 모방하는 일이 많다. 이로 인해 기업의 경쟁력이 약해져 있다. 세계 100대 패키지 SW 기업 중에서 국내기업이 없다는 것이 이를 증명하고 있다. 그로인해 선진국에 비해 개발역량은 낮다. 이는 낮은 임금과 과도한 근무시간의 열악한 처우로 이어진다. 따라서, 우수인력 기피 현상이 일어나면서 SW관련학과 졸업생이 점차 감소하고 있다.

따라서 소프트웨어 중심사회는 아이디어와 상상력을 소프트웨어를 통해 실현하고 문제점을 소프트웨어로 해결하는 사회를 뜻하며, 소프트웨어를 매개로 하여 창의성을 바탕으로 한 문화가 일상화되는 사회를 말한다. 즉, 디지털 창조경제시대를 살아야 하는 학생들에게 꼭 필요한 창의적 사고력, 문제해결력 및 소통능력을 키워주는 것이 창의적 소프트웨어 교육이라 할 수 있다. 2014년 7월에 미래창조과학부 주관으로 "SW 중심사회 실현전략 보고회"를 통해 SW교육 강화를 발표하였다. 창의적 SW 교육은 논리적 사고력, 창의적 사고력, 문제 분석 능력을 그 목표로 하고 있다.

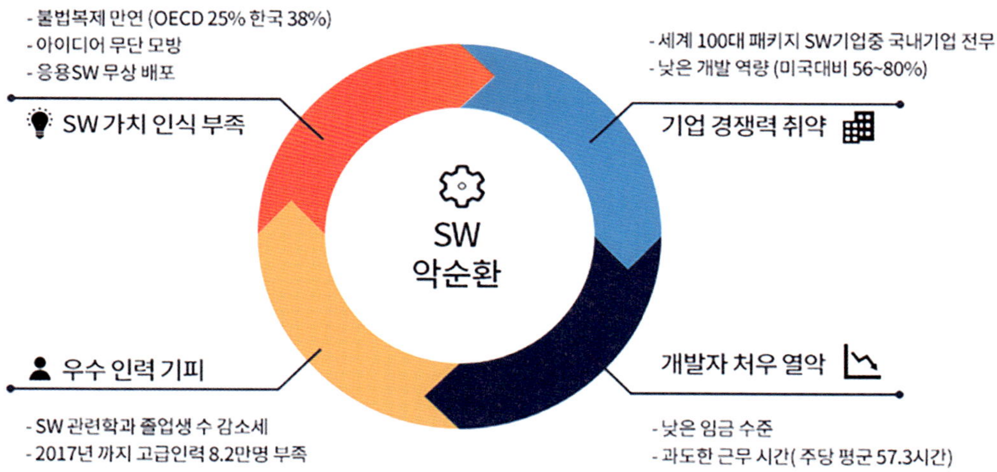

3 창의적 소프트웨어 디자인

창의적 소프트웨어 디자인은 소프트웨어를 이용하여 창의적인 문제해결 능력을 향상시키기 위해 창의적인 문제해결 방법론인 디자인사고(Design Thinking)을 융합한 개념이다. 즉, 일상생활에서 당면한 문제를 창의적으로 해결하기 위해 관찰과 공감을 통해 현재 상태의 문제를 정하고, 더 나은 상태로 변화시키기 위한 혁신적인 과정을 IT와 디자인의 적극적인 융합으로 해결할 수 있다.

개인이나 기업, 국가에서는 각 분야별 산업 및 사회 전반에 혁신적인 마인드를 고취시키고, 디자인 사고 기반의 소프트웨어 개발을 통해 논리적 사고력과 창의적 사고력, 문제 분석 능력을 강화하기 위한 것이다.

창의적 소프트웨어 + **디자인 Thinking**

1.2 디자인 사고의 이해

1 디자인 사고란?

디자인 사고는 사람과 사물에 대한 공감적 관찰을 통해 문제를 재해석하고, 시각적 아이디어 도출을 통해 직접적인 고객(사용자)을 포함한 이해 관계자를 이끌어내, 빠른 시일 내에 가시적인 프로토타입을 공동 제작하는 액션전략이다.

디자인 사고는 일련의 마음가짐(mind-set)이다. 즉, 디자인 사고는 우리가 변화를 만들어 낼 수 있다고 믿는 것이고, 세상에 긍정적인 영향을 주는 새로운 솔루션을 도출하기 위한 체계적인 문제해결과정이다. 요소로는 게임하듯 즐기기, 비판 금지, 초기에 자주 실패하기, 말하지 말고 보여주기, 과정 중시, 열린 마음, 사용자에 대한 공감, 놀이처럼 즐겁게, 축하하기, 각자의 의견 존중 등과 같은 것들을 포함하고 있다.

나아가 디자인 사고를 마인트 시프트(mind-shift)라고도 한다. 즉, 전문가 중심의 사고에서 고객/유저 중심 사고로 이동하여 실시하는 공감 및 문제 발견, 실수를 용인하는 것으로 기존 마인드가 새로운 마인드로 이동하는 마인드 시프트이기도 하다.

① 디자인 사고는 인간 중심적이다.

디자인 사고는 사람들의 니즈(필요사항) 및 동기부여를 이해하고 공감하는 것에서부터 시작된다. 여기서 사람들이라는 것은 당신과 일상 생활을 함께하는 사람들이다. 디자인의 수혜자인 고객을 대상으로 관찰하고, 이들과 공감하면서 피드백을 받는 것이 고객이 가진 진정한 문제를 찾아내고 해결하는 접근법이라 할 수 있다. 결국 우리가 디자인을 해 주고 피드백을 받는 사람들과 공감하는 것이야말로 고객을 위해 좋은 디자인을 하기 위한 기본이다.

② 디자인 사고는 협동적인 과정이다.

디자인 사고는 여럿이 머리를 맞대면 혼자 하는 것보다 훨씬 문제해결 능력이 강해진다는 것을 기본으로 한다. 다양한 사람들의 관점은 디자인 사고를 풍부하게 하고, 다른 사람들의 창의적인 사고는 서로의 사고를 자극한다. 즉, 서로 다른 다양한 전공 분야를 배경으로 가진 사람들 또는 다른 관점을 가진 사람들과 협업하는 것이 필요하다. 이는 다양성으로부터 놀랄 만한 통찰을 얻을 수 있고, 해법을 위한 돌파구를 찾을 수 있다.

③ 디자인 사고는 낙관주의에 기반한다.

디자인 사고는 기본적으로 참여하는 모두가 긍적적인 변화를 만들 수 있다고 믿는 데에서 시작한다. 문제가 크거나, 시간이 촉박하거나, 예산이 적어도 관계없이 긍정적인 생각을 지녀야 한다.

④ 디자인 사고는 '실험'을 중시한다.

디자인 사고는 항상 새로운 것에 대한 시도를 강조한다. 이 시도는 실험과 실수와 실패를 통해 배우고, 피드백을 얻는다. 이 과정을 반복 수행한다. 즉, 직접 무언가를 해보거나 만드는 등과 같이 실험을 실제로 해 보는 것으로 생각하고 학습하기 위함이다.

또한, 문제를 가진 고객이나 사용자가 실제로 경험하게 하고 대상을 구체적으로 볼수 있도록 한다. 이를 위해 우리는 문제를 그림으로 예시하거나 스토리텔링 등을 통해 들려주어 효과적으로 의사소통을 할 수 있다.

2 디자인 사고의 역사

1969년 미국 학자인 Herbert A. Simon이 발행한 〈The Sciences of the Artificial〉에서 'Design as a "Way of thinking" '(디자인에 있어 생각하는 법)을 언급하였다. 이것을 시작하여 1973년에 Robert Mc Kim의 〈경험에서의 시각적 사고〉에서 디자인사고와 연관된 내용을 찾을 수 있다. 그 이후 1987년에 Peter Rowe가 〈Design Thinking〉이라는 책을 출간하였다. 건축과 도시계획자들이 사용한 접근법에 대한 내용이 담겨져 있었다. 이는 초기 디자인 연구 문헌으로 중요한 점이다. 1980년대부터 1990년대 사이에는 디자인 사고가 미국의 스탠포드 대학에서 "창의적 행동방법의 디자인 사고"라는 주제로 교육이 진행되었다. 1991년 IDEO의 설립자인 David M. Kelly에 의해서 비즈니스 목적으로 사용되었다. 이후 일반 디자인 회사였던 IDEO는 서비스 디자인 회사로 바뀌었다.

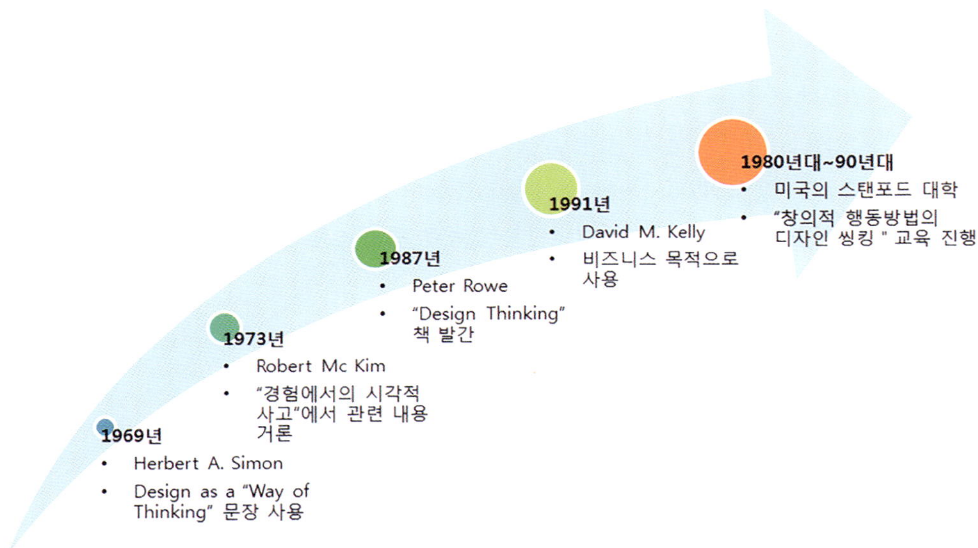

3 디자인 사고의 관점

디자인 사고는 고객의 문제를 혁신적으로 해결하기 위해 사용되는 방법이다. 문제를 해결하기 위해서는 세 가지 특성을 가진다. 그것은 고객문제에 해당하는 적합성, 기술과 자원에 대항하는 실현가능성, 경제성에 해당하는 지속성이다. 적합성은 “사람들이 진심으로 바라고 원하는 것이 무엇인가?”에 대한 특성이다. 즉, 고객 문제에 적합한 해결책을 찾는 것이다. 실현가능성은 “기술적, 조직적 측면에서 실현 가능한 것은 무엇인가?”에 대한 특성이다. 마지막으로 지속성은 “경제적, 재정적으로 지속 가능하게 하는 것은 무엇인가?”에 대한 특성이다. 이 세 가지 특성이 접목되는 시점이 혁신적인 문제를 해결할 수 있는 시점이 된다.

토론토대학 로트만 비즈니스 스쿨의 로저 마틴(Roger Martin) 교수는 “디자인 사고는 분석적 사고의 숙련성과 직관적 사고의 창조성이 역동적 균형을 이루는 통합적 사고이다. 따라서 어떻게 만드는가와 무엇을 왜 만들어야 하는가 사이의 균형을 찾는 과정이야말로 디자인사고이다.”라고 주장하였다. 분석적 사고는 과거 중심, 데이터 중심, 사례중심으로 문제를 분석하는 것이다. 이는 급변하는 미래를 대비하기에는 역부족한 점이 있다. 또한 직관적 사고는 일어날 가능성이 있는 미래에 관점을 두고 결정을 한다.

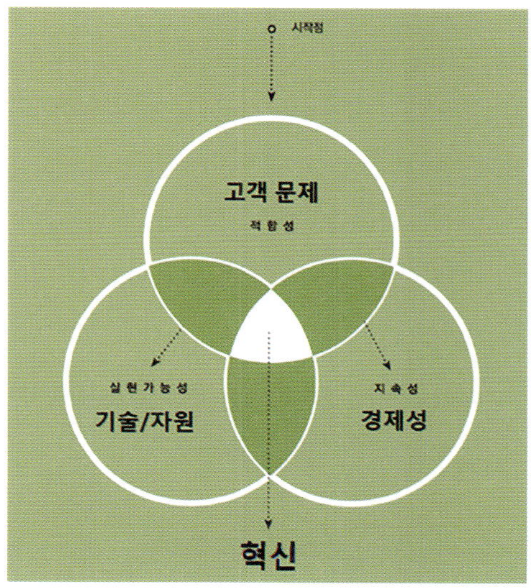

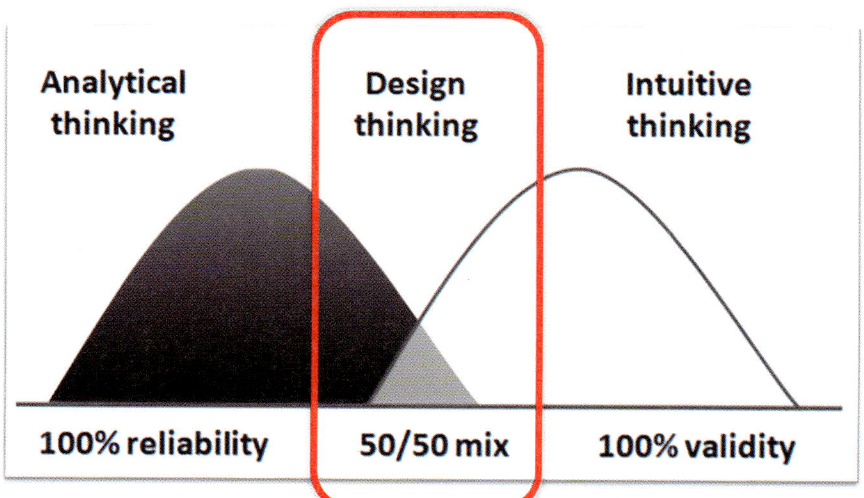

출처: Design Thinking from Roger Martin (pxd 재인용)

1.3 디자인 사고의 프로세스

1 디자인 사고의 프로세스

① Harvard Business Review의 3단계 프로세스

2008년 Harvard Business Review에서 디자인 사고의 3단계 프로세스를 발표하였다. 이는 비즈니스 측면에서 의사결정을 할 때 적용되는 방법으로 영감으로 통해 사업상의 문제점을 파악하고, 아이디어화를 통해 해결점을 찾는다. 이후 실행을 하고, 다시 영감을 받는 식으로 반복된다. 프로세스에서 영감과 관련하여 성공을 기대하며 진행하는 것이 핵심이다. 아이디어화는 보통 브레인스토밍을 가장 많이 사용하며, 실행단계에서는 경험을 설계하는 입장에서 진행한다.

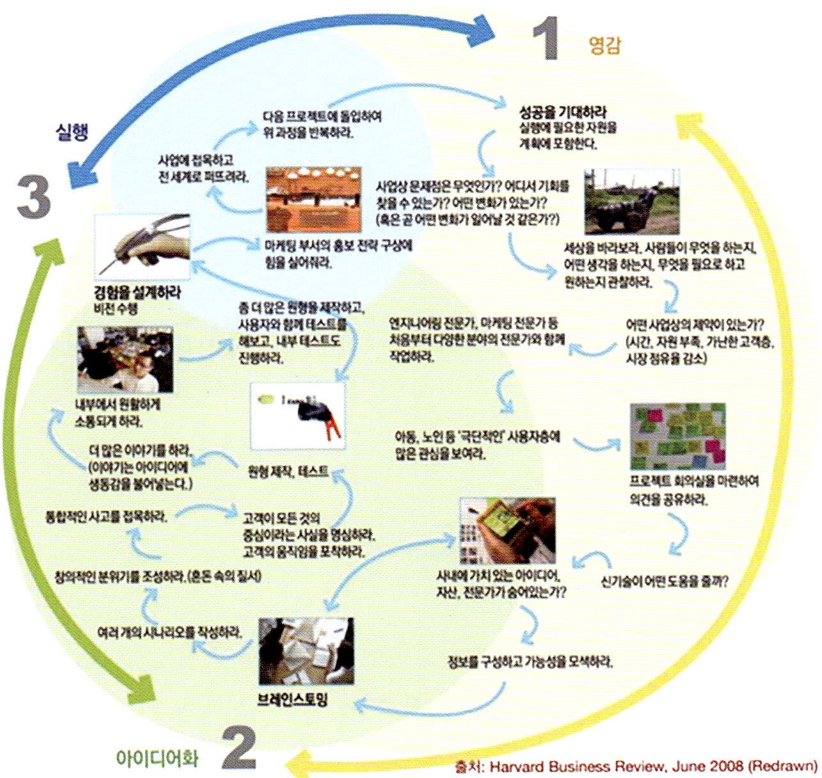

출처: Harvard Business Review, June 2008 (Redrawn)

② 스텐포드대 d.school의 모델

미국의 디자인 회사인 IDEO의 CEO인 팀 브라운이 디자인 사고 과정을 7단계로 나누었다. 각 단계는 정의, 조사, 아이디어 발상, 프로로타이핑, 선택, 실행, 학습으로 반복된다. 이것을 스탠포드 공대 디자인 스쿨의 버나드 로스 교수가 IDEO의 팀 브라운과 함께 개발한 모델은 5단계로 줄었다. 현재 가장 많이 사용되고 있는 모델이 이 모델이다.

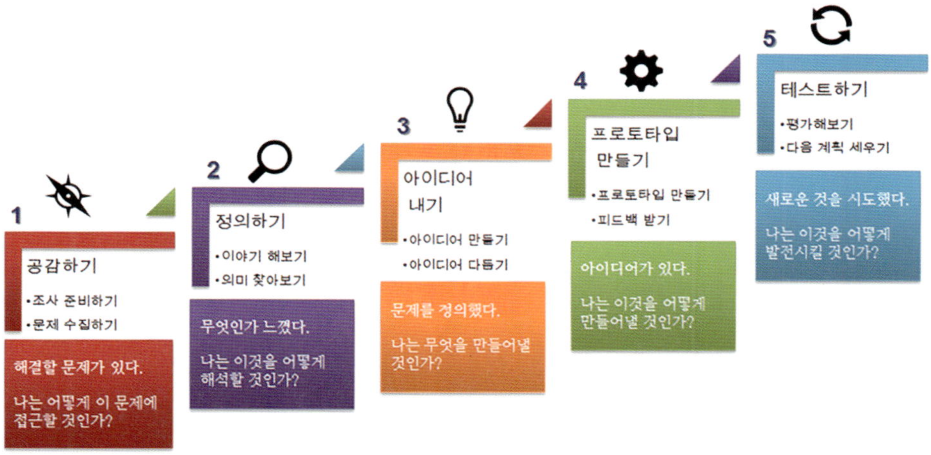

① 공감하기

이 단계는 디자인 사고에서 인간중심의 프로세스의 핵심이다. 고객의 문제를 이해하고 공감하는 단계이기 때문이다. 공감을 위해서는 실제로 고객들을 만나 공감대를 형성하고 실제 상황과 행동 등을 관찰한다. 이를 통해 고객들이 특정 방식으로 행동하는 이유, 신체적이나 정신적인 요구 등에 대해 고객의 입장에서 이해한다.

② 정의하기

공감단계에서 얻은 내용을 통해 문제점을 정의하는 단계이다. 의미가 있고 실제적인 문제를 정의하는 것이 중요하다. 이는 수집한 정보를 연결하고 패턴을 발견하는 과정이다. 이를 통해 진정한 문제를 발견할 수 있으며, 이것이 디자인 사고의 핵심이 될 수 있다.

③ 아이디어 내기

정의된 문제를 해결하기 위한 아이디어를 만들어내는 단계이다. 아이디어 발상을 할 때 처음부터 해결하려하는 것이 아니라 가능한한 광범위한 생각을 하도록 노력해야한다. 이렇게 다양한 아이디어가 나왔다면, 이를 정리하는 과정이 필요하다.

④ 프로토타입 만들기

도출된 아이디어를 실제와 비슷하게 프로토타입을 만드는 단계이다. 이는 시제품이 될 수 있고, 스토리 또는 그림 등으로 만들어질 수 있다. 만들어진 프로토타입으로 고객에게서 피드백을 얻을 수 있다. 피드백 과정에서 다시 수정될 수 있다.

⑤ 테스트하기

프로토타입이 완성되었다면, 이것을 실제로 제품이나 서비스로 생성하여 고객에게 피드백을 받아 개선해가는 단계이다. 고객이 실제생활에서 사용해보는 것이 가장 좋지만, 그렇지 못하다면 비슷한 상황을 만들어서 테스트할 수 있다.

2 디자인 사고의 적용사례

① 실패사례 : 플레이 펌프

아프리카의 물 부족문제를 해결하기 위해 아이들의 놀이터와 물을 끌어올리는 펌프를 연결시켜 아이들이 놀이 기구를 타면 물을 끌어올리는 방법으로 해결점을 찾았다. 이 플레이 펌프는 미국의 재정지원으로 아프리카에 1800여개가 설치되었다. 하지만, 플레이 펌프는 효과를 거두지 못했다.

실패의 원인으로는 하루에 한 어린이가 2리터의 물을 끌어들일수 있을 정도로 물을 끌어올리는 효율이 좋지 않았다. 또한 사후관리가 안되었다. 고장이 나도 설치한 단체에서 수리를 해주지 않았기 때문에 펌프로 이용하지 못했다. 또한 아프리카는 더워서 아이들이 힘을 써가면서 활발히 놀지 않아 펌프의 효율이 좋지 못했다.

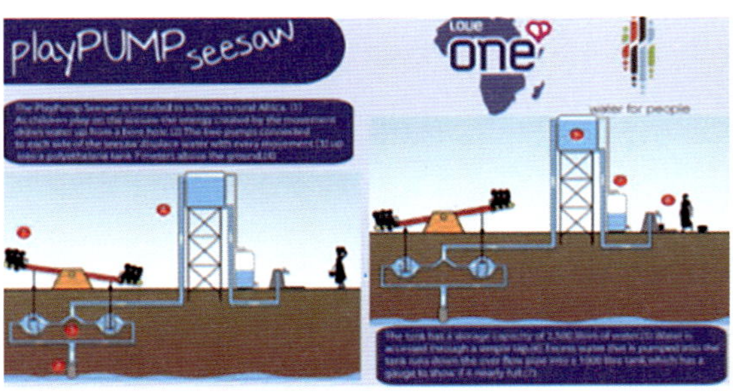

② 성공사례1 : 미얀마 농부 문제 해결

스탠포드 공대 학생들이 미얀마 농부들의 물 공급문제를 돕기 위해 현지를 방문했을 때 디자인 사고를 통해 농부들의 문제점을 해결해준 사례이다. 실제로 학생들이 방문하여 함께 생활하면서 문제에 대해 깊게 공감하였다. 그래서 진짜문제는 물 문제가 아니라 조명이라는 것을 알게되었다. 미얀마 농부들은 촛불이나 모닥불로 의지해 생활하고 있었다. 그래서 전기가 공급되지 않는 농촌에 사용가능한 조명을 설치하는 방법을 고민한 끝에 태양열을 이용한 저전력 LED 조명을 설치한 사례이다.

③ 성공사례2 : 엠브라스 이노베이션

스탠포드대학 소셜벤처팀은 개발도상국에서 매년 400만 여명의 조숙아가 인큐베이터 등의 시설 부족으로 한달을 넘기지 못하고 사망하는 문제를 해결하고자 하였다. 연구자들은 2년여간 인도 전역을 돌아다니며 산모, 조산원, 간호사, 의사, 상인들과 대화를 나누며 진짜 문제를 도출하였다. 인도 및 네팔의 오지에는 교통 및 전기 공급에 큰 문제가 있었다. 이들은 이러한 사실을 고려해서 인큐베이터 설치하는 것에서 해결방향을 바꾸었다. 따라서 저비용 인큐베이터를 디자인하여 많은 아기들을 구할 수 있었다.

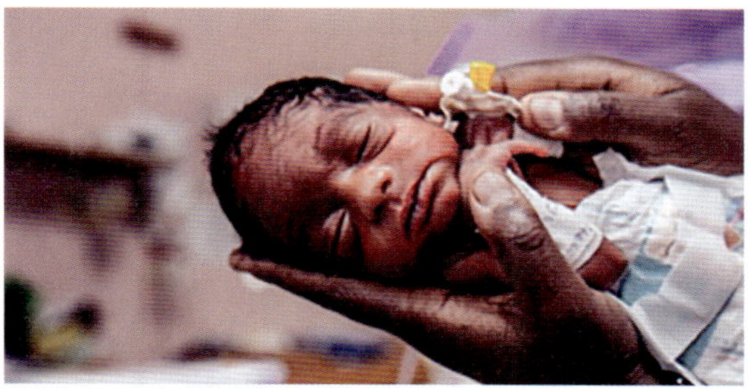

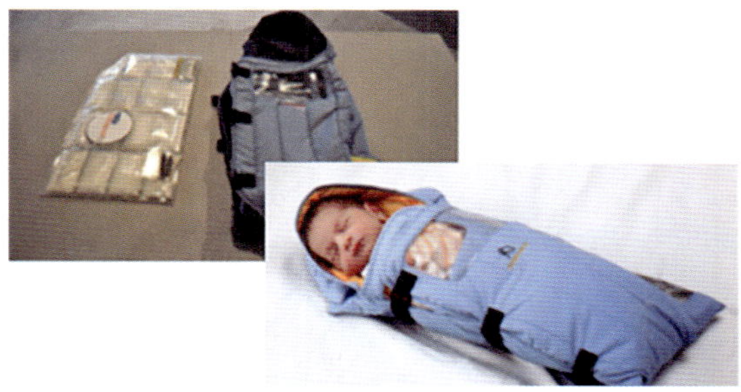

UA. 팀구성 및 회의 진행하기

팀 회의 1 "틀을 벗어나 생각하기"

창의력을 발휘하기 위해 기존 생각의 틀을 벗어나야 한다. 문제를 해결하기 위해 그 문제에 집중하여 고민하는 것도 중요하지만, 관점을 달리하거나 더 크거나 작게 본다거나 틀을 벗어나 시도해 보면 의외로 문제가 쉽게 풀릴 수 있다. 다음은 이러한 자세를 연습하기 위한 간단한 활동이다.

· **소요시간** : 한 과제마다 8분 내외
· **준비물** : 종이, 펜 혹은 연필, 이쑤시개나 성냥개비
· **추천 활용처** : 효과적인 아이디어 발상을 위한 워밍업 방법으로 그룹 모임이나 워크샵 과정의 초반에 참여자들의 흥미와 상호 친밀감을 향상하는데에도 활용할 수 있다.

과제1 : 성냥개비 6개를 이용하여 같은 크기의 정삼각형 4개를 만든다.

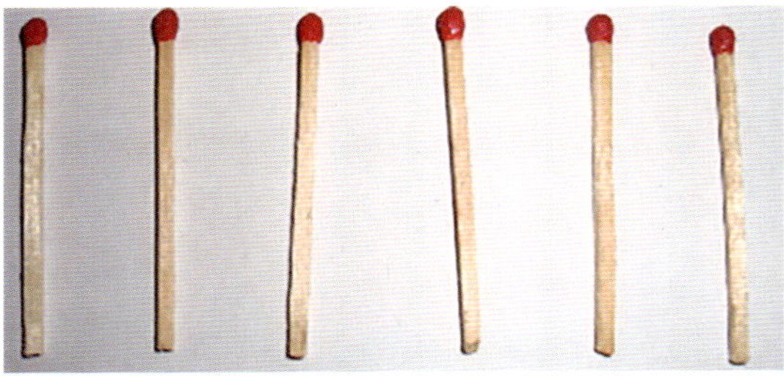

과제2 : 종이에서 한번도 펜을 떼지 않고 9개의 점 모두를 지나는 선을 그려본다.

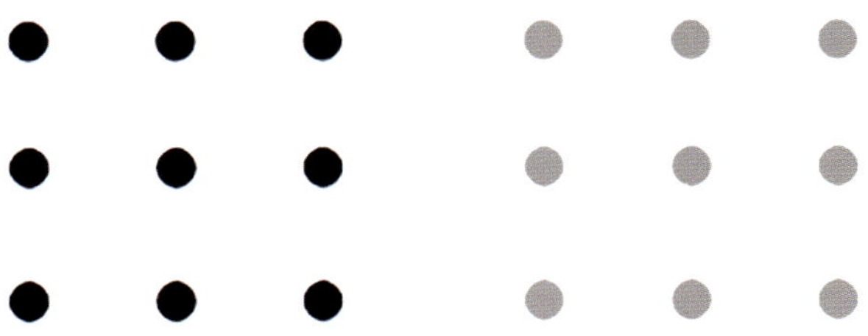

팁 : 각각 3가지 이상 답이 나온다.

팀 회의 2 "감정을 시각적으로 표현한 표정발견"

사람의 감정과 표정을 가장 간단하게 표현할 수 있는 방법을 찾아본다. 사람들마다 다르게 나타나는 표정 속에 드러나는 공통적인 감정과 느낌을 찾아보고 특징을 잡아 시각화해 본다.

· **소요시간** : 한 과제마다 8분 내외
· **준비물** : A4종이, 펜 혹은 연필, 다양한 사람들의 표정이 담긴 이미지
· **추천 활용처** : 감정을 시각적으로 표현하는 기초 조형 연습과 무형의 정보를 관찰하고 이를 시각화하는 연습에 활용하면 좋다.

과제1 : 똑같은 모양과 크기의 동그라미 12개를 그린 후 가장 전형적이라고 생각되는 사람들의 감정표현 12가지를 담은 표정을 그려본다.

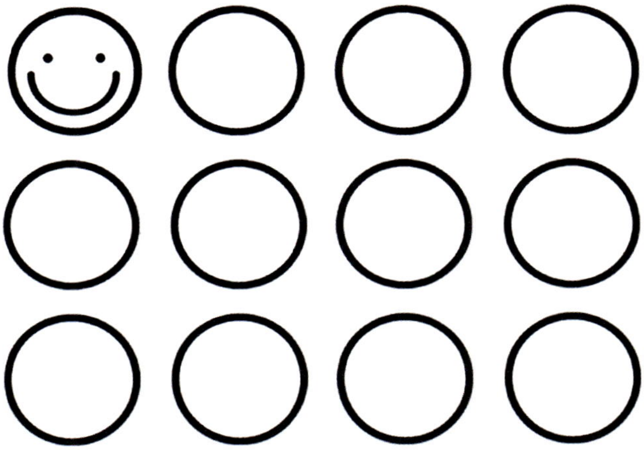

과제2 : 일상의 사물이나 장면에서 사람의 표정을 닮은 형상이나 굴곡을 찾아보자. 과제1에서 그린 전형적인 12가지 표정 중 한가지를 정한 후 주위에서 그 표정을 닮거나 연상시키는 각종 사물이나 장면의 사진을 찾아보고 사진을 찍어 한곳에 모아본다.

팁 : 이 과정을 다양한 신체활동과 주제에 응용해 볼 수 있다. 예를들어, '한국인의 전형적인 헤어스타링 12가지', '기분을 나타내는 손짓 12가지' 등으로 응용이 가능하다.

프로그램 소개하기

1 앱인벤터의 소개

앱 인벤터는 미국의 MIT(메사츄세츠 주립) 대학의 미디어 랩 연구실에서 만들었다. 스마트폰에서 사용하는 앱을 Java나 Object C와 같이 복잡한 프로그래밍 언어를 사용하지 않고 누구나 쉽게 만들 수 있도록 해주는 도구이다. 복잡한 문법이 존재하지 않고 블록을 쌓는 방식으로 그래픽적인 요소가 많이 가미된 도구이다. 실제로 스마트 폰에서 동작하는 앱을 개발하기 위해서는 고급 프로그래밍 언어를 사용해야하는데 이것을 배우기에는 많은 노력과 시간이 필요하다. 앱 인벤터는 프로그래밍 언어를 배우는 시간을 줄여주고, 논리적인 해결능력만 있으면 누구나 사용할 수 있다. 따라서 앱 인벤터를 이용하여 앱을 개발하는 과정에서 생기는 문제를 해결하는 과정을 겪으면서 창의력과 문제해결력을 키울 수 있다.

앱 인벤터와 비슷한 도구로는 엔트리와 스크래치가 있다. 블록을 쌓아서 코딩을 하는 방식은 비슷하지만, 스마트 폰의 센서와 기능을 활용하여 스마트 폰에서 직접 실행할 수 있는 장점이 있다. 예를 들어, GPS를 활용하여 현재 위치를 알려주는 앱을 만들거나, SMS 문자 메시지를 보내는 등의 앱을 만들 수 있다.

2 개발환경 설명

앱 인벤터의 초기버전(ver 1.0)에서는 인터넷 익스플로러에서도 사용이 가능했다. 대신 자바가 반드시 설치되어 있어야 정상적으로 실행되었다. 2.0으로 업그레이드 되면서 인터넷 익스플로러는 지원하지 않는다.

앱 인벤터를 실행하기 위해서는 다음의 내용을 필수로 준비되어야 한다.

- **구글 크롬 브라우저**
- **구글(http://www.google.com) 계정**
- **실행을 위한 앱 인벤터 애뮬레이터**

① 구글 크롬 브라우저 설치

구글 크롬을 설치하기 위해서는 http://www.google.com/chrome 에 접속한다. 사이트에 접속하면 크롬 브라우저를 설치할 수 있는 "chrome 다운로드"라는 버튼을 찾을 수 있다. 이 버튼을 클릭하면 아래 그림과 같이 자동으로 설치파일을 받아 내 컴퓨터에 설치해준다.

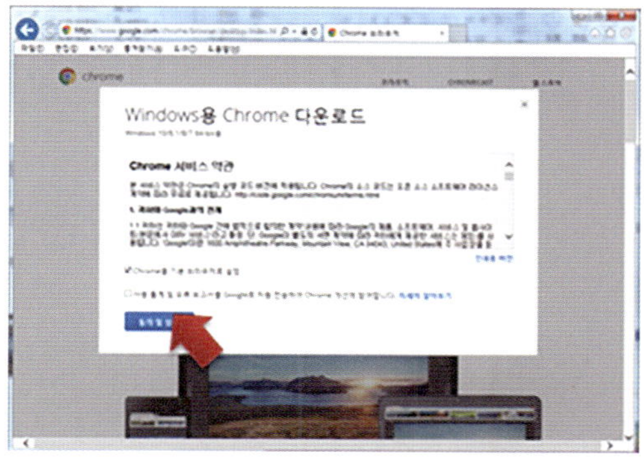

구글 크롬 브라우저가 설치되었다면, 바탕화면에 아래와 같은 아이콘이 생성될 것이다.

② 앱 인벤터 홈페이지 로그인

구글 크롬 브라우저가 준비되었다면, 앱 인벤터 홈페이지(http://appinventor.mit.edu) 에 접속하여 로그인을 해야한다.

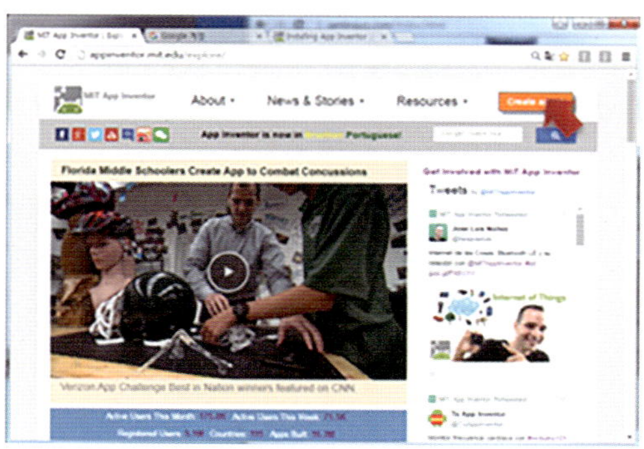

③ 구글 계정 만들기

앱 인벤터를 사용하기 위해서는 앱 인벤터 홈페이지에 로그인을 해야한다. 앱 인벤터 홈페이지는 구글 계정으로 로그인을 할 수 있다. 따라서 구글 계정이 있어야만 앱 인벤터를 사용할 수 있다.

만약 안드로이드 폰을 사용하고 있다면, 이미 구글 계정을 갖고 있다.

- 안드로이드 폰에서 구글 계정 확인하는 방법

안드로이드 폰에서 구글 계정을 확인하기 위해서는 아래 그림과 같이 안드로이드 메뉴 중 [설정]-[계정]-[google]에서 확인할 수 있다. 안드로이드 OS 버전마다 메뉴가 다를 수 있다.

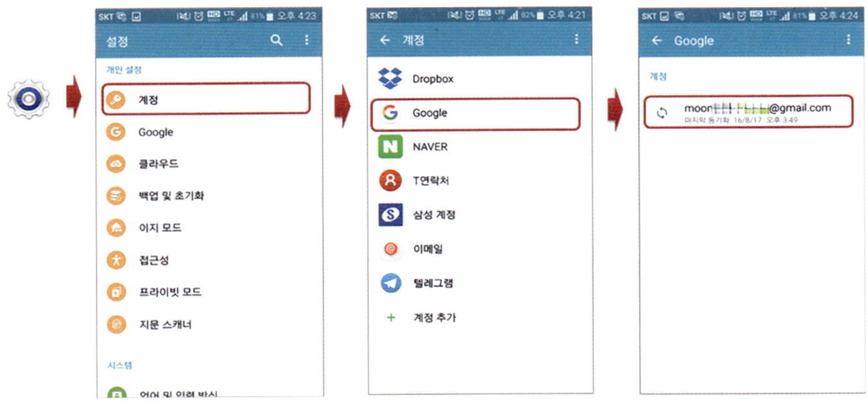

- 구글 계정이 없는 경우

만약 안드로이드 폰이 없고, 구글 계정이 없는 경우에는 구글 계정을 생성해야 한다. 다음 화면처럼 로그인 화면에서 아랫부분에 "계정 만들기"가 존재한다. 클릭하여 계정을 생성하자.

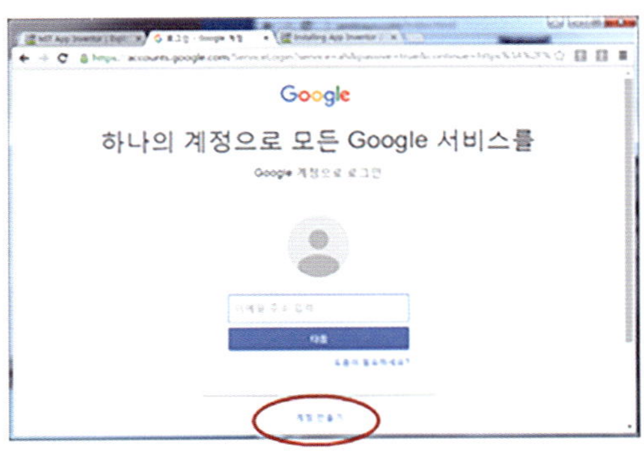

구글 계정은 무료고 생성할 수 있다. 계정을 생성하는 첫화면에는 이름, 이메일주소 등을 기술하도록 되어 있다. 이름과 비밀번호는 필수로 입력해야 한다. 다음단계로 넘어가면 개인처리 방법 등을 공지하고, 동의여부를 묻는다. 동의하면 계정이 생성된다.

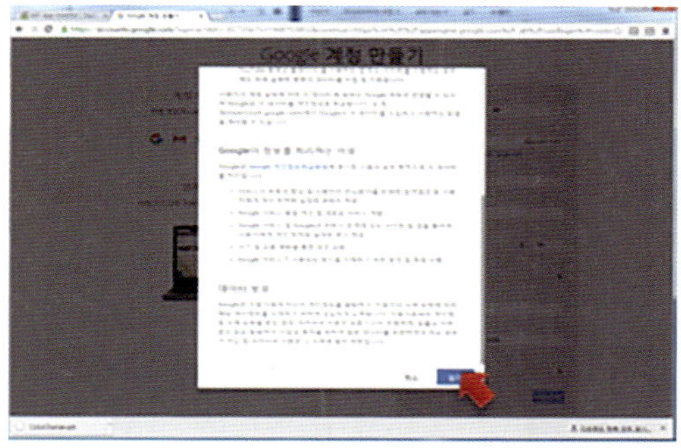

④ **앱 인벤터 애뮬레이터 준비**

앱 인벤터에서 만들어진 앱을 실행하는 방법은 여러 가지가 있다. 그 중에서 자신의 PC에서 가상의 스마트폰으로 테스트할 수 있다. 가상 스마트폰을 위해 애뮬레이터 툴이 필요하다. 앱 인벤터 애뮬레이터는 http://appinventor.mit.edu/explore/ai2/windows.html 에서 다운로드 받을 수 있다. 사이트에 접속하면, 중간 쯤에 "1. Download the installer"를 클릭하여 설치파일을 다운로드 받는다.

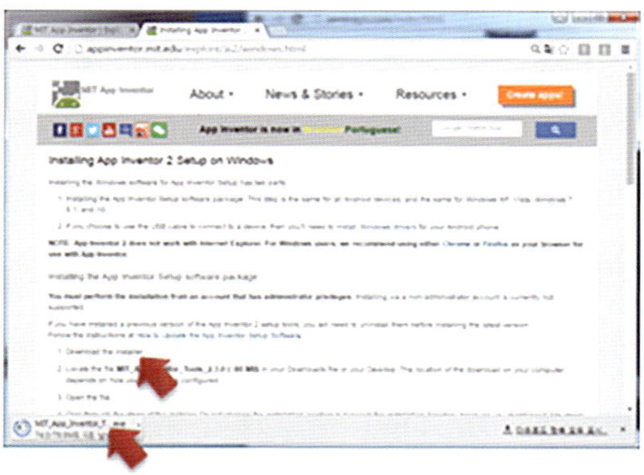

클릭하면 화면 아랫부분에 다운로드가 보이는데 클릭하여 바로 실행을 한다. 이후 라이센스 동의여부 단계를 지나 설치가 진행된다. 설치가 완료되면 바탕화면에 "aiStarter"라는 아이콘이 생성된다.

3 앱 인벤터를 시작하자

앱 인벤터는 온라인 상태에서 실행할 수 있다. 브라우저는 크롬을 사용해야만 한다.

앱 인벤터 홈페이지(http://appinventor.mit.edu)에 접속한다. 최초 접속 시에는 구글 계정 사용에 대한 허용여부를 묻는다.

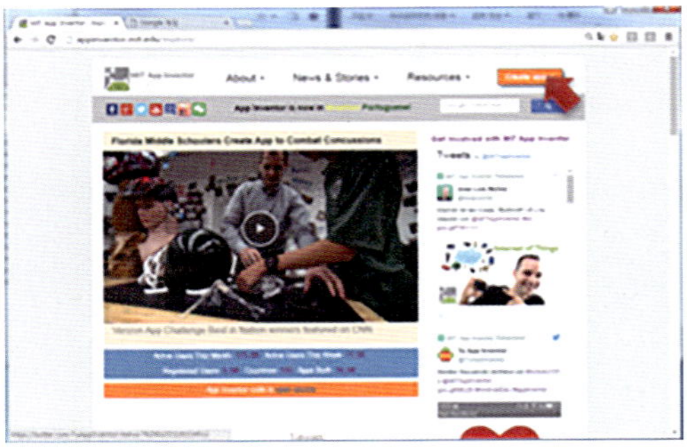

허용하면 개인정보 보호와 이용에 관한 약관을 안내한다. 앱 인벤터에서 만든 앱들은 앱 인벤터 홈페이지에 저장된다. 나중에 다른 PC에서 접속해도 작성하던 앱들이 그대로 저장되어 있다.

다음에는 처음 접속자를 위한 설문 작성 여부를 묻는다. 참여를 안해도 무관하다. 다음 단계에는 앱 인벤터에서 새로운 추가된 내용을 안내한다.

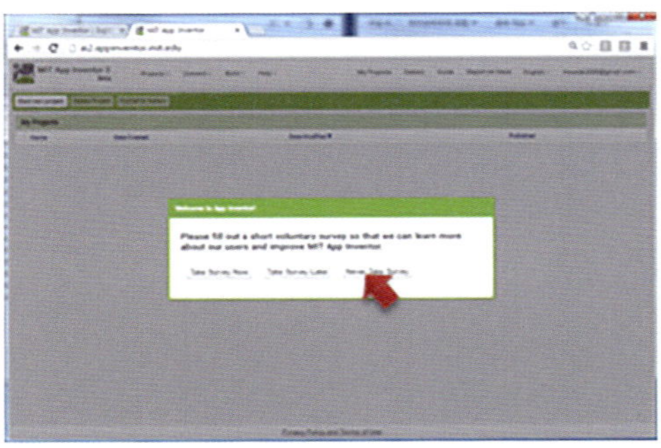

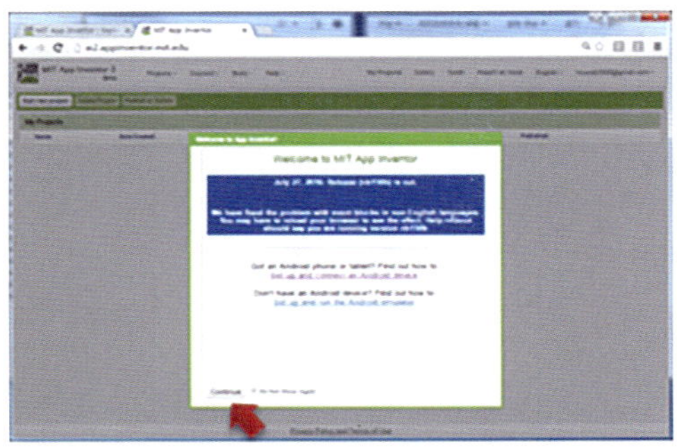

여기까지의 단계는 처음 접속시에만 보여준다. 두 번째부터는 저장된 프로젝트를 선택할 수 있는 화면이 나타난다. 언어는 항상 “English”로 시작된다. 때문에 항상 “한국어”로 변경해야한다. 다음 화면과 같이 우측 상단 메뉴에서 언어를 변경할 수 있다.

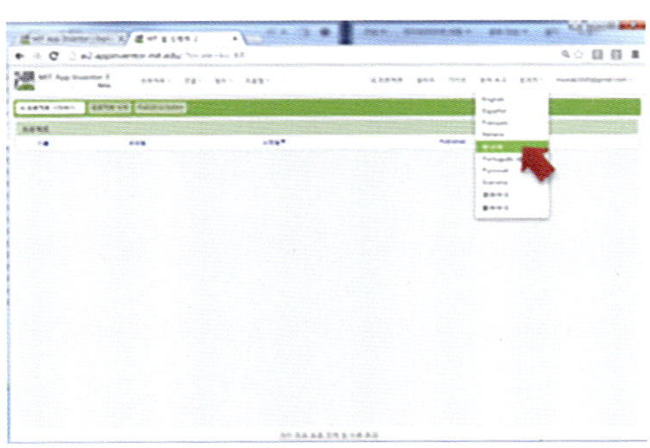

4 화면 설명

앱 인벤터에 정상적으로 접속하였다면 이제 원하는 앱을 만들 수 있다. 앱을 만들기 전에 앱 인벤터의 화면을 각각 알아야 한다. 앱 인벤터는 화면을 꾸밀 수 있는 디자이너 화면과 각각의 요소들에 대한 동작을 제어할 수 있는 블록화면으로 구분할 수 있다.

①의 "디자이너" 버튼과 "블록" 버튼을 통해 화면을 변경할 수 있다.

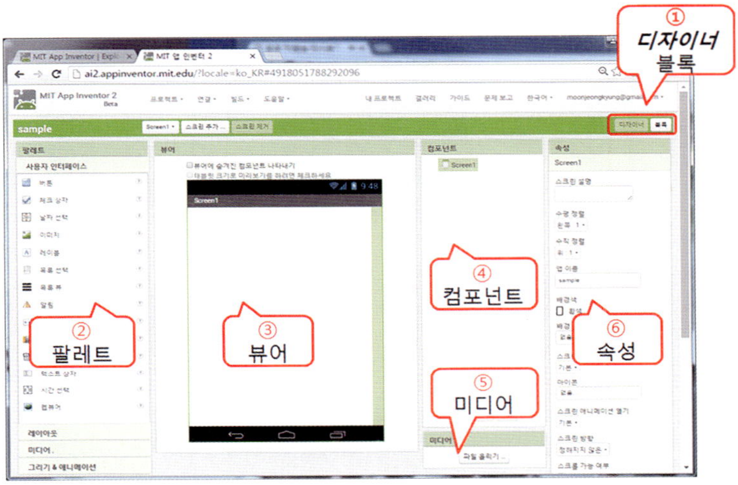

디자이너 화면은 기능별 다섯 부분으로 나뉜다.

② **팔레트(Palette)** : ③뷰어에 배치할 수 있는 컴포넌트 목록을 보여준다. 컴포넌트는 앱을 제작하는 데 필요한 요소로, 여러 가지를 사용해서 앱을 만든다. 컴포넌트는 화면을 구성하는 가장 작은 요소라 볼 수 있다. 팔레트는 여러 구역으로 나뉜다. 그림에서는 "사용자 인터페이스" 구역을 보여주고 있다. 다른 구역을 보려면 아래의 "레이아웃"이나 "미디어" 등의 필요한 구역을 클릭한다. 각 구역에는 해당하는 컴포넌트들을 포함한다.

③ **뷰어(Viewer)** : 이곳은 스마트 폰의 화면이라고 볼 수 있다. 이곳에 컴포넌트를 배치하여 앱의 화면을 설계한다. 뷰어는 앱 화면을 개략적으로 보여준다. 예를들어, 실제 앱에 표시된 문자열의 줄 바꿈 위치가 뷰어에서 본 것과 다르게 나타날 수 있다. 실제 화면을 보려면 폰이나 애뮬레이터에서 확인한다.

④ **컴포넌트(Components)** : 프로젝트에서 현재 사용하고 있는 컴포넌트를 목록으로 보여준다. 그림에는 화면에 해당하는 "Screen1"이라는 컴포넌트만 있다. 새로운 컴포넌트를 ③뷰어에 끌어다 두면 "Screen1" 컴포넌트 밑에 새로운 컴포넌트가 추가된다.

⑤ **미디어(Media)** : 프로젝트에 포함된 그림이나 소리와 같은 미디어 파일이 추가되면 파일명을 목록으로 보여준다. 위 그림에서는 아무것도 추가되지 않은 상태이다.

⑥ **속성(Properties)** : 컴포넌트의 속성을 보여준다. ③뷰어 영역에서 컴포넌트를 선택하거나 ④컴포넌트 목록에서 하나의 컴포넌트를 선택하면, 선택한 컴포넌트의 속성이 표시된다. 속성은 필요에 따라 값을 변경할 수 있는 컴포넌트의 세부 내용이다. 예를 들어, "버튼" 컴포넌트를 클릭하면 배경색, 활성화, 글꼴 등 여러 속성이 나타난다.

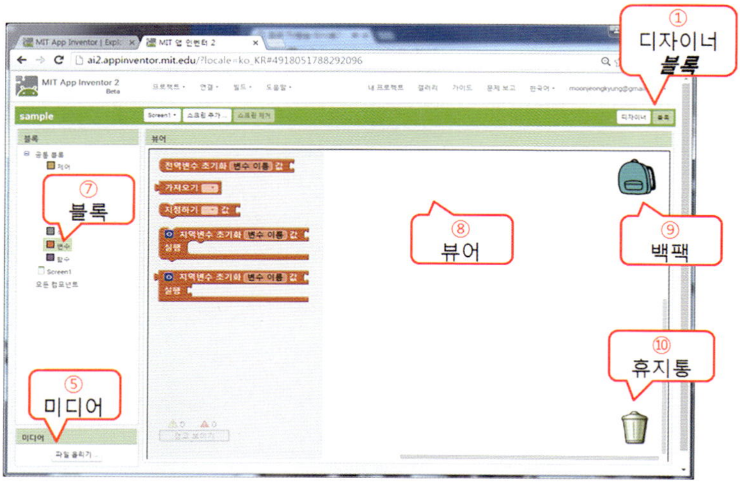

①의 "블록"을 누르면 블록화면으로 전환된다. ⑤미디어는 디자이너 화면의 미디어와 같다. 디자이너 화면에서 미디어를 추가하면 블록화면의 미디어에도 동일하게 추가된다. ⑧뷰어는 디자이너 화면의 ③뷰어와 이름은 같지만 다른영역이다. 블록화면의 뷰어는 왼쪽의 블록들을 놓아 앱의 동작을 제어한다.

⑦ **블록(Blocks)** : 살펴보면 "공통 블록"과 "Screen1"이라는 항목이 있다. Screen1에는 디자이너 화면에서 가져다 놓은 컴포넌트들의 목록이 있다. 각 컴포넌트를 선택하면 여러 종류의 블록이 나타난다. 그리고, 공통블록의 제어, 논리, 수학 등의 세부항목을 선택해도 비슷한 블록이 ⑧뷰어의 왼쪽화면에 반투명으로 나타난다. 이 블록을 ⑧뷰어의 빈 공간에 끌어다 놓아서 앱이 동작을 제어할 수 있다. 즉, 블록을 이용하여 프로그래밍한다고 할 수 있다.

⑧ **뷰어(Viewer)** : 디자이너 화면의 ③뷰어와는 이름만 같을 뿐 기능은 다르다. 왼쪽에서 블록을 선택하여 빈공간에 끌어다 놓는다. 이 블록을 어떻게 쌓느냐에 따라 앱의 동작을 내 마음대로 행동하도록 할 수 있다.

⑨ **백팩** : ⑧뷰어 내에 그림으로 존재한다. 블록을 끌어다 백팩에 넣으면, 같은 블록을 계속 꺼내서 사용할 수 있다. 즉, ⑧뷰어에서 존재하는 블록을 복사할 때 사용한다.

⑩ **휴지통** : 백팩과 같이 ⑧뷰어 내에 그림으로 존재한다. 블록을 끌어다 휴지통에 넣으면 블록이 지워진다. 블록을 지울 때 사용된다.

▪ 스마트 기기 연결하기

스마트 기기에 연결하기 위한 앱 인벤터의 메뉴 중 [연결]에 있다.

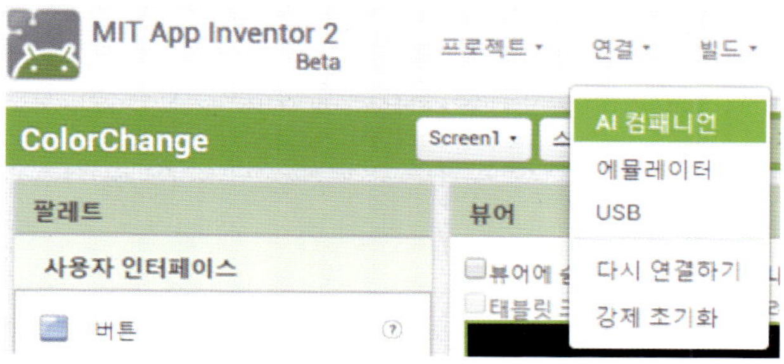

- AI 컴패니언 : 앱 인벤터에서 제공하는 AI 컴패니언 어플을 다운받으면 QR코드나 적혀 있는 6개 코드를 입력하여 스마트 폰에서 연결할 수 있다.
- 에뮬레이터 : 에뮬레이터 프로그램을 통해 가상의 스마트 기기를 컴퓨터에서 실행하여 작성중인 앱을 실행할 수 있다. 그러나 아직 오류가 많고 속도가 느려서 스마트 기기로 연결하는 것을 추천한다.
- USB : AI 컴패니언와 같은 방식이나, USB로 스마트 기기와 컴퓨터가 연결되어 있는 경우 사용한다. 스마트 기기에서는 앱인벤터에서 제공하는 어플이 있어야 연결이 가능하다.
- 다시 연결하기 : 스마트 폰이나 에뮬레이터와 연결을 끊었다가 다시 연결한다.
- 강제 초기화 : 스마트 폰과 에뮬레이터와의 연결을 처음 상태로 되돌린다.

앱 인벤터에서 작성한 앱을 확인하는 방법은 크게 3가지로 나뉜다. 스마트 기기의 보유 여부와 공유기 사용 여부에 따라 나뉠 수 있다. 또한 실시간으로 확인하는지, 작업을 마치고 마지막에 확인하는지에 따라 나뉠 수도 있다.

1) 스마트 기기가 있고, 와이파이를 쓸 수 있는 경우

"와이파이를 쓸 수 있다"는 의미는 앱인벤터를 실행하는 컴퓨터와 결과를 보는 스마트 기기가 같은 공유기에 연결되어 있는 경우를 말한다. 즉, 컴퓨터는 랜선으로 연결되어 있고, 스마트 기기는 주위의 무선공유기에 연결되었을 경우에는 해당되지 않는다.

컴퓨터와 스마트 기기가 같은 공유기에 연결되어 있다면, 앱 인벤터에서 앱을 만드는 중간에도 실시간으로 결과를 확인할 수 있다. 이를 위해서는 앱인벤터에서 제공하는 앱을 다운로드 받아야 한다. [play store] 앱을 실행 후 "MIT AI2 Companion"이라는 앱을 찾아 다운로드하고 설치한다. 앱 인벤터의 메뉴에서 [연결]-[AI컴패니언]을 클릭하여 QR모드가 나타난 것을 확인한다.

그리고 스마트 기기에서 "MIT AI2 Compaion" 앱을 실행시킨다. 여기에 6개 코드(보안을 위해 수시로 바뀐다)를 입력하거나 파란색 [scan QR code]를 클릭하여 컴퓨터 화면에 나타난 QR코드를 읽는다. 그러면 앱 인벤터의 화면이 스마트 기기에 보이는 것을 확인할 수 있다.

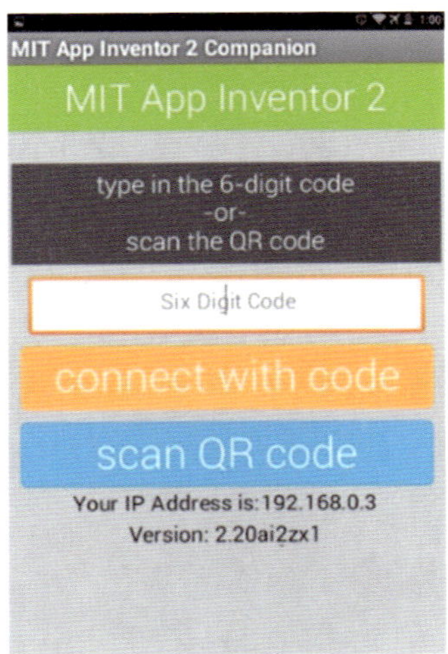

2) 스마트 기기가 있고, 와이파이를 쓸 수 없는 경우

스마트 기기와 컴퓨터가 같은 공유기에 연결되지 않았다면, 2가지 실행방법이 있다. 첫 번째는 USB로 컴퓨터와 스마트 기기를 연결하는 것이다. 두 번째는 앱 설치파일(.apk)을 생성하여 실제 앱처럼 실행해보는 것입니다.

① USB로 컴퓨터와 스마트 기기 연결

에뮬레이터 프로그램(aiStarter) 프로그램을 실행한다. 프로그램의 설치는 "개발환경 설명"-"앱 인벤터 에뮬레이터 준비" 부분을 참고한다.

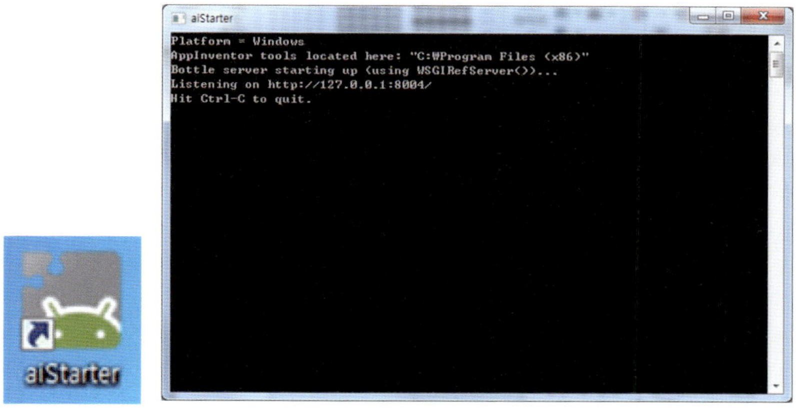

다음으로 스마트 기기에서 "MIT AI2 Companion"이라는 앱을 다운받아 설치한다. 실행하기 전에 스마트 기기의 [시스템 설정]-[개발자 옵션] 또는 [설정]-[애플리케이션]-[개발]에서 'USB 디버깅'을 선택한다. 만일 이 메뉴가 보이지 않는다면 [설정]-[일반]-[디바이스 정보]에서 [빌드 번호]를 7번 클릭하면 개발자 옵션이 나온다. 여기에서 'USB 디버깅'을 선택한다.

컴퓨터와 스마트 기기를 USB 선으로 연결하고 "MIT AI2 Companion"앱을 실행한다.

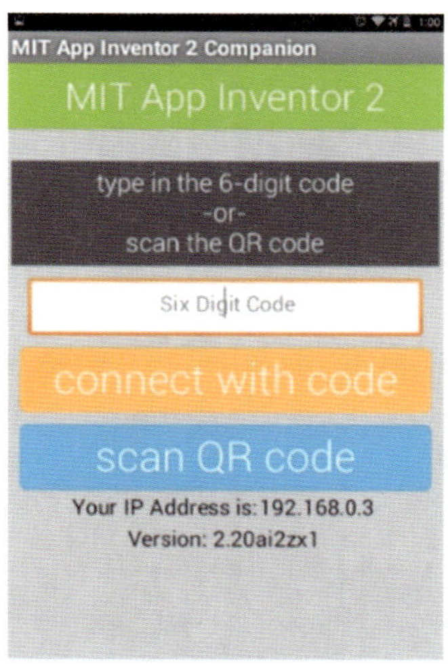

앱 인벤터의 메뉴에서 [연결]-[USB]를 클릭한다. 앱 인벤터의 내용이 스마트 기기에 잘 나타나는지 확인한다.

② 빌드를 통해 앱 설치파일(.apk) 파일 생성

빌드는 앱 인벤터에서 앱 설치파일(.apk) 파일을 생성하는 과정이다. 이렇게 생성된 설치파일을 통해 스마트 기기에서 일반 앱과 같이 설치하고 동작을 하면 된다.

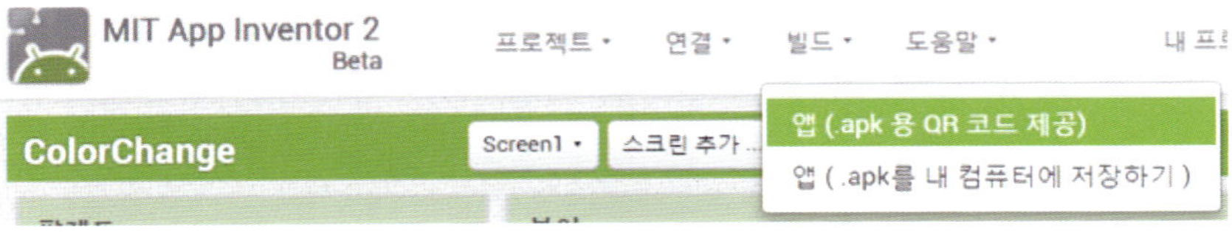

- 앱(.apk용 QR코드 제공) : 앱 설치파일(.apk)파일을 생성하여 QR코드를 인식하면 스마트 기기에 설치파일이 다운로드 된다.
- 앱(.apk를 내 컴퓨터에 저장하기) : 앱 설치파일(.apk)파일을 생성하여 컴퓨터에 저장한다. 이 경우 어느 스마트 기기에 복사해서 설치해도 실행이 된다.

메뉴 [빌드]-[앱(.apk용 QR코드 제공)]을 클릭하면 앱 설치파일(.apk) 파일을 생성하는 과정을 화면에 보여준 후 QR코드가 화면에 나타난다.

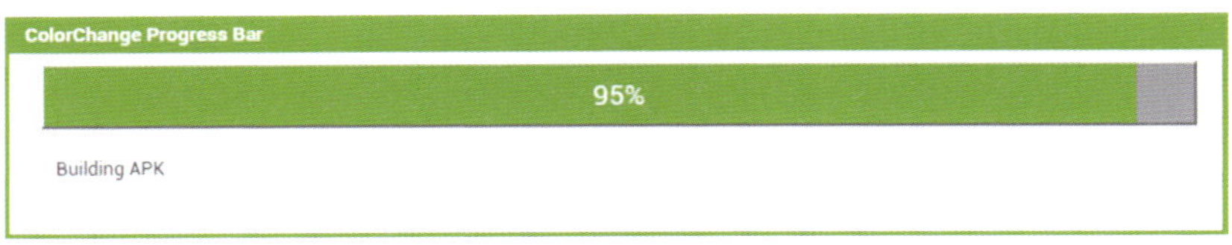

앱 인벤터에서 만든 앱을 QR코드나 컴퓨터에 저장하여 스마트 기기에 설치하려면 보안 설정 때문에 설치가 차단되는 경우가 있다. 그러면 다음 그림과 같이 "출처를 알 수 없는 앱"을 체크해 주어야 설치가 정상적으로 설치된다.

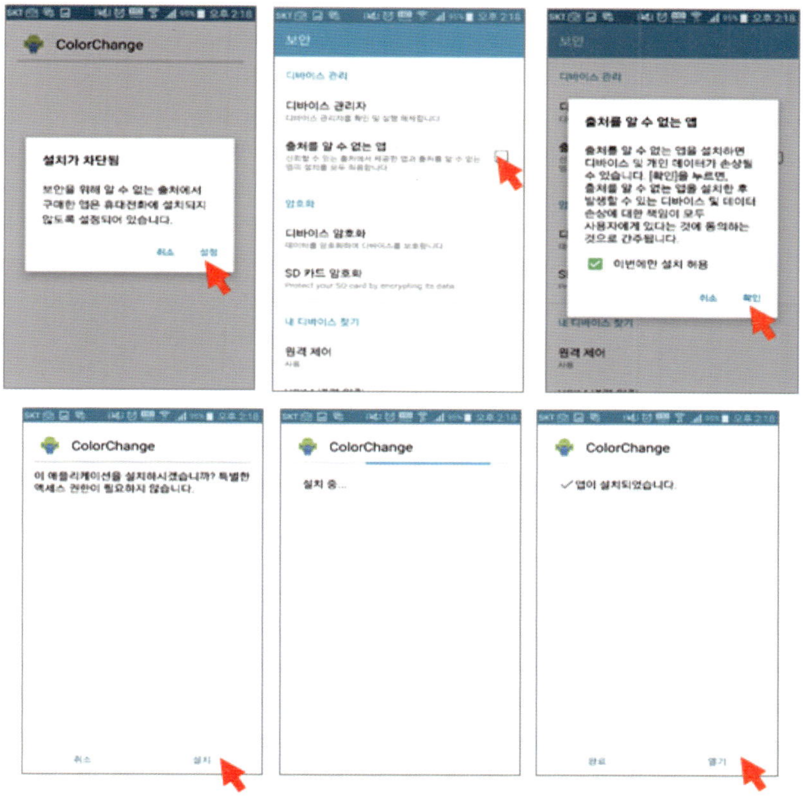

이렇게 설치하면, 스마트 기기에 앱의 아이콘이 생성된다. 별도의 아이콘을 지정하지 않았기 때문에 앱인벤터에서 제공하는 아이콘이 보인다.

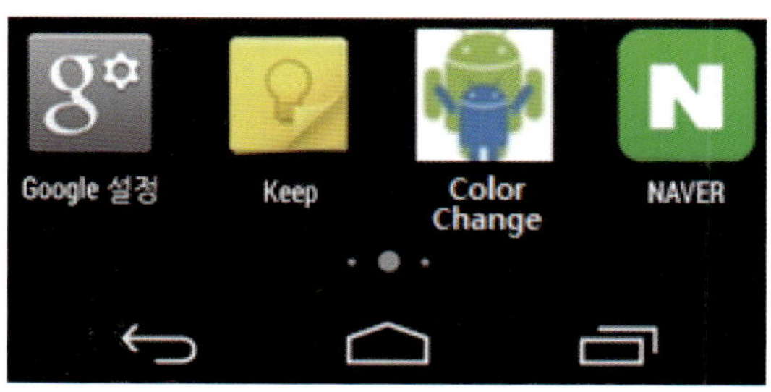

3) 스마트 기기가 없는 경우

이 경우에는 앱을 확인할 수 있는 스마트 기기가 없기 때문에 내 컴퓨터에서 실행되는 에뮬레이터(가상 스마트폰)라는 프로그램을 통해 확인한다. 에뮬레이터는 따로 프로그램을 설치해야 한다. 에뮬레이터에 필요한 프로그램 설치는 "개발환경 설명"-"앱 인벤터 에뮬레이터 준비" 부분을 참고한다.

에뮬레이터를 실행하기 위해서는 먼저, 에뮬레이터 프로그램(aiStarter) 프로그램을 실행한다. 실행하면 다음과 같이 실행된다.

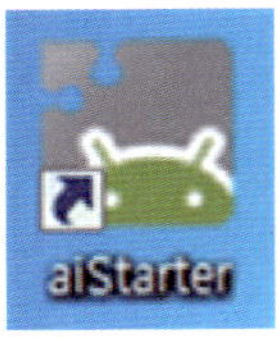

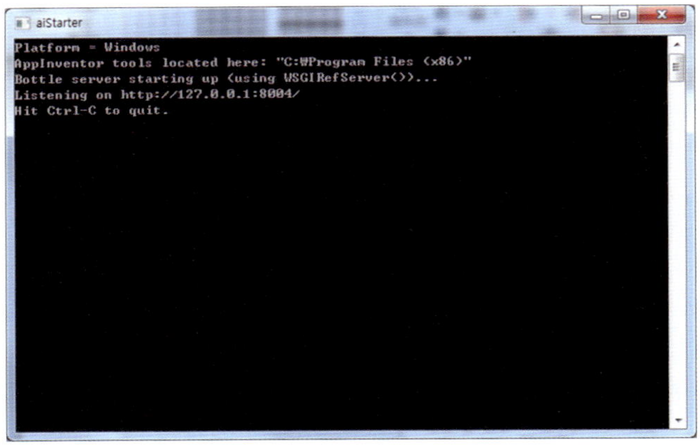

앱 인벤터로 돌아가서 메뉴 [연결]-[에뮬레이터]를 클릭하고 에뮬레이터에 앱 인벤터의 화면이 보일 때 까지 기다린다.

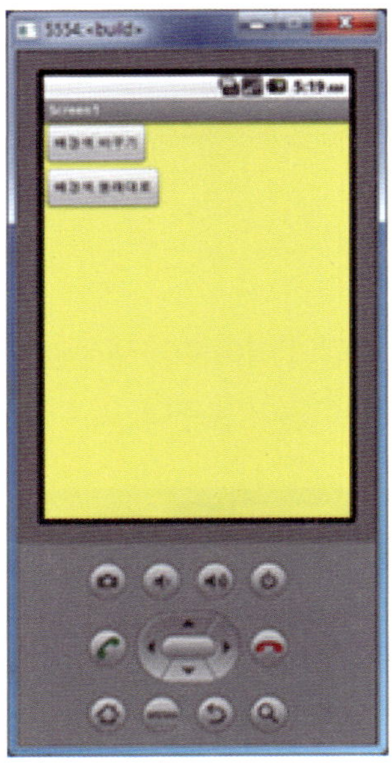

▪ 작성한 프로젝트 공유

온라인 상태에서 완성된 앱은 앱인벤터 서버에 저장되어 있기 때문에 나중에 접속했을 때 다시 읽어올 수 있다. 이번에는 [프로젝트] 메뉴에 대해 알아보자.

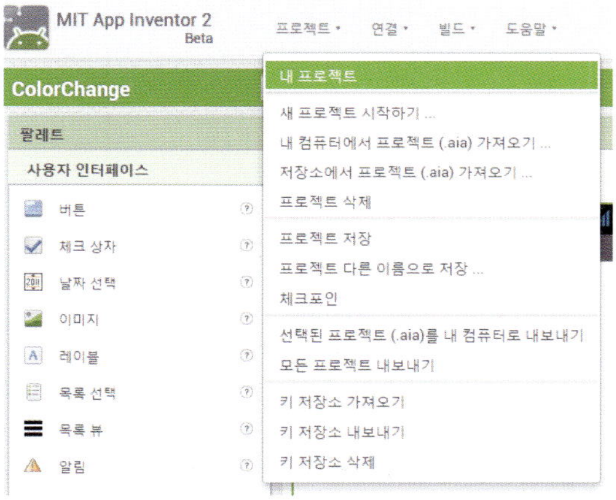

- **AI 컴패니언** : 앱 인벤터에서 제공하는 AI 컴패니언 어플을 다운받으면 QR코드나 적혀 있는 6개 코드를 입력하여 스마트 폰에서 연결할 수 있다.
- **내 프로젝트** : 그동안 앱인벤터에서 작업한 프로젝트를 볼 수 있다.
- **새 프로젝트 시작하기...** : 새 프로젝트를 생성할 수 있다.
- **내 컴퓨터에서 프로젝트(.aia) 가져오기...** : 앱 인벤터에 소스코드를 볼 수 있는 파일명이 "~~~.aia" 이다. 즉, 컴퓨터에서 저장되어 있는 프로젝트 파일(.aia) 파일을 불러와서 "내 프로젝트"로 저장하고 화면에 보여준다.
- **저장소에서 프로젝트(.aia) 가져오기...** : 앱인벤터에서 제공하는 체험판(tutorial) 프로젝트 파일(.aia) 파일을 "내 프로젝트"로 저장하고 화면에 보여준다.
- **프로젝트 삭제** : 현재 화면에 보여지고 있는 프로젝트를 "내 프로젝트"에서 삭제한다.
- **프로젝트 저장** : 작업 중인 프로젝트를 저장한다. 하지만 앱인벤터는 웹에서 작업하기 때문에 중간에 자동으로 저장이 되어 별도로 저장하지 않아도 된다.
- **프로젝트 다른 이름으로 저장...** : 작업 중인 프로젝트를 다른 이름으로 저장한다. 즉, 같은 프로젝트를 다른이름으로 두 개를 저장할 수 있다.
- **체크 포인트** : 프로젝트를 작업하다가 중간 점검으로 저장하는 기능을 한다. 앱을 완성하고 업데이트(버전 업그레이드)를 위한 작업을 할 때 사용하면 유용하다.
- **선택된 프로젝트(.aia)를 내 컴퓨터로 내보내**기 : 현재 작업 중인 프로젝트를 "컴퓨터"에 프로젝트 파일(.aia)로 저장한다.
- **모든 프로젝트 내보내기** : "내 프로젝트"에 저장된 모든 프로젝트를 프로젝트 파일(.aia)로 변환하여 "컴퓨터"에 저장할 수 있다.
- **키 저장소 가져오기** : 키 스토어를 삽입한다. 키스토어는 앱을 제작한 사람에 대한 기본 정보를 입력하는 것이다. 앱인벤터2에서는 구글ID를 기본 키스토어로 제공한다.
- **키 저장소 내보내기** : 키 스토어를 추출한다.
- **키 저장소 삭제** : 키 스토어를 삭제한다.

AppInventor 실습하기

▪ 실습. 화면 배경색 변경 앱 제작하기(ColorChange.aia)

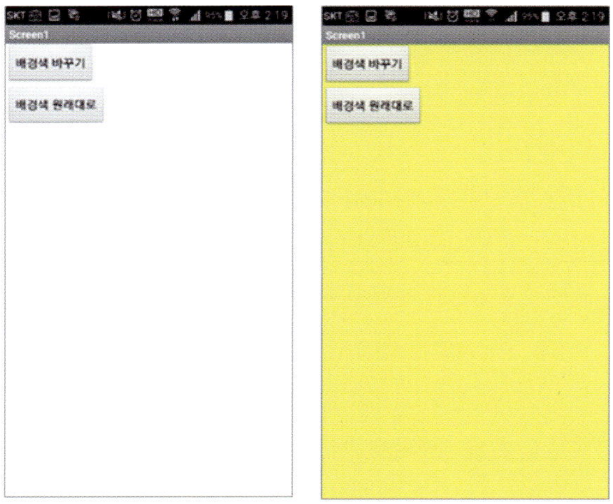

[배경색 바꾸기] 버튼을 클릭하면 노랑색으로 변하고, [배경색 원래대로] 버튼을 클릭하면 원래대로 변하는 앱

▪ 컴포넌트 설명

 버튼 : 화면에 누를 수 있는 버튼이 생성. 누르면 지정한 동작이 실행되는 컴포넌트

▪ 블록 설명

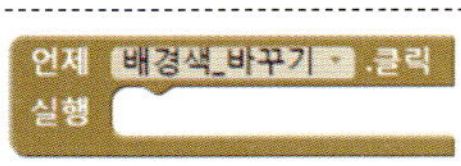

: 버튼을 클릭하면 내부의 블록이 실행되는 제어 블록

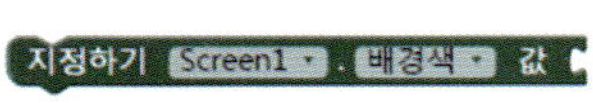

: 지정한 컴포넌트의 배경색을 지정할 수 있는 블록

: 색상 값을 가지는 블록. 컴포넌트의 속성에 색상을 지정할 때 사용.

▪ 앱 디자인하기

[프로젝트]-[새 프로젝트 시작하기...]-프로젝트 이름을 "ColorChange"로 입력한 후 -[확인] 버튼을 누른다.

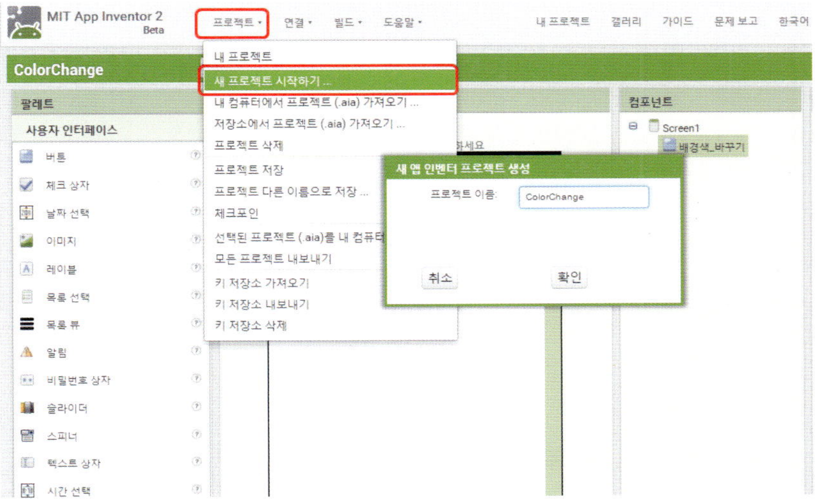

① 팔레트에서 [버튼] 컴포넌트를 뷰어창에 드래그하여 놓는다.

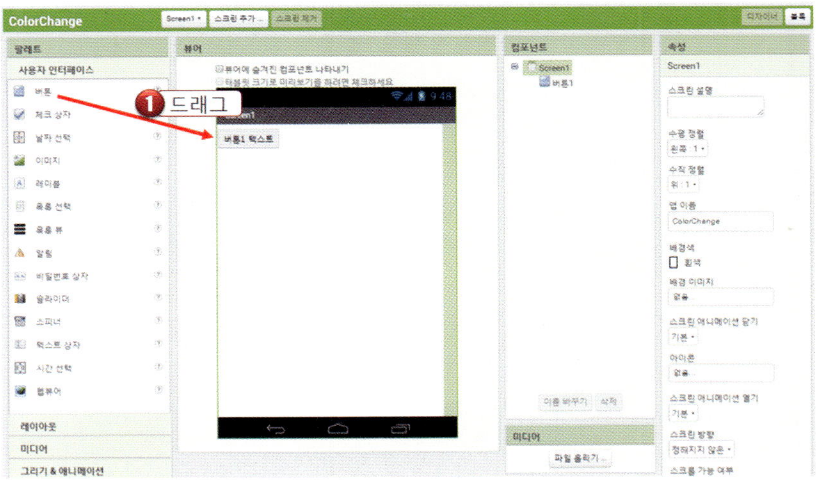

② 컴포넌트 창에서 버튼 컴포넌트를 클릭하고 하단의 [이름 바꾸기] 버튼을 눌러 버튼의 이름을 "배경색 바꾸기"로 변경한다. 버튼의 이름은 지정해 주지 않아도 컴포넌트가 생성되는 순서대로 "버튼1", "버튼2", "버튼3"과 같이 "버튼" 뒤에 일련번호가 붙는다. 이름을 바꾸지 않아도 된다. 하지만, 나중에 버튼이 많을 때는 블록에서 작업을 할 때 혼동이 있을 수 있으므로 정해주는 것이 좋다.

③ 속성 창에서 텍스트의 내용을 "배경색 바꾸기"로 변경한다. 속성창의 텍스트는 화면에 나타나는 내용이다. 컴포넌트의 이름과는 다르다.

④ 팔레트에서 두 번째 [버튼] 컴포넌트를 드래그하여 뷰어창에 놓는다.
버튼의 이름은 "배경색 원래대로"라고 변경한다. 속성창에서 텍스트에는 "배경색 원래대로"로 입력한다.

▪ 블록 코딩하기

⑤ 오른쪽 상단의 [블록]버튼을 클릭하여 블록코딩을 실시한다.

⑥ "블록" 창의 Screen1 항목의 [배경색 바꾸기] 버튼 컴포넌트를 선택한다.

⑦ 블록이 나타나면 

「클릭할 때 실행」 블록을 드래그하여 뷰어창에 놓는다.

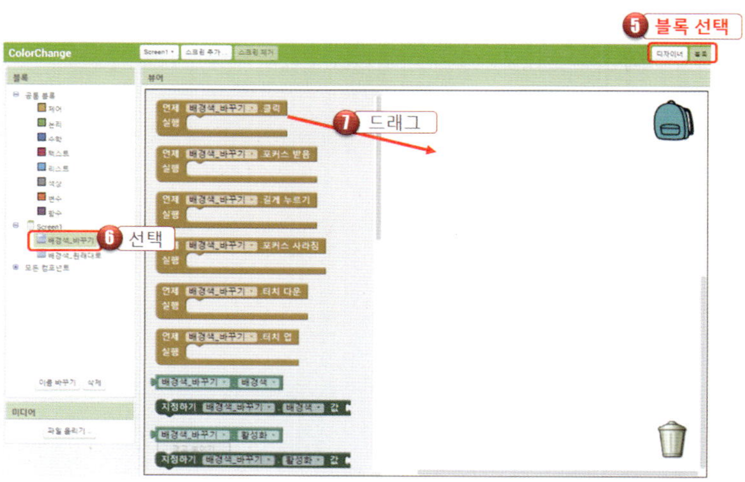

⑧ [배경색 바꾸기] 버튼이 클릭되면 배경색이 바뀌어야한다. 즉, Screen1의 색이 바뀌어야 한다. 그러므로 "블록" 창에서 [Screen1] 컴포넌트를 클릭하여 블록을 보이게 한다.

⑨ 블록이 나타나면 블록을 [지정하기 Screen1 . 배경색 값] 「클릭할 때 실행」 블록에 끼워준다. 정상적으로 블록이 배치되면 딸깍 소리가 난다.

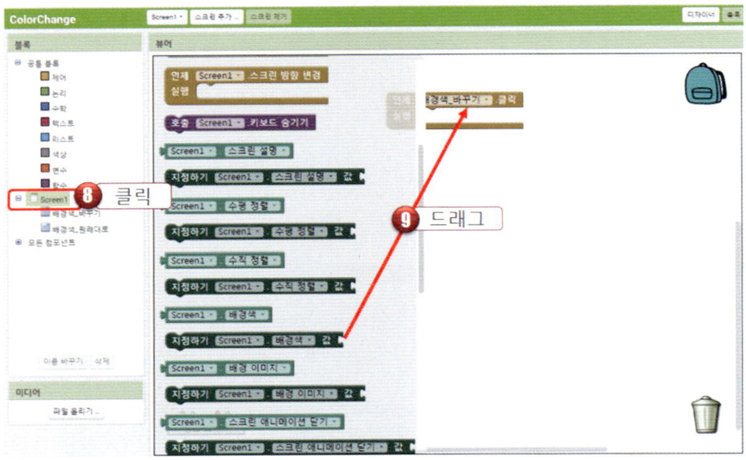

⑩ [배경색 바꾸기] 버튼 컴포넌트가 클릭되면, [Screen1] 컴포넌트의 배경색이 "노랑색"으로 변경되어야 하기 때문에 색상을 찾아야 한다. "블록"창의 공통 블록중에서 색상을 클릭하면 색상과 관련된 블록이 나타난다

⑪ 블록이 나타나면  블록을 드래그하여 [Screen1.배경색] 지정하기 블록에 끼워준다.

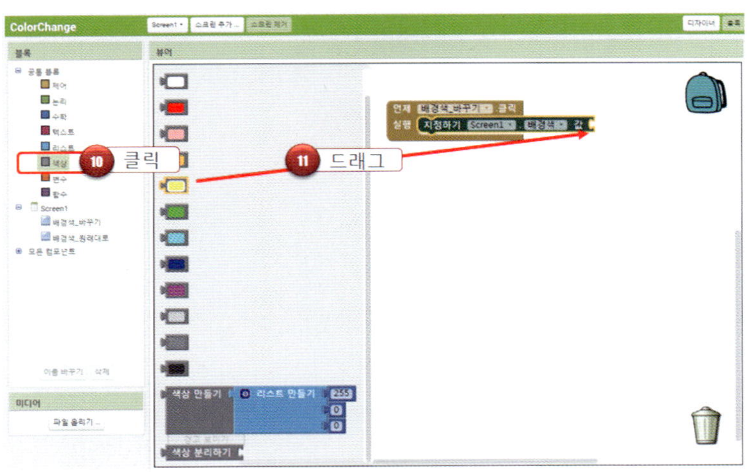

⑫ “블록” 창의 Screen1 항목의 [배경색 원래대로] 버튼 컴포넌트를 선택한다.

⑬ 블록이 나타나면 

「클릭할 때 실행」 블록을 드래그하여 뷰어 창에 놓는다.

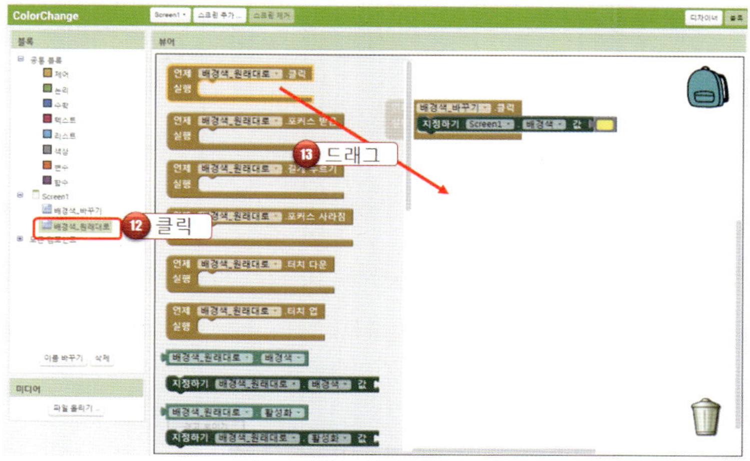

⑭ [배경색 원래대로] 버튼을 누르면, [Screen1]의 배경색이 원래의 색인 “흰색”으로 변경되어야 한다. 그렇기 때문에 ⑧~⑪과 같이 수행하되 ⑪번에서의 “흰색”을 드래그해서 블록에 끼워서 완성한다.

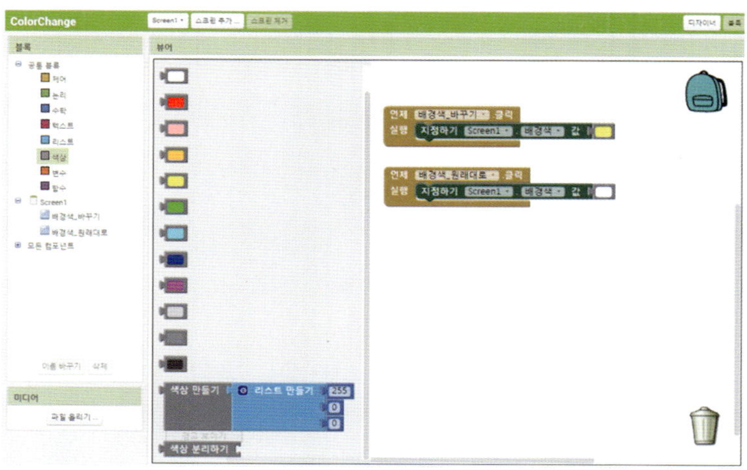

완성된 코드는 다음과 같다.

Chapter 1. 정리하기

1. 컴퓨터는 크게 외형적인 구성요소인 하드웨어와 하드웨어를 움직이게 하는 프로그램인 소프트웨어로 구성된다.

2. 소프트웨어 중심사회란 소프트웨어가 혁신과 성장, 가치창출의 중심이 되고, 개인의 삶의 질을 향상시키며, 기업과 국가의 경쟁력을 좌우하는 사회를 말한다.

3. 창의적 소프트웨어 교육을 위해서는 논리적 사고력, 창의적 사고력, 문제 분석 능력 3가지 구성요소를 가져야 한다.

4. 창의적 소프트웨어 디자인 방법이란, 기존의 소프트웨어를 효과적으로 개발하기 위한 다양한 방법들 중에서 창의적 문제 해결 방법인 디자인 사고법(Design Thinking)을 소프트웨어 개발 방법론으로 접목해 보고자 함이다.

5. 디자인 사고법의 특징은 인간 중심적, 협동적 과정, 낙관주의적 접근, 실험적인 시도를 중시한다는 것이다.

6. 디자인 사고법은 1969년 허버트 A. 사이먼이 “Design as a way of thinking” 이라는 말로부터 시작되어,1990년대 미국 스탠포드 대학에서 제시한 “창의적 행동방법의 디자인 사고”라는 개념으로 발전하였다.

7. 디자인 사고법은 고객의 문제를 혁신적으로 해결하기 위해서, 적합성, 실현가능성, 지속성이라는 3가지 시점으로 구별해서 접근한다.

8. 디자인 사고법의 프로세스는 크게 하버드 비즈니스 리뷰에서 제안한 3단계 프로세스와 스탠포드의 5단계 모델이 대표적이다.

9. 앱 인벤터는 MIT 미디어랩이 개발한 소프트웨어 개발 도구이다. 본 교재에서는 앱 인벤터 2.0버전을 기준으로 여러 가지 예제 프로그램을 개발하였다.

10. 앱 인벤터는 직접 스마트폰이나 태블릿에 작성한 프로그램을 다운로드 해서 설치하거나 PC에서 시뮬레이터를 사용해서 실행하고 테스트 할 수 있다.

Chapter 1. 연습문제

1 소프트웨어 중심사회에서는 하드웨어보다 소프트웨어의 중요성이 커지고 있다. 다음 중 소프트웨어에 대한 설명으로 올바르지 않은 것은 무엇인가?

① 소프트웨어는 컴퓨터 프로그램 및 이와 관련된 데이터를 포함한다.

② 소프트웨어는 사람이 원하는대로 기계를 작동하게 만드는 명령어 집합이다.

③ 소프트웨어는 흔히 컴퓨터 프로그램과는 다른 의미이다.

④ 소프트웨어는 C언어나 자바와 같은 프로그램 언어로 작성된 프로그램이다.

2 창의적인 소프트웨어 교육에 대한 설명이다. 다음 중 올바르지 않은 것은?

① 창의적 소프트웨어 교육을 위해서 문제 분석 능력이 필요하다.

② 창의적 소프트웨어 교육을 위해서 직관적 실천 능력이 필요하다.

③ 창의적 소프트웨어 교육을 위해서 논리적 사고 능력이 필요하다.

④ 창의적 소프트웨어 교육을 위해서 창의적 사고력이 필요하다.

3 다음은 디자인 사고에 대한 설명이다. 괄호(　　　)에 알맞은 용어를 적어라.

디자인 사고법이란 사람과 사물에 대한 (　　　　　　)을 통해 문제를 재-해석하고, 시각적 아이디어 도출을 통해서 직접적인 사용자와 이해 관계자 사이의 요구를 이끌어내고, 빠른 시일내에 가시적인 (　　　　)을 공동 제작하고자 하는 액션 전략이다.

4 다음은 디자인 사고법에 대한 설명이다. 올바르지 않은 것은?

① 디자인 사고는 인간 중심적이다.

② 디자인 사고는 독단적 사고 과정이다.

③ 디자인 사고는 낙관주의에 기반한다.

④ 디자인 사고는 '실험'을 중시한다.

5 다음은 디자인 사고법의 역사에 대한 설명이다. 올바르지 않은 것은?

① 디자인 사고는 peter Rowe가 1969년 처음 발표하였다.

② 1973년 Robert Mc Kim이 경험에서의 시각적 사고에서 연관된 내용을 거론하였다.

③ 스탠포드 대학에서 "창의적 행동방법의 디자인 사고"라는 주제로 교육을 진행하였다.

④ 1991년 David M. Kelly가 비즈니스 목적으로 디자인 사고법을 사용하였다.

6 디자인 사고법은 분석적 사고법의 숙련성과 (　　　　　　　　)의 창조성이 역동적 균형을 이루는 통합적인 사고 방법이다.

7 하버드 대학의 비즈니스 리뷰에서 제안한 디자인 사고는 3단계 프로세스로 구성된다. 각각의 과정에서 수행해야 하는 일을 기술하라.

(1) 영감 :

(2) 아이디어화 :

(3) 실행 :

8 IDEO의 팀 브라운은 디자인 사고 과정을 7단계로 구성하였다. 각각의 단계를 적어라.

9 스탠포드 디자인 스쿨의 버나드 로스 교수는 기존의 팀 브라운이 제안한 7단계 사고 과정을 5단계 모델로 재-구성했다. 이에 대해서 순서대로 적고 각각의 과정에서 수행하는 내용을 자세하게 적어라.

10 미국 MIT 대학의 미디어 랩에서는 블록 코딩 방법을 사용해서 스마트폰이나 태블릿에서 사용할 수 있는 앱을 개발할 수 있는 도구를 개발하였다. 이것은 무엇인가?

Chapter 2.

디자인 사고(1)

2.1 디자인 사고의 핵심
2.2 1단계 - 공감하기
2.3 2단계 - 정의하기
UA. 팀 회의 진행하기
AppInventor 실습하기

2.1 디자인 사고의 핵심

디자인 사고를 통해 문제 해결을 할 때, 고객이나 상대방의 니즈(필요한 내용)을 파악하는 것이 가장 중요하다. 니즈라는 것은 사람들이 갖고 있는 욕구라 할 수 있다.

욕구가 만족되지 않은 상태가 지속되는 것을 '문제'라고 한다. 왜냐하면 문제가 지속되면 불편함과 스트레스를 받기 때문이다. 예를 들어, 안전하게 차를 운전하고 싶은데 도로가 정비되지 않아서 위험하면 문제이다. 이 경우에는 도로를 잘 정비하는 것이 '문제 해결'이라 할 수 있다.

니즈는 명시적 니즈와 잠재적 니즈로 나뉠 수 있다. 명시적 니즈는 밖으로 드러내 보이는 것이다. 사람들이 지각하는 니즈로 "무엇이 필요합니까?"라고 질문하면, 대답할 수 있는 경우의 항목들이다. 이와 반대로 잠재적 니즈는 밖으로 표출되지 않은 것이다. 즉, 말로 표현하기 어려운 욕구이다. 또는 스스로도 잘 알지 못하기 때문에 물음에 대한 대답을 잘 하지 못하는 경우이다. 이러한 잠재적 니즈를 파악하기 위해 디자인 사고에서는 '공감하기'라는 단계가 있다. 공감에서는 관찰, 인터뷰, 체험하기 등 3가지 방법을 사용한다.

니즈의 두 종류를 빙산으로 비유하기도 한다. 즉, 명시적 니즈는 밖으로 드러나 있는 소수의 빙산이다. 물밑의 큰 빙산은 잠재적 니즈를 뜻한다. 그만큼 문제점의 근본적인 해결을 위해서는 잠재적 니즈를 파악하는 것이 중요하다. 잠재적 니즈는 말로 표현하지 못하거나, 적절한 어휘나 단어를 찾지 못한 경우, 관습이나 습관, 체면 때문에 표출하기 어려운 욕구 등도 해당된다. 때문에 디자인 사고에서는 이 잠재적 니즈를 해결하는 것에 많은 신경을 써야 한다.

2.2 1단계 - 공감하기

1 공감이란 무엇인가?

공감은 디자인 사고에서 문제의 해결을 위한 기초 단계이며, 가장 중요한 단계이다. 일반적으로 문제는 사람의 욕구가 충족되지 않아 생긴 것이다. 앞에서 언급한 것과 마찬가지로 욕구는 눈에 보이는 부분이 있고, 밖으로 표출되지 않은 부분이 있다. 문제의 근본 원인을 찾고자 디자인 사고를 사용하는 것이다. 즉, 밖으로 표출되지 않은 진짜 문제를 찾아내기 위해서는 사람에 대한 깊은 이해가 필요하다.

공감을 위해서는 다음과 같은 의문을 갖고 진행해야한다.

① 왜 그런 행동을 하는가?
② 신체적 및 정서적으로 필요로 하는 것은 무엇인가?
③ 필요한 것은 어느 정도이며 왜 필요한가?
④ 세상을 어떻게 보고, 생각하는가?
⑤ 의미 있는 것은 무엇인가?
⑥ 표현하지 못한 숨은 욕구는 무엇인가?

즉, 공감은 사람들을 진정으로 이해하고 파악하기 위한 노력이다. 사람들의 말과 행동은 종종 속마음과 다를 때가 있다. 때문에 사람들의 행동을 관찰할 필요가 있다.

공감과 동감을 구분해야한다. 일반적으로 비슷한 감정을 느끼거나 미안한 마음 또는 동경하는 마음을 갖는 것을 공감이라 생각하지만, 이는 동감에 해당된다. 공감은 사람의 행동을 관찰하고, 질문하거나, 상대방의 입장에서 직접 체험하면서 상대방이 느끼는 것과 동일하게 느끼는 것이다.

2 공감의 방법?

공감하는 방법은 크게 조사, 질문, 관찰, 체험으로 나뉠 수 있다. 조사는 서적이나 논문 또는 기사와 같은 자료 등의 기본 바탕이 되는 지식 및 정보를 조사하는 것이다. 데스크 리서치라고도 한다. 질문은 계획하여 사람들과 만나면서 궁금한 것을 물어보는 것이다. 질문은 사람들이 인지하지 못한 것을 알아낼 수 있다. 필드 리서치라고도 한다. 관찰은 생활 속에서 드러나는 사람들의 행동과 현상을 유심히 살펴보는 것이다. 체험은 사람들이 하는 행동이나 경험을 직접 겪어보는 것이다.

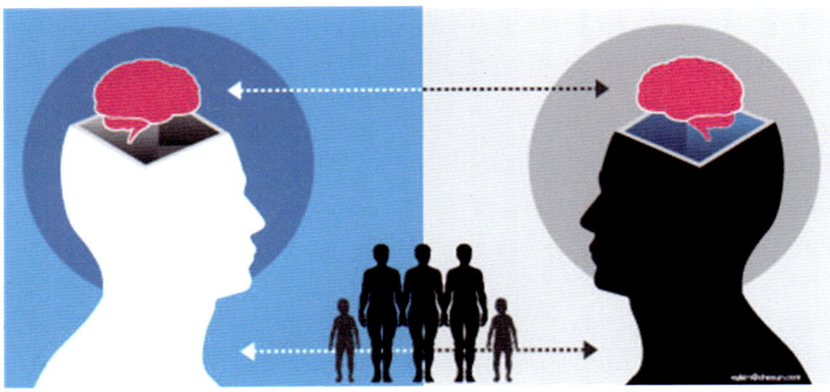

① 조사하기

일반적으로 조사는 데스크 리서치와 필드 리서치가 있다. 데스크 리서치는 숨은 문제를 찾기위해 사람들에 대한 기반 지식이 필요하다. 기반 지식들을 일일이 사람들에게 질문할 수는 없다. 역효과가 될 수 있기 때문이다. 인터넷을 통해 다양하게 검색엔진을 활용하거나 기사, 통계 자료등을 찾는다. 일반적인 현상에 대한 조사를 배제한다.

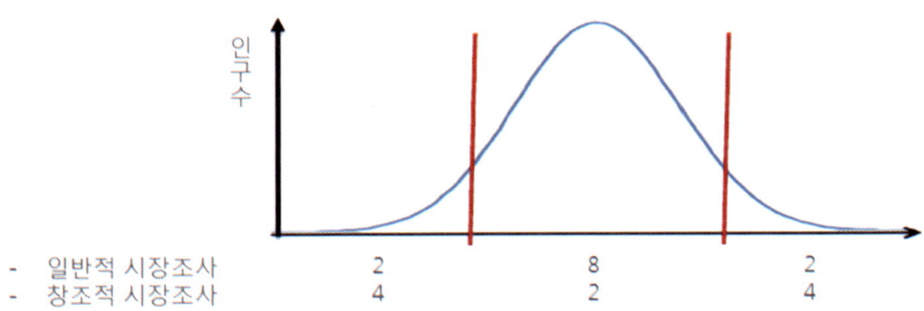

② **관찰하기**

사람들의 환경을 전반적으로 살펴본다. 즉, 사람들이 생활하는 곳에서 직접 살펴보는 것이 좋다. 즉, 사람들이 자연스럽게 행동할 수 있는 공간이 가장 적절한 관찰 환경이다. 이때, 사람들의 행동을 관찰한다.

여기서 사람들의 말이나 행동에서 나타나는 모순을 주목한다. 예를 들어, 말로 표현하는 내용이 표정이나 행동과 일치하지 않는 것을 중심으로 질문을 한다.

③ **질문하기**

사람들과 직접 만나서 겉으로 드러나지 않은 요소를 조사하는 방법이다. 이는 무엇을 물어볼 것인가가 중요하다. 질문은 답변자로부터 단답형으로 나올 수 있는 질문은 피한다. 즉, 제약 없는 질문으로 구성한다. 예를 들어, "~의 경험에 대해 말해주세요" 나 "~에 대한 좋았던 경험과 나빴던 경험은 무엇인가요?" 와 같은 질문이 좋다.

답변자의 대답을 이끌어 낼 때 "왜 그렇게 했는지?"에 대해 물어보는 것은 더 깊은 원인을 찾아 낼 수 있다. 이와 같이 왜라는 질문을 5번 반복하면 의외의 문제에 당면할 수 있다.

④ **체험하기**

공감에서 숨은 문제를 찾는 방법 중에서 가장 효과적인 방법이다. 예를 들어, 몸이 불편한 사람들의 문제를 이해하기 위해, 몇 일동안 눈을 가리고 생활한다거나, 휠체어를 타고 다니는 경우가 있다.

2.3 2단계 - 정의하기

1 문제 정의란 무엇인가?

공감 단계에서 진행한 조사, 질문, 관찰, 체험을 통해 발견된 내용을 분류하고 통합하여 올바른 문제를 찾아내는 단계이다. 즉, 올바른 문제란 사람들의 입장에서 실제로 느끼는 문제 또는 가치 있는 문제이다.

올바른 문제를 찾는 목적은 문제의 원인을 찾으면, 해결에 대한 방향을 올바르게 잡을 수 있다. 또한 문제를 명료하게 정의하게 되면 문제 해결을 위한 아이디어 발상이 쉽다.

2 문제 정의의 방법?

문제에 대해 충분히 공감하였다면 이것을 바탕으로 문제 정의문을 만든다. 문제 정의문은 사용자가 누구인지? 무엇을 필요로 하는지? 왜 필요한지에 대해 판단을 할 수 있게하는 문장이다. 좋은 문장 정의문은 문제에 집중하게 한다. 또한 아이디어에 대한 평가 기준을 제공한다.

① 공감지도 만들기

문제 정의문을 만들기 위한 전단계로 공감지도 만들기가 있다. 공감지도 작성은 공감에서 얻은 것을 통합 및 분류를 도와주는 방법이다. 즉, 사람들의 관찰과 인터뷰 내용을 정리하여 진짜 문제를 도출하도록 해주는 과정이다. 사람들이 직접 말하는 것과 행동한 것, 사람들이 생각하는 것으로 판단되는 것, 사람들이 느낀 것으로 추론하는 것 등으로 말하는 것(Say), 행동하는 것(Do), 생각하는 것(Think), 느끼는 것(Feel)의 4가지 영역으로 분류하는 것이다.

예. 키가 작은 주부들이 사용하기 편리한 세탁기

Say
드럼 세탁기 비싸요 한번 산 세탁기 오래써요 키 작으면 손이 안 닿아 통돌이가 싸고 좋아

Think
수거할 때 손이 짧으면 힘듦 세탁망보다 먼지제거 잘 됐으면... 세탁물이 자동으로 올라왔으면 한다. 발판 있었으면

Do
세탁가능용량 70% 하루 1회 세탁 집게 사용 수거 허리아프다고 푸념

Feel
드럼세탁기 세탁 별로임 세탁물 수거위해 통이 넓고, 높이 낮은게 좋음

② 문제 정의문

전형적인 문제 정의문을 구성하는 요소와 그 진술 형태는 다음과 같다. 가장 중요한 것은 간단 명료하게 핵심을 찾아 내는 것이다.

구성요소	진술형태
고객(이름)	고객 A 씨는
고객의 니즈	~하는 것이 필요합니다.
통찰	왜냐하면 ... 하기 때문입니다.

문제 정의문을 정의할 때 주의 할 점은 다음과 같다.

- 사용자가 누구인가 밝힌다.
- 사용자의 니즈는 반드시 동사로 표현한다.
- 통찰은 니즈의 이유가 되어서는 안되고 니즈가 나타나는 근본 원인이 되어야 한다.

예. 일반적 문제 정의문과 좋은 문제 정의문

일반적 진술	좋은 문제 정의문
10대 소녀들은 한참 자라는 나이이기 때문에 성장 및 발육에 필요한 비타민이 풍부한 음식을 먹는 것이 필요하다 왜냐하면 비타민은 건강에 매우 필요하기 때문이다.	사춘기 10대 소녀들은 건강식을 먹어야 한다. 그러나 자기 또래 집단에 소속감을 느끼는 것은 더욱 중요하다. 왜냐하면 건강보다 또래에게 따돌림 당하지 않는 것이 이 나이의 아이들에게는 그 무엇보다 우선 순위에 있기 때문이다.

UA. 팀 회의 진행하기

▪ 생활 속에 불편한 사람

1단계. 공감하기 - 문제 조사하기

1. 불편했던 점 생각하기 - 8분 (2회 x 각 4분)

평소 자신의 경험으로부터 불편했던 점을 생각해 봅시다.

개인별로 2가지 이상 적으세요.

경험/관찰

: 식당에서 버리는 음식물이 많다.

인터뷰 1.

2. 더 깊이 생각하기 - 8분 (2회 x 각 4분)

서로 팀원의 경험 내용을 발전시켜 근본적인 문제점을 생각해 봅시다

왼쪽에서 적은 내용을 발전시켜 추가 질문을 적고, 그에 대한 답변을 적으세요.

- 음식은 왜 버릴까요?

: 음식이 너무 많아서 다 못먹는다.

: 배식이 자유롭지 못하다.

역할 바꾸기 & 반복 인터뷰 2.

1 공감하기

① **불편했던 점 생각하기** : “생활 속에서 불편했던 점은 무엇이 있는가?” 알아낸 점을 작성한다.

- 조사하기
- 관찰하기
- 체험하기

② **더 깊이 생각하기** : 윗쪽의 항목에 대해서 근본적인 문제점을 생각할 수 있도록 질문을 하고 그에 대한 답변을 적는다.

2단계. 정의하기 - 문제 정의하기	
3. 의견을 수집 - 3분 제시된 문제에 대해 정리해 봅시다. · 원하는 것 : 하려고 하는 것들(동사 사용) 버려진 음식물을 줄이고 싶다. · 이해한 것 : 문제 해결을 위한 상대방의 감정/생각에서 얻은 새로운 교훈(추론) 배식량의 기준이 없어서이다.	**4. 문제를 정의 - 3분** 정리된 문제를 하나의 문장으로 정리해 봅시다. · (우리가 원하는 것) "버려지는 음식물을 줄이고 싶다" 을 위한 방법이 필요하다. · (놀랍게도 ~ 그러므로 ~ 그러나 ~)를 이용하여 문장 완성 놀랍게도 음식물이 버려지는 문제가 있다. 그러므로 음식 쓰레기를 줄이는 것 를 원한다. 그러나 배식량의 기준이 없다는 제약이 있다.

2 문제 정의하기

공감된 내용을 기반으로 문제를 간단 명료하게 정의한다.
문제 정의하기 이전에 공감지도를 그려본 후 정의를 내리는 것도 좋다.

③ 의견을 수집

- 원하는 것 : 공감된 것 중에서 핵심 내용 하나의 동사를 뽑아 작성한다.
- 이해한 것 : 원하는 것에 대한 원인을 작성한다.

④ 문제를 정의

- 왼쪽의 의견 수집부분을 통합하여 최대한 간단 명료하게 문장이 완성되도록 작성한다.

AppInventor 실습하기

▪ 실습. 글을 읽어주는 앱 제작하기(TextToSpeach.aia)

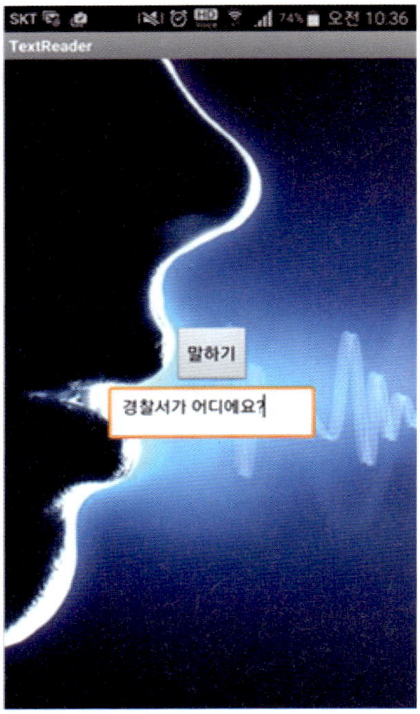

[TextBox1] 에 문자를 입력하고, [말하기] 버튼을 클릭하면 글자를 읽어주는 앱

▪ 컴포넌트 설명

텍스트 상자	: 사용자가 글을 쓸 수 있는 요소. 힌트를 써서 사용자의 입력을 안내할 수 있다. 숫자만 입력하도록 제한하거나 비밀번호를 입력할 때처럼 내용을 숨길 수도 있다
음성 변환	: 주어진 글을 소리 내어 읽어주는 요소. 말소리와 높이와 속도를 조절할 수 있다.

▪ 블록 설명

: 텍스트 상자에 입력된 글을 가져오는 기능

▪ 앱 디자인하기

[프로젝트]-[새 프로젝트 시작하기...]-프로젝트 이름을 "TextReader"로 입력한 후 -[확인]버튼을 누른다.

① 팔레트에서 [버튼]과 [텍스트 상자] 컴포넌트를 뷰어창에 드래그하여 놓는다. [버튼] 컴포넌트의 이름은 "말하기"로 변경한다.

② 컴포넌트 창에서 [Screen1]을 클릭하고, 속성에서 수평정렬을 “중앙”으로 설정하고, 수직정렬은 “가운데”로 설정한다.

③ 속성 창에서 배경이미지를 클릭하여 “speaker.jpg” 파일을 올린다.

④ 속성 창에서 제목을 “TextReader”로 변경한다.

⑤ [텍스트 상자1] 컴포넌트를 선택한다. 속성 창에서 글꼴크기를 “14”로 설정한다.

⑥ 그리고 미리 입력되어 있는 힌트는 삭제한다.

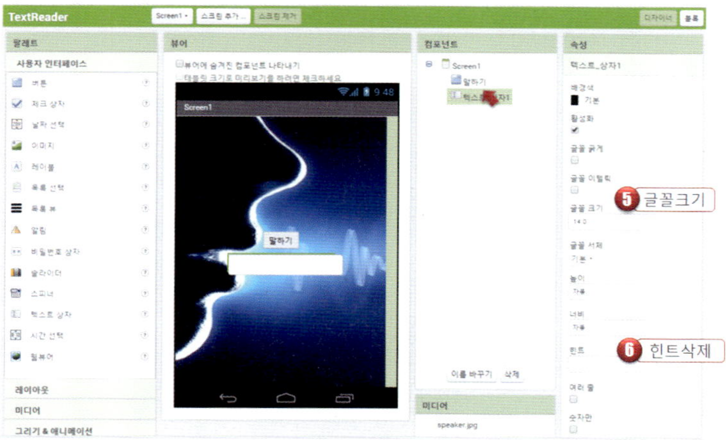

⑦ 팔레트에서 [음성변환] 컴포넌트를 뷰어창에 드래그하여 놓는다. [음성변환]의 경우 화면에 나타나는 컴포넌트가 아니기 때문에 뷰어 하단에 나타난다.

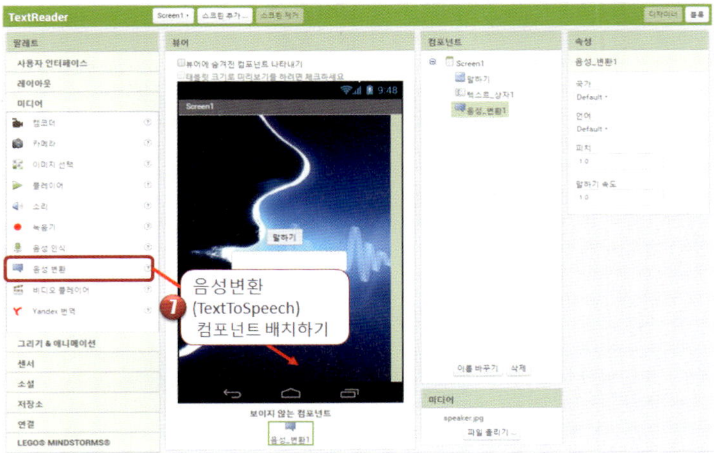

■ 블록 코딩하기

⑧ 오른쪽 상단의 [블록]버튼을 클릭하여 블록코딩을 실시한다.

⑨ "블록" 창의 Screen1 항목의 [텍스트 상자] 컴포넌트를 선택한다.

⑩ 블록이 나타나면 그림과 같이 블록을 드래그하여 뷰어창에 놓는다.

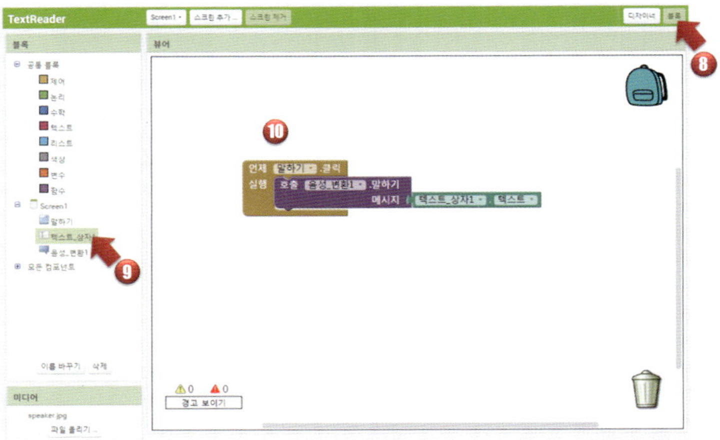

완성된 코드는 다음과 같다.

▪ 실습. 음성 메모 앱 제작하기(RecorderToText.aia)

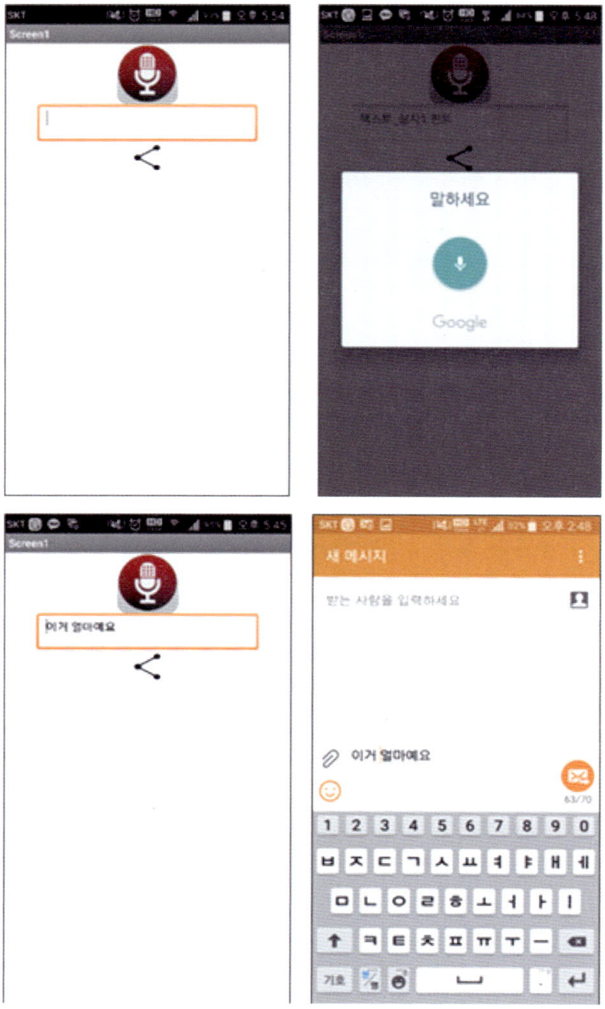

녹음버튼을 누른 후 / 음성인식기가 나타나면 말한다.
[텍스트] 로 변환한 후 보여준다.
공유하기 버튼을 눌러 메시지를 전달할 수 있다.

▪ 컴포넌트 설명

음성 인식	: 목소리를 인식하는 구글 보이스를 사용하여 음성을 인식하여 글로 변경
공유	: 다른 앱을 사용하여 문자 내용이나 파일을 공유할 수 있도록 한다. 문자메시지, SNS등 스마트 기기에 설치된 앱을 사용할 수 있다.

▪ 블록 설명

: 음성인식기에 지정된 음성을 텍스트로 가져오기 위한 블록

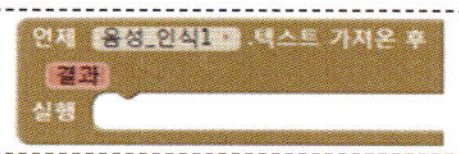

: 음성 녹음이 끝난 후 실행할 명령을 끼워넣을 수 있는 블록

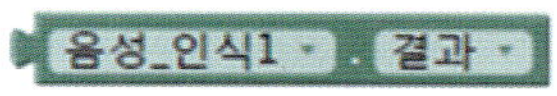

: 음성 인식한 결과 값을 텍스트로 변환한 값

: 메시지 공유를 위해 공유 창을 호출하는 블록

▪ 앱 디자인하기

① [프로젝트] – [새 프로젝트 시작하기...] – 프로젝트 이름을 "RecorderToText"로 입력한 후 – [확인] 버튼을 누른다.

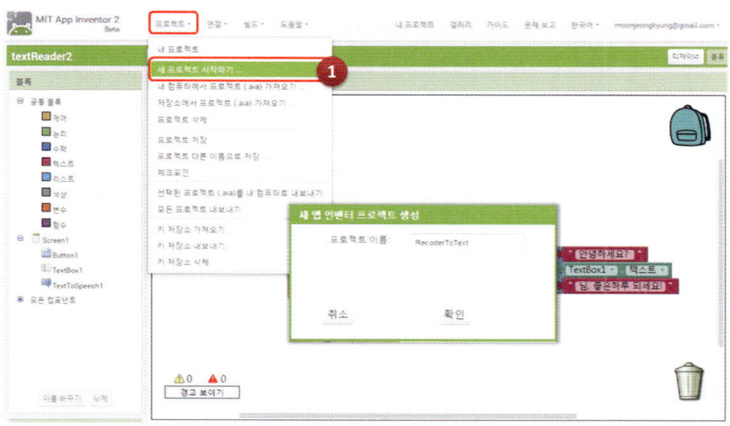

② 팔레트에서 [버튼]과 [텍스트 상자] 컴포넌트를 뷰어창에 드래그하여 놓는다.

③ [버튼] 컴포넌트의 이름을 “누르고 말하기”로 변경한다. 속성 창에서 높이와 너비를 각각 “70 pixels”로 설정한다. 이미지를 클릭하여 “images.jpg” 파일을 올린다. 또한 텍스트의 내용을 삭제한다.

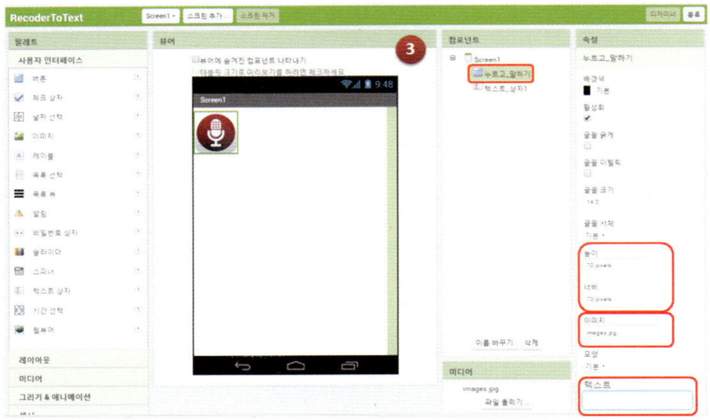

④ [Screen1] 의 속성 창에서 수평정렬을 “중앙”으로 설정한다.

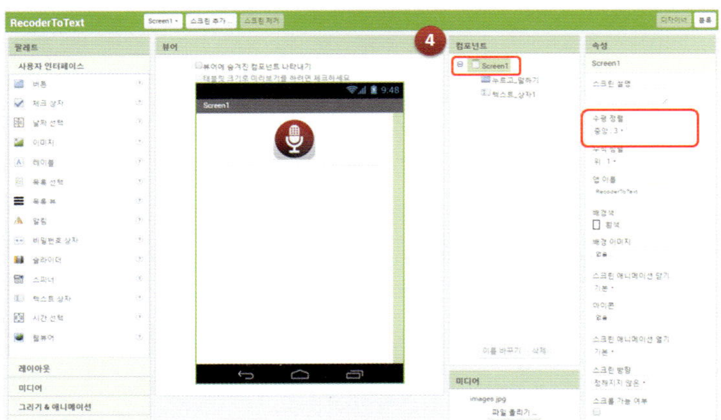

⑤ [텍스트 상자1] 컴포넌트를 선택한다. 속성 창에서 너비를 “205 pixels”로 설정하고 힌트는 삭제한다. 텍스트 상자에 한줄만 입력될 수 있도록 여러줄 체크를 해제한다.

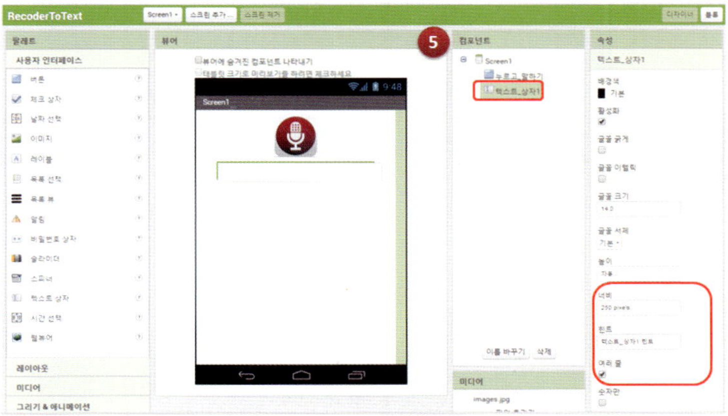

⑥ [버튼] 컴포넌트를 뷰어창에 드래그하여 놓는다. 이름을 “공유하기”로 변경한다. 속성 창에서 높이와 너비를 각각 “30 pixels”로 설정한다. 이미지를 클릭하여 “Share.png” 파일를 업로드한다. 이렇게 하면 버튼이 공유이미지로 변경된다. 그리고 텍스트의 내용을 삭제한다.

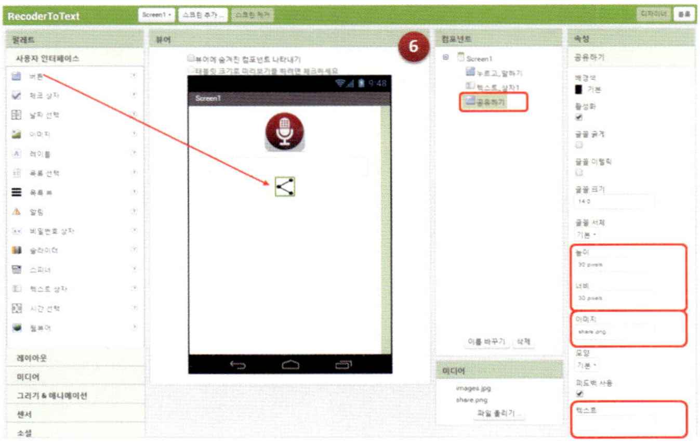

⑦ 미디어 팔레트에서 [음성인식] 컴포넌트를 뷰어창에 드래그하여 놓는다. 소셜 팔레트에서 [공유] 컴포넌트를 뷰어창에 드래그하여 놓는다. 두 컴포넌트는 화면에 나타나는 컴포넌트가 아니기 때문에 뷰어 하단에 나타난다.

▪ 블록 코딩하기

⑧ 오른쪽 상단의 [블록]버튼을 클릭하여 블록코딩을 실시한다.
"블록" 창의 Screen1 항목의 [공유하기] 버튼 컴포넌트를 선택한다.
블록이 나타나면 그림과 같이 블록을 드래그하여 뷰어창에 놓는다.

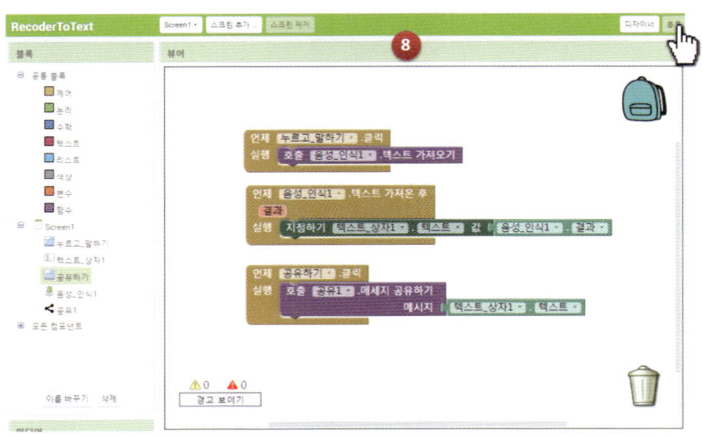

완성된 코드는 다음과 같다.

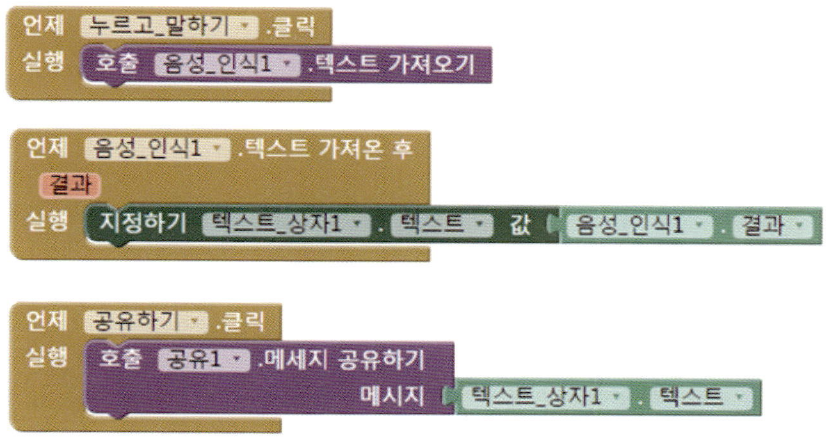

Chapter 2. 정리하기

1 디자인 사고에서 사용자의 욕구가 만족되지 않은 상태가 지속되는 것을 “문제”라고 하고, 이런 문제를 해결하는 것이 “문제 해결”이다.

2 말로 표현하기 어려운 고객의 잠재적 니즈는 밖으로 표출되지 않는다. 왜냐하면 고객의 불만 사항 자체를 스스로가 잘 알지 못하기 때문에 잘 표현할 수 없기 때문이다. 그러므로 이런 고객의 잠재적 니즈를 파악하기 위해서 “공감하기”과정이 필요하다.

3 공감하기 과정에서는 주로 3가지 방법을 사용한다.
(1) 관찰
(2) 인터뷰
(3) 체험하기

4 진정한 공감하기를 위해서는 “동감”과 “공감”을 구분할 수 있어야 한다.
(1) 동감 : 비슷한 감정을 느끼거나 미안한 마음, 동경하는 마음을 갖는 것
(2) 공감 : 상대방의 입장에서 직접 체험하면서 상대방이 느끼는 것과 동일하게 느끼는 것

5 공감의 4가지 방법은,
(1) 조사 : 데스크 리서치와 필드 리서치
(2) 관찰 : 문제 환경에서 발생하는 모순된 상황에 주목해서 사람의 행동을 관찰함
(3) 질문 : 제약이 없는 구체적인 문의 사항을 사람들을 직접 만나서 조사함
(4) 체험 : 문제 상황에 있는 사람의 입장이 되어서 몸소 느껴봄

6 문제 정의란, 사용자가 느끼는 불편함을 찾아내어 올바른 해결 방향을 잡기 위한 과정이다. 이를 위해서 (1)공감지도 만들기와 (2)문제 정의문 만들기 과정을 수행한다.

7 공감지도 만들기란, 사람들이 직접 느낀 것으로 말하기, 행동하기, 생각하기, 느끼기 4가지 영역으로 나눠서 지도를 만들어 보는 작업이다. 이를 통해서 문제 정의문을 작성할 수 있다.

8 “문제 정의문” 만들기 과정이란,
(1) 사용자가 누구인지 밝히기
(2) 사용자의 요구사항을 동사료 표현하기
(3) 통찰을 통해서 사용자의 요구사항이 나타나는 근본 원인을 밝히는 것이다.

9 앱 인벤터에서 “음성 변환”은 주어진 글을 소리내어 읽어주는 컴포넌트이다. 이를 사용해서 말소리의 높이와 속도를 조절할 수 있다.

10 앱 인벤터에서 스마트폰이나 태블릿 사용자의 음성을 인식하여 글로 변경하기 위한 컴포넌트는 “음성 인식”이다.

Chapter 2. 연습문제

1 다음은 디자인 사고법 중에서 공감하기에 대한 설명이다. 올바르지 않은 것은?

(1) 사용자의 요구가 만족된 상황을 "문제"라고 한다.

(2) 사용자의 불편함을 해결하는 것을 "문제해결"이라고 한다.

(3) 고객의 잠재적 요구를 파악하는 과정이다.

(4) 고객의 잠재적 요구사항은 밖으로 표현되지 않는다.

2 공감하기를 위해서 수행하는 조사는 데스크 리서치와 필드 리서치가 있다. 이에 대한 설명으로 잘못된 것은?

(1) 인터넷 검색을 통해서 자료를 찾는 것이다.

(2) 검색 엔진을 활용해서 통계 자료를 찾는 것이다.

(3) 필드 리서치는 전문가를 찾아가 인터뷰를 하는 것이다.

(4) 데스크 리서치는 기반지식이 필요하지 않다.

3 공감하기를 위해서 관찰 단계에 대한 설명이다. 올바르지 않은 것은?

(1) 사람들의 환경을 전반적으로 살펴본다.

(2) 사람들이 행동할 수 있는 특별한 공간에서 관찰하는 것이 적합하다.

(3) 자연스럽게 사람들의 행동을 관찰하는 것이 적합하다.

(4) 표현하는 내용이나 행동이 일치하지 않는 점을 관찰한다.

4 공감하기를 위해서 질문 단계에 대한 설명으로 올바르지 않은 것은?

(1) 직접 만나서 겉으로 드러나지 않은 요소를 질문한다.

(2) 답변자로부터 단답형으로 나올 수 있는 질문을 피한다.

(3) 질문에 대한 대답에 제약적인 질문으로 구성한다.

(4) 왜 그렇게 했는지 질문을 5번 반복하는 것이 좋다.

5 공감하기를 위해서 수행하는 4 단계 중에서 몸이 불편한 사람을 위해 직접 휠체어를 타고 다녀보거나 나이가 많은 할머니를 위해서 고무로 만들어진 국자 손잡이를 사용해서 흘리지 않는지 등을 경험해 보는 것을 무엇이라고 하는가?

6 문제정의 단계에서 수행하는 2가지 작업이 있다. 괄호에 알맞은 것은?

사용자가 느끼는 불편함을 찾아내어 올바른 해결방향을 잡기 위해서 (   ) 만들기와 문제 정의문 만들기를 수행한다.

7 공감 지도 만들기의 4가지 영역에 대한 설명이다. 올바르지 않은 것은?

(1) 말하기 : 생각하는 것을 간접적으로 행동하는 것이다.
(2) 행동하기 : 행동하기 원하는 것을 글로 표현한 것이다.
(3) 생각하기 : 문제에 대해 생각하는 바를 글로 표현한 것이다.
(4) 느끼기 : 문제에 대해서 느끼는 점을 글로 표현한 것이다.

8 앱 인벤터에서 사용하는 음성 변환과 음성 인식에 대한 설명이다. 잘못된 것은?

(1) 주어진 글을 소리내어 읽어주는 컴포넌트는 음성변환이다.
(2) 음성변환은 글자의 크기와 색깔을 조절할 수 있다.
(3) 사용자의 말소리를 인식해서 글자로 변경하는 것은 음성인식 컴포넌트이다.
(4) 음성인식은 소리의 크기와 빠르기를 조절할 수 있다.

Chapter 3.

디자인 사고(2)

3.1 3단계 - 아이디어 내기

1 아이디어 발상이란 무엇인가?

아이디어 발상이란 정의된 문제를 해결하기 위한 방안들을 생각하고 이를 평가하여 가장 바람직한 아이디어를 선정하는 단계이다. 이 단계는 창의성을 초점으로 두고 있다. 때문에 가장 어려운 단계이기도 하다.

이 단계에서 선택되는 아이디어는 다음단계인 프로토타입을 만들기 위한 여러 가지 내용을 찾아내고, 문제에 대한 혁신적인 해결책을 제공하는 것이 목표이다.

아이디어는 이상하더라도 많이 내는 것이 중요하다. 이것은 혁신적인 해결점을 찾기 위한 방법이며, 질을 중요시하게 되면, 생각이 많아져 오히려 혁신적인 해결책을 내는데 방해가 될 수 있기 때문이다.

2 아이디어 발상의 중요성

이전 단계인 문제정의 단계에서 정의된 문제를 해결하기 위해서는 반드시 하나의 해결책이 있는 것이 아니다. 많은 해결책을 내 놓고 그 중에서 선별하는 자세가 필요하다. 특히 많은 아이디어는 문제 해결을 위한 선택의 폭을 넓혀준다. 특히, 다양한 해결책 중에서 가장 실현 가능성이 사람들을 만족시킬 수 있는 아이디어를 평가하여 선정된다. 어떤 해결책이 가장 좋은가는 단계가 진행되면서 테스트와 피드백을 거쳐 드러난다.

3 아이디어 발상의 요소들

아이디어는 오랜 세월동안 필요에 의해서 연구되었다. 이는 인간만이 가질 수 있는 창의성에 대한 연구로 인간을 연구하는 것과 같은 역사를 갖는다. 그와 더불어 디자인 사고와 비슷한 과정의 문제해결 방법도 여러 가지가 있다. 즉, 이 방법들은 혁신적인 문제 해결 방법을 찾는 방법들이다. 아이디어 발상에 영향을 미치는 요소들은 다음과 같다.

유창성	✓ 하나의 화두로부터 많은 것을 연상하기 ✓ 가능한 한 많은 대안 제시하기
융통성	✓ 서로 관계가 없는 듯한 사물이나 현상들 간의 관련성 찾기 ✓ 사물이나 현상의 여러 가지 속성들을 추출하고 속성별로 생각하기 ✓ 발상 자체를 전환시켜 다양한 관점을 적용시키기
독창성	✓ 기발하고 새로운 생각하기 ✓ 기존의 사물이나 생각을 부정하고 달리 생각하기
정교성	✓ 주변의 사물을 분류하고 세밀하게 만들기 ✓ 아이디어를 보다 구체적이고 세밀하게 만들기 ✓ 잘 다듬어지지 않은 생각을 실제적 가치를 고려하여 평가하고 발전시키기

3.2 아이디어 발상의 방법

아이디어 발상을 위한 방법은 일본의 다카하시 교수에 따르면 약 620가지가 있다고 한다. 많은 방법이 있다는 것은 그만큼 창조, 혁신의 필요성을 사람들이 많이 필요하다는 뜻이다. 아이디어 발상법 중 브레인스토밍(brainstorming)은 쉽게 사용할 수 있다. 또한 트리즈(TRIZ), 스캠퍼(SCAMPER) 기법, 유추영감법(Analogous inspiration), 마인드 맵(Mind Mapping), 우뇌활성화법(Right braining), 강제연결법, 생체 모방학, 모폴로지(Morphology) 등의 방법도 있다.

1 아이디어 발상의 자세

아이디어는 창의성을 기반으로 인간의 머리에서 떠오른다. 이때 외부의 제재가 가해진다면 인간의 이성적인 판단을 우선하여 창의적인 아이디어가 떠오를 확률이 낮아진다. 또한 다른 사람의 아이디어를 기반으로 새로운 아이디어를 낼 수 있다. 이렇게 다른 사람과의 상호작용으로 형성되기도 한다. 이때도 부정적인 태도나 제약이 가해진다면 좋은 아이디어를 얻기 힘들다. 즉, 아이디어에 대한 평가와 비판하지 않는 것이 중요하다. 즉, 아이디어 발상은 다른 사람의 아이디어를 수렴하고 확산하여 또 다른 아이디어를 낼 수 있다.

2 브레인스토밍

많은 양의 아이디어를 필요로 할 때 가장 많이 사용하는 방법이 브레인스토밍이다. 브레인스토밍은 1930년에 알렉스 오스본(Alex Faickney Osborn)이 제안하였다. 그는 이 방법으로 그가 창업한 광고회사에 적용하였다.

브레인스토밍에서는 효과적인 발상을 위한 판단 보류와 가능한 많은 수의 발상을 이끌어 내는 원리를 기반으로 4가지 기본 규칙을 갖는다.

① 질보다 양에 포커스를 맞추기

이 규칙은 브레인스토밍에서 가장 중요한 규칙이다. 많은 아이디어가 나와야 그 중에 좋은 아이디어가 나온다는 취지의 기법이기 때문이다.

② 비판과 비난하지 않기

비판이나 비난을 하면 회의 분위기가 가라앉고 아이디어를 내는데 부담감을 갖게 된다. 따라서 많은 아이디어가 나오지 않게 된다. 회의 방법으로는 "하지만"이나 "그러나"와 같은 부정적인 단어보다는 "그리고", "그래서"와 같은 긍정적인 단어로 다른 사람의 의견을 이어가는 것이 좋다.

③ 특이한 아이디어 환영하기

특이한 아이디어는 혁신적인 생각의 시발점이 된다. 이것을 기반으로 더 좋은 아이디어가 나올 수 있는 가능성이 커지기 때문이다. 평소에 쉽게 내놓지 못했던 아이디어들도 독특하거나 획기적인 아디어가 될 수 있다.

④ 여러 아이디어를 조합하고 개선하기

다른 사람의 아이디어들을 조합하거나 개선 또는 추가하여 새로운 아이디어를 제시한 것이다. 이렇게 하면 더욱 발전된 아이디어가 나올 가능성이 커지기 때문이다. 팀원들은 제시된 아이디어와 별개의 새로운 아이디어를 반드시 제시할 필요는 없다.

http://blog.naver.com/moripenglish/130130851668
http://blog.naver.com/theimc/220076709757
https://www.youtube.com/watch?v=zZxaS7v1-jo
https://www.youtube.com/watch?v=pSt5echeRrM

브레인스토밍의 종류

Carousel Brainstorm

Gallery Walk

브레인스토밍에서 아디이어를 내다보면 종종 주제가 변경되는 경우가 있다. 이런 경우를 피하기 위해 반드시 앞 단계에서 정의된 문제에 대한 방향성을 잃지 말아야 한다. 따라서 정의된 문제를 회의에서 가장 잘 보이는 곳에 적어두고 회의를 진행하는 것도 좋은 방법이다. 또한 약간의 제약을 주는 것도 좋다. 예를 들어, "10분 안에 50건의 아이디어 발상"과 같이 목표를 두고 진행하는 것이다. 이것은 두뇌활동을 촉진시키는 계기가 되기도 한다.

브레인스토밍을 하는 방법은 우선 회의 리더를 뽑는다. 회의 리더는 회의를 원활히 진행되도록 비난이나 비판에 대한 제재를 하거나, 시간제한을 두어 다음 순서로 넘기는 등의 역할을 한다. 이후에 팀원들끼리 순서대로 아이디어를 제시한다. 이때 앞에서 제시된 아이디어에 더하거나 개선하는 아이디어를 내는 것도 좋다. 또한 한 사람당 시간을 제한하는 것도 좋은 방법이다. 어느정도 아이디어가 나왔다면 도출된 아이디어를 기록하고, 유형별로 분류하여 최종 아이디어를 선정한다. 선정하는 방법은 추천하거나 투표하는 방법을 사용할 수 있다.

다음 그림은 브레인스토밍의 순서를 간략하게 나타낸 것이다.

i 브레인 스토밍 회의 진행의 5가지 Tip

1. 메모지를 나누어주는 것으로 시작하세요. (리더와 기록원 선발)

보통 회의 시작할 때 "지금부터 아이디어를 말씀해 주세요" 라고 시작하는 경우가 많을 것입니다.

앞으로는 이렇게 해보세요.

1단계 : 메모지를 나누어 주세요.
2단계 : 5분 정도 빠르게 안건에 대해서 설명을 합니다.
3단계 : 생각할 수 있는 시간적 여유를 주세요.
4단계 : 가능한 많은 생각을 적어줄 것을 요청합니다.
5단계 : 벽에 나누어준 메모들을 붙여두고 아이디어를 그룹화 합니다.

2. 교수가 아이디어를 말하는 것으로 시작하지 마세요.

회의를 진행하는 관리자들은 보통 자신의 의견을 말하면서 브레인스토밍 회의를 시작합니다. 이렇게 하면 이미 들어본 생각 이외의 의견을 내지 않을 것입니다.

3. 분위기를 가볍게 유지해야 합니다.

우리의 좌뇌는 논리적인 사고를 하고 우뇌는 상상하는 사고를 합니다.
브레인스토밍에서도 계속 문제점을 이야기 하는 것보다 재미있는 이야기나 간혹 터무니없는 이야기를 하는 것도 새로운 아이디어를 떠오르게 할 수 있는 방법입니다.
절대로 "우리는 너무 바쁘니까, 쓸데없는 소리로 시간낭비 하지 마세요"라는 발언은 금지입니다.

4. 가능한 자세와 활동이 자유로워야 합니다.

움직임은 더 집중할 수 있게 해줍니다. 움직이지 않은 상태에서 장시간 회의를 지속해 나간다면, 참석자들은 지치고 좋은 아이디어는 나올 수 없습니다. 바닥에 앉거나 구석에 서있거나 자유롭게 움직일 수 있도록 해주세요. 더 좋은 아이디어가 나올 수 있습니다.

5. 아이디어는 질보다는 양입니다.

브레인스토밍 회의에서 결론이 나지 않습니다. 좋은 생각을 얻는 것이 중요합니다.
질보다 양이라는 말은 어떤 아이디어라도 말할 수 있도록 해야 합니다.
전에 시도해 보았던 것, 시행하기에 너무 오래 걸린다, 너무 바보 같다, 비용이 많이 든다 등등 아이디어 발언을 막는 발언은 하시면 도움이 되지 않습니다.

http://kin.naver.com/qna/detail.nhn?d1id=8&dirId=8&docId=229075796&qb=67iM66CI7J247Iqk7Yag67CN&enc=utf8&section=kin&rank=3&search_sort=0&spq=0&pid=Teq8DspySEdssvMxawNssssss6G-439797&sid=TwEgMNkgQ9nez/02ipBkHQ%3D%3D

브레인스토밍을 응용한 여러 가지 방법이 제안되어 왔다. 다음은 브레인스토밍을 응용한 방법과 특징들을 보여주고 있다.

구분	기법	참가자가 아이디어 구두제시	참가자가 아이디어 기록	구두접촉	비구두 접촉	아이디어 선별포함	카드사용	용지사용
브레인 스토밍 계열	Gordon법	O		O				
	역브레인스토밍	O		O				
브레인 라이팅 계열	브레인라이팅 Pool		O		O			o
	브레인스토밍 게시판		O					
혼합 계열	미쯔비시 브레인스토밍	O	o	o				o
	Trigger법	O	o	o				O

3 5 Why

장비작업에 대해 Why를 되풀이 하여 근본적인 원인을 찾기 위한 디자인 사고이다.

4M(사람, 설비, 재료, 방법)을 기본으로 현상을 명확히 이해하고 고정관념이나 과거의 경험적인 생각을 버리며 원리원칙에 따라 왜(Why)를 반복하여 표면상의 문제에서 보다 깊이 숨어있는 근본 문제를 찾는 것이다.

Why에 대한 답은 타당성이 있어야 하며, 도출된 대책안에 대해서는 반드시 적합성 검증을 해야한다.

5Why는 의문을 5회 이상 반복함으로써 문제의 근본원인을 찾는 것이 목적이다. 반드시 5회 이상 해야하는 것은 아니며 문제의 근본 원인이 나올 때까지 반복하는 것이다.

1) 왜 기계가 섰는가?

-〉 오버로드가 걸려 퓨즈가 끊어졌기 때문이다.

2) 왜 오버로드가 걸렸는가?

-〉 샤프트 축의 윤활유가 충분하지 않았기 때문이다.

3) 왜 윤활유가 충분하지 않았는가?

–> 펌프가 충분히 뿜어올리지 못하기 때문이다.

4) 왜 충분히 뿜어올리지 못하는가?

–> 축이 마모되어 흔들리기 때문이다.

5) 왜 마모되었는가?

–> 철판 부스러기가 베어링 속에 들어갔기 때문이다.

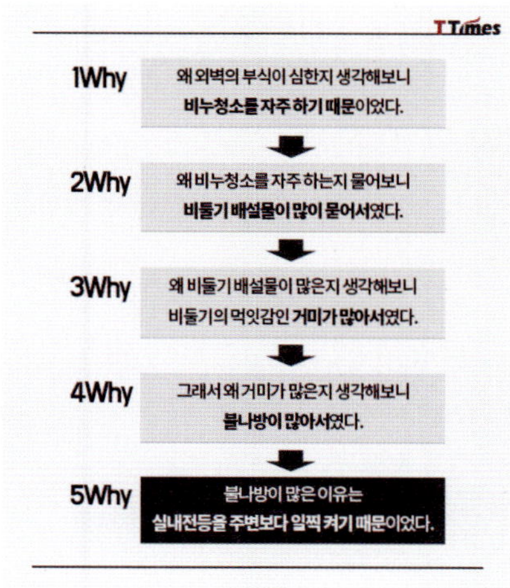

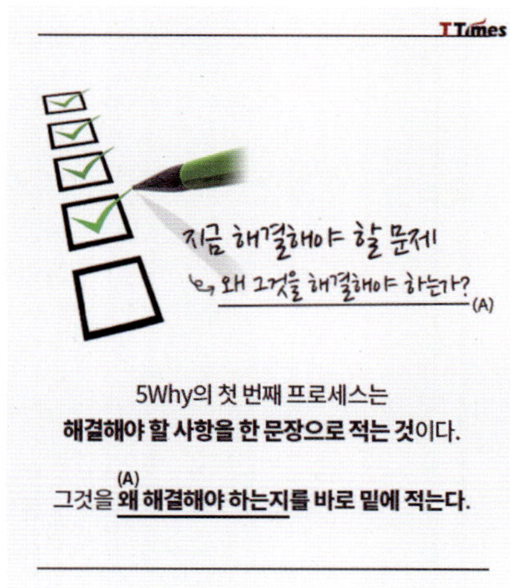

QR code

5 Why 예

http://blog.naver.com/p1ngp1ng/220607290010
https://www.youtube.com/watch?v=P6ysWvIl0t8

4 Six thinking hat

창의적 사고의 대가인 에드워드 드 브노(Edward de Bono)에 의해 개발된 것으로, 가장 단순명료하게, 효과적으로 사고하기 위한 방법이다. 브레인스토밍 회의에 지쳐있을 때 아이디어를 심화할 수 있는 방법이다.

<6 thinking hat의 특징>

- 각각의 모자는 하나의 이슈를 바라보는 의미
- 회의에서 팀원들이 하나의 관점에 집중이 가능
- 불필요한 논쟁을 막고 유연한 하고를 통해 시간 절약
- 다양한 관점에서 논의를 하며, 상대방을 공격하는 것을 막을 수 있음

QR code

6 thinking hat

색깔	표시	역할
하얀모자	사회 (객관적 정보공유)	사회자, 의제 발표. 객관적 정보를 다루기 위한 질문 - 우리는 어떤 정보를 필요로 하는가? - 어떻게 필요한 정보를 얻을 것인가?
파랑모자	논리주의자 (문제 정의)	논리적으로 문제를 분석. 객관적 태도를 유지 - 왜 회의를 하는가? / 어떻게 정의할 것인가? - 성취하고자 하는 것이 무엇인가? 회의 끝에 다음 사항을 정리한다. - 결론이 무엇인가? / 무엇을 성취했는가? - 해결방안은 무엇인가? / 다음에 할 일은 무엇인가?
초록모자	idea 맨 (아이디어 제안)	새로운 아이디어를 제안하고 기존의 아이디어를 확장 - 전혀 다른 방향으로 해볼까?/ 새로운 대안은 없을까? - 개선방향은 무엇인가?
빨강모자	직관주의자 (직관, 느낌)	아이디어를 듣는 순간의 감정을 말함 - 예감, 직감, 비이성적인 측면이 정당하게 공개될 수 있도록 길을 제공한다.
노랑모자	낙관주의자 (긍정적 가치 찾기)	논리에 근거한 낙관적이고 좋은 아이디어를 떠올림 - 어떤 가치가 있을까? / 어떻게 구체화할 수 있을까?
검정모자	심판 (비판)	비관적으로 아이디어의 문제점을 도출 - 우리가 이렇게 행동하면 무슨일이 발생할까? - 무엇이 잘못될 수 있을까? - 잠재적인 문제점은 무엇일까?

http://juniestudio.tistory.com/entry/%EC%97%AC%EC%84%AF-%EC%83%89%EA%B9%94-%EB%AA%A8%EC%9E%90-%EA%B8%B0%EB%B2%95Six-Thinking-Hats

3.3 창의적인 생각의 결과

QR code

개똥의 즐거움

QR code

신호등 앞
특별한 카페

UA. 팀 회의 진행하기

▪ 위험한 상황

<table>
<tr><td colspan="2">3단계. 아이디어 내기 – 문제 해결을 위한 대한 생성하기
5. 원하는 것을 해결하기 위한 반안 적기(1인당 4가지 이상) – 4분
문제 : (정의된 문제를 적습니다.)</td></tr>
<tr><td>· 경찰에 비상 연락 ·
· 가족에게 비상 연락 ·
· 내 위치 연락 ·
· 구명을 위한 큰 소리냄 ·</td><td>· 전화 온 것 처럼 ·
· 몰래 동영상 촬영 ·
· 몰래 음성 녹음 ·
· 경찰 사이렌소리 울림 ·</td></tr>
<tr><td colspan="2">6. 해결방법 공유 & 의견 수렴 – 8분 (2회 x 각 4분)</td></tr>
<tr><td colspan="2">팀원들의 아이디어를 공유하고 수렴하여 가장 좋은 아이디어를 선정합니다.
· 핸드폰을 몰래 살짝 움직여서 사이렌 소리를 울림</td></tr>
</table>

▪ 3단계. 아이디어 내기

⑤ **원하는 것을 해결하기 위한 방안 적기 :** 조원들은 공감을 통해 정의된 문제를 해결하기 위한 방법을 생각나는대로 적는다. 많으면 많을수록 좋다.

⑥ **해결방법 공유 & 의견 수렴** : 위의 ⑤번 항목에서 조원들이 제시한 해결방안 들을 조원들과 공유하고, 이것을에 대한 의견을 수렴하여 하나의 아이디어를 선정한다. 선정하는 방법은 여러 가지를 사용할 수 있다.

AppInventor 실습하기

▪ 실습1. 흔들면 화면이 변경되는 앱 제작하기(Shaking.aia)

[이미지] 컴포넌트 하나를 배치하고 핸드폰을 흔들면, 가속도 센서가 흔들림을 감지하고 다음 그림으로 변경하면서, 소리를 재생한다.

▪ 컴포넌트 설명

이미지	: 그림을 표현하는 요소 .jpg, .gif, .png는 기기에 상관없이 사용 가능
가속도 센서	: 스마트 기기를 흔들거나 기울이는 정도를 측정. 최소간격(기기 흔드는 사이의 간격)이나 민감도(기기의 가속도 센서 반응 정도)를 조정할 수 있다.
소리	: 짧은 소리 재상에 사용. .3gp는 모든 기기에서 사용. .wav, mp3, mp4는 안드로이드 버전 4.1이상에서 사용가능.

▪ 블록 설명

: 스마트 기기를 흔들었을때 실행할 블록을 넣어준다.

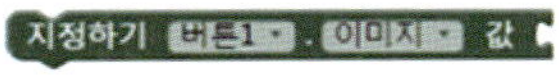

: 버튼 이미지로 입력되는 값을 지정한다

: 리스트만들기에 나열된 항목 중 임의의 항목 선택하기

: 업로드한 소리1을 재생한다.

: 밀리초에 입력되는 시간만큼 진동을 실행한다. (1000=1초)

▪ 앱 디자인하기

준비 : [프로젝트]-[새 프로젝트 시작하기...]-프로젝트 이름을 “Shaking"을 입력한 후 -[확인] 버튼을 누른다.

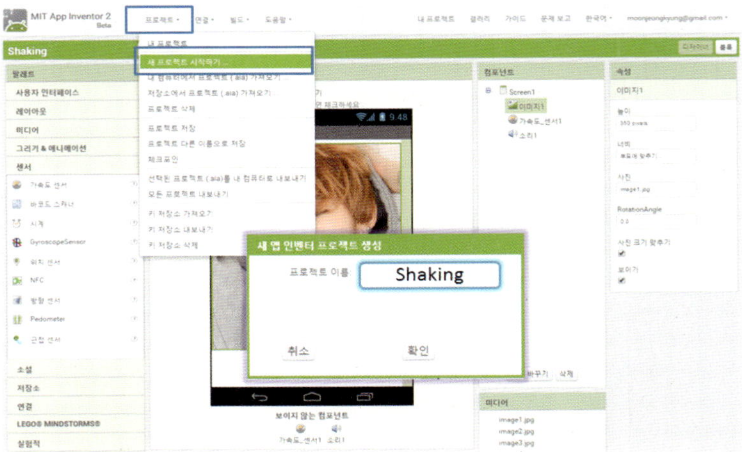

① 팔레트에서 [이미지] 컴포넌트를 뷰어창에 드래그하여 놓는다.

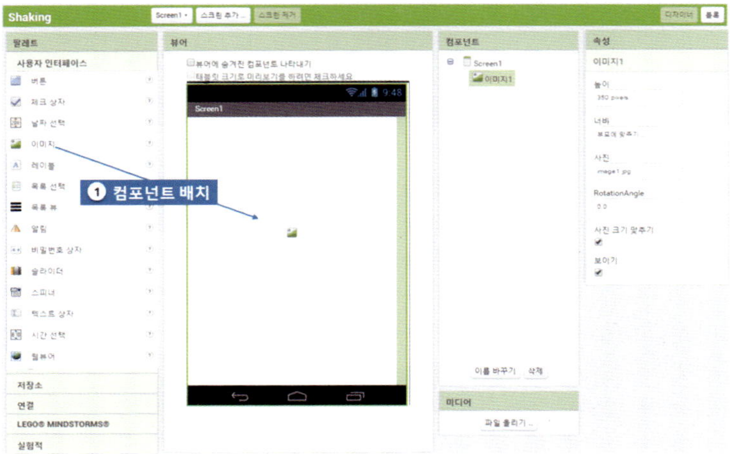

② 이미지의 속성 창에서 높이를 “380 pixels”로 변경한다. 너비는 화면의 크기와 동일하도록 “부모에 맞추기”를 선택한다. 이미지의 크기를 화면의 크기에 맞게 조정하기 위해 “사진 크기 맞추기”를 체크한다.

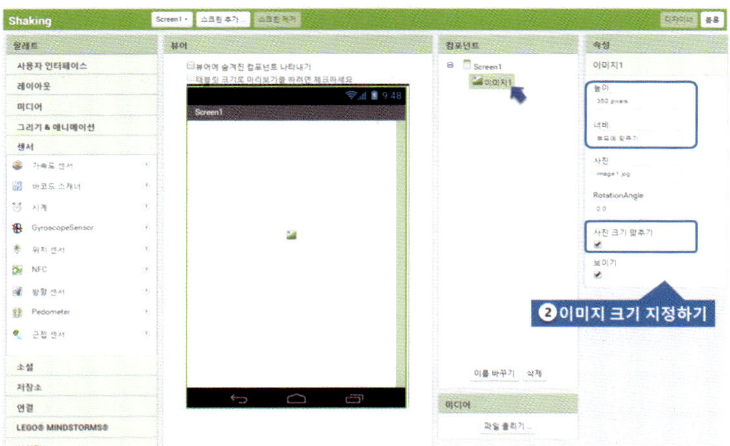

③ 팔레트에서 미디어 중에서 [소리] 컴포넌트와 센서 중에서 [가속도 센서]를 드래그하여 뷰어창에 놓는다. 화면에 나타나는 컴포넌트가 아니기 때문에 뷰어 아랫부분에 위치한다.

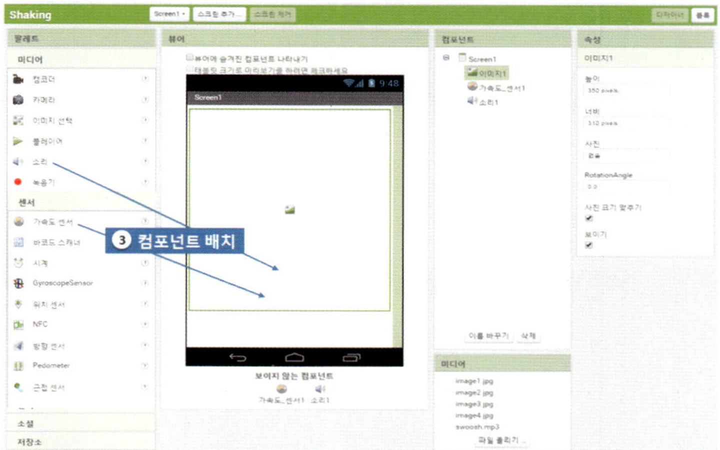

④ 미디어 창에서 "파일 올리기" 버튼을 눌러 이미지 파일 4개와 mp3 파일 하나를 업로드한다.

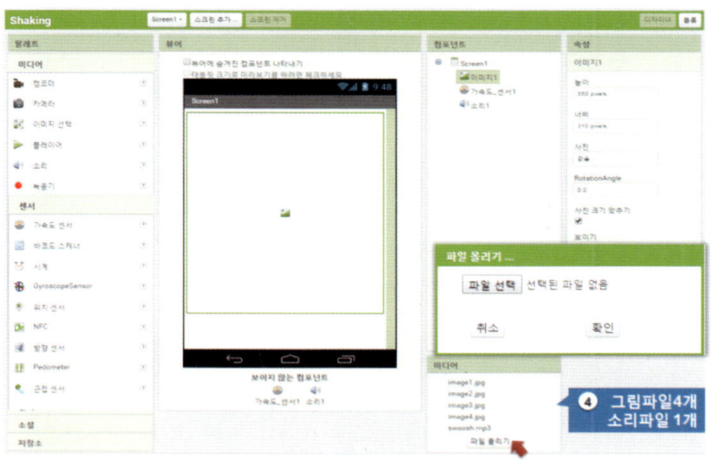

⑤ [이미지] 컴포넌트의 속성에서 업로드된 파일 중 첫 화면에 나타날 이미지를 선택한다.

⑥ [소리] 컴포넌트의 속성에서 "소스"에 업로드한 mp3 파일을 선택하여 연결시킨다. 지정하지 않으면 실행시에 에러가 발생한다.

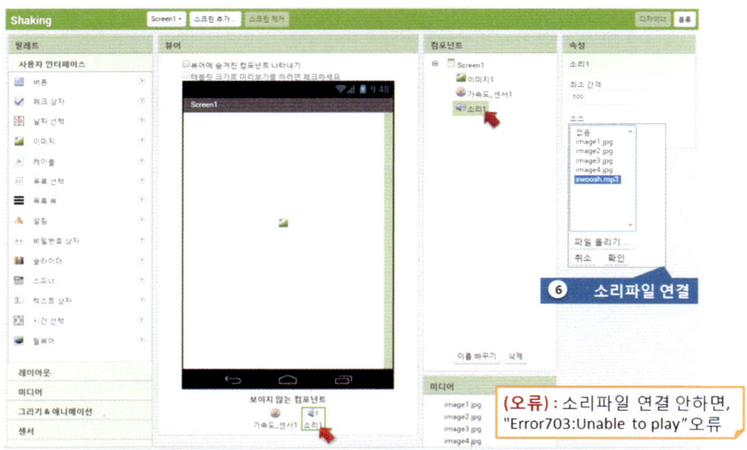

▪ 블록 코딩하기

⑦ 오른쪽 상단의 [블록] 버튼을 클릭하여 블록코딩을 실시한다.
아래 화면과 같이 블록들을 드래그하여 뷰어창에 놓는다.

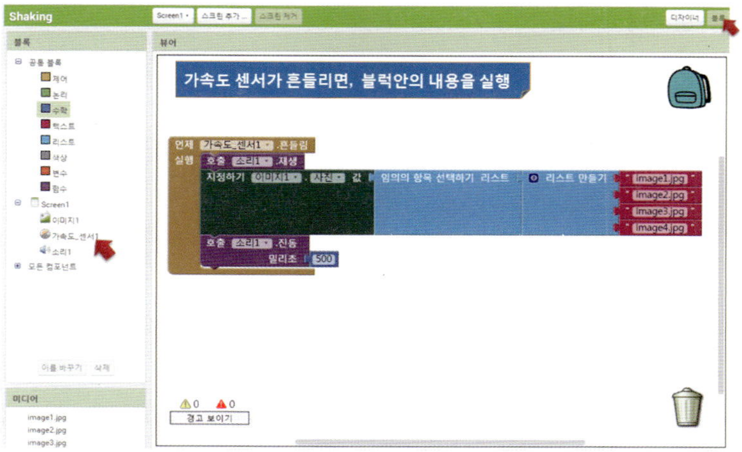

완성된 코드는 다음과 같다.

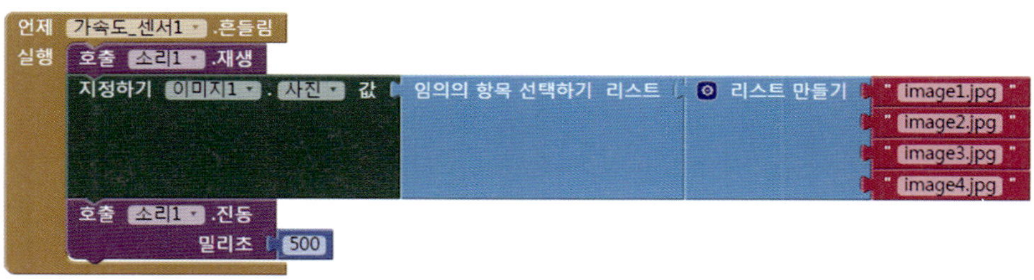

▪ 실습2. 호신용 앱 제작하기(KeepSafe.aia)

이미지가 있는 [버튼]을 누르면 임의의 다음 그림이 나타나고, 핸드폰이 흔들리면 사이렌 소리가 나는 호신용 앱

▪ 컴포넌트 설명

컴포넌트	설명
A 레이블	: 글을 보여주기 위한 요소. 글의 크기, 글의 내용, 정렬방식, 색 등을 지정할 수 있다
가속도 센서	: 스마트 기기를 흔들거나 기울이는 정도를 측정. 최소간격(기기 흔드는 사이의 간격)이나 민감도(기기의 가속도 센서 반응 정도)를 조정할 수 있다.
소리	: 짧은 소리 재상에 사용. .3gp는 모든 기기에서 사용. .wav, mp3, mp4는 안드로이드 버전 4.1이상에서 사용가능.

▪ 블록 설명

: 버튼 이미지로 입력되는 값을 지정한다

: 리스트만들기에 나열된 항목 중 임의의 항목 선택하기

▪ 앱 디자인하기

① [프로젝트]-[새 프로젝트 시작하기...]-프로젝트 이름을 “KeepSafe”로 입력한 후 -[확인] 버튼을 누른다.

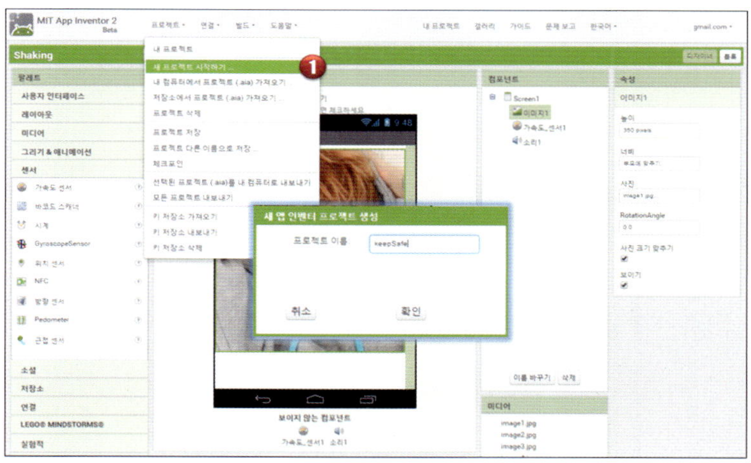

② 미디어 창에서 [파일 올리기] 버튼을 눌러 필요한 이미지 파일과 음악파일인 “image1.png”, “image2.png”, “image3.png”, “image4.png”, “image5.png”, “Siren.mp3”을 업로드한다.

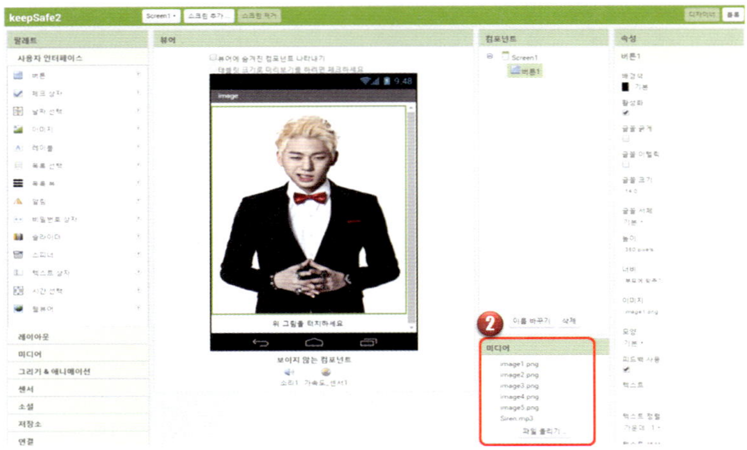

③ 팔레트에서 [버튼] 컴포넌트를 뷰어창에 드래그하여 놓는다. 버튼의 속성 창에서 높이를 “380 pixels”로 변경한다. 너비는 화면의 크기와 동일하도록 “부모에 맞추기”를 선택한다. 텍스트의 내용은 삭제하고, 이미지를 클릭하여 첫 번째 이미지인 “image1.png”를 선택한다.

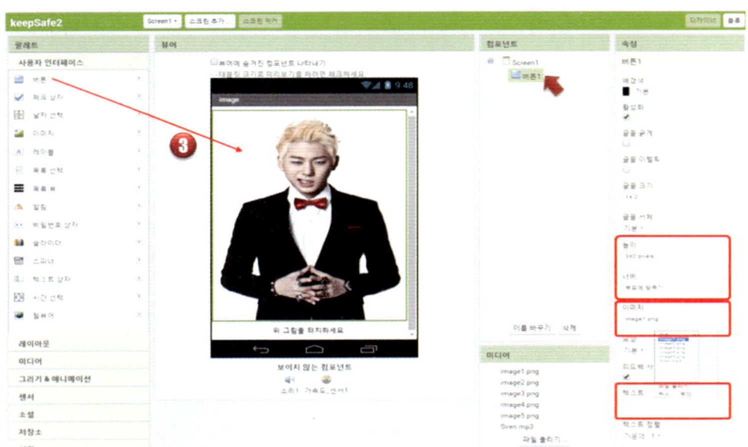

④ 팔레트에서 [레이블] 컴포넌트를 드래그하여 뷰어창에 놓는다.
속성 창에서 배경색을 "없음"으로 선택하고, 텍스트에는 "위 그림을 터치하세요"로 입력한다.

⑤ 미디어 팔레트에서 [소리] 컴포넌트를 드래그하여 뷰어창에 놓는다. 센서 팔레트에서 [가속도 센서] 컴포넌트를 드래그하여 뷰어창에 놓는다. 화면에 나타나지 않는 컴포넌트이므로 하단에 나타난다.

⑥ [소리] 컴포넌트의 속성에서 최소간격은 6000으로 설정한다. 최소간격은 소리가 시작되는 간격으로 1초를 1000으로 표현한다. 소스는 "Siren.mp3"로 선택한다.

▪ 블록 코딩하기

⑦ 오른쪽 상단의 [블록]버튼을 클릭하여 블록코딩을 실시한다.
아래 화면과 같이 블록들을 드래그하여 뷰어창에 놓는다.

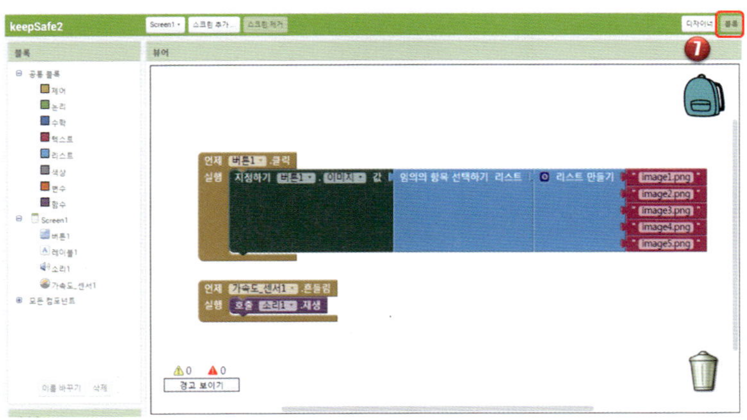

완성된 코드는 다음과 같다.

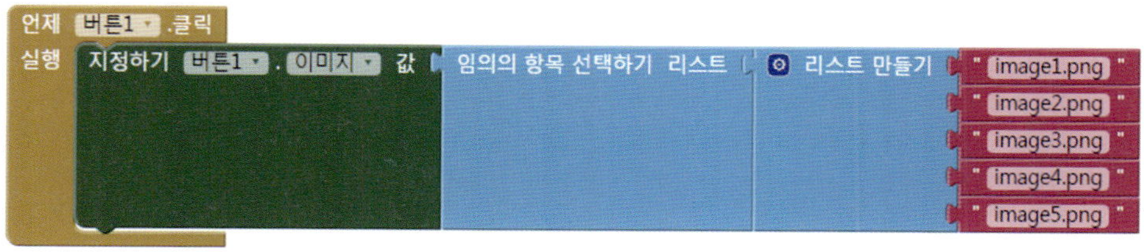

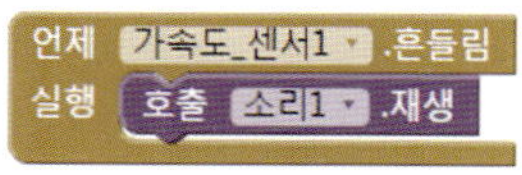

Chapter 3. 정리하기

1 디자인 사고법의 3단계인 아이디어 발상은 정의된 문제를 해결하기 위한 방법을 생각하고 그 중에서 가장 바람직한 방법을 선정하는 단계이다. 이 단계에서는 창의성에 초점을 두고 있다.

2 디자인 사고법의 4단계인 프로토타입을 만들기 위해서는 다양한 아이디어를 최대한 많이 찾아내고, 문제에 대한 혁신적인 해결 방법을 찾는 것이 목표이다.

3 아이디어 발상의 중요한 4가지 요소들은,
(1) 유창성 : 가능한 많은 해결 방법들을 제시하는 것이 중요하다.
(2) 융통성 : 서로 관계가 있는 사물이나 현상들 사이의 관련성을 찾거나 속성을 추출하거나 다양한 관점을 적용해 보는 것이 중요하다.
(3) 독창성 : 기존의 사물이나 생각을 부정하고 다르게 생각해 봄으로서 새로운 해결 방법을 찾는 것이 중요하다.
(4) 정교성 : 아이디어를 보다 구체적이고 세밀하게 만드는 것이다.

4 아이디어 발상법 중에서 가장 대표적인 브레인스토밍은 1930년 알렉스 오스본에 의해 제안되었다. 브레인스토밍 방법은 4가지 기본 규칙을 갖는다.
(1) 아이디어의 질보다 양에 초점을 맞춘다.
(2) 다른 사람이 제안한 아이디어에 대해서 비판하거나 비난하지 않는다.
(3) 특이한 아이디어를 환영한다.
(4) 여러 가지 아이디어를 조합하고 좀 더 창의적인 아이디어로 개선하는 노력이 필요하다.

5 아이디어 발상법 중에서 5 Why 방법은 "왜?"를 반복해서 근본적인 문제의 원인을 찾기 위한 디자인 사고법이다. 이를 위해서 4M(사람, 설비, 재료, 방법)을 기본으로 현상을 명확히 이해하고 고정관념이나 과거의 경험적인 생각을 버리며, 원리 원칙에 따라서 Why를 반복하여 깊이 숨어 있는 근본 문제를 찾는 것이다.

6 에드워드 드 브노(Edward De Bono)는 아이디어를 심화해서 창의적인 사고를 하기 위해서 Six thinking hat 방법을 제안하였다. 이를 위해서 6가지 다른 색깔의 모자를 쓰고 다른 관점으로 생각하는 방법을 시도해 보는 방법이다.
(1) 하얀 모자 : 객관적인 정보공유를 통해서 우리가 필요한 정보가 무엇인가, 어떻게 필요한 정보를 얻을지를 고민해 본다.
(2) 파랑 모자 : 논리적으로 문제를 분석하고자 객관적 태도를 유지하는 것이 중요하다.
(3) 초록 모자 : 기존의 아이디어를 확장해서 새로운 아이디어를 제안하고자 집중한다.
(4) 빨강 모자 : 아이디어를 듣는 순간 느끼는 직관점인 감정이나 느낌을 중요시한다.
(5) 노랑 모자 : 논리에 근거한 낙관적이고 좋은 아이디어를 우선 선택한다.
(6) 검정 모자 : 비관적 관점에서 도출된 아이디어의 문제점을 찾는다.

Chapter 3. 연습문제

1 다음은 디자인 사고법에서 아이디어 발상에 대한 설명이다. 올바르지 않은 것은?
(1) 아이디어 발상에서는 창의성에 초점을 둔다.
(2) 문제 정의 단계 다음에 수행한다.
(3) 프로토타입을 만들기 위한 사전 작업이다.
(4) 아이디어의 양보다 질이 중요하므로 우수한 방법만 고른다.

2 아이디어 발상의 4가지 요소에 대한 설명이다. 올바르지 않은 것은?
(1) 유창성 : 가능한 많은 해결방법을 제시한다.
(2) 융통성 : 독립된 해결방법들을 최대한 많이 찾아낸다.
(3) 독창성 : 기존의 생각이나 사물을 부정하고 다르게 생각해 본다.
(4) 정교성 : 아이디어를 구체적이고 세밀하게 만든다.

3 브레인스토밍에 대한 설명이다. 올바르지 않은 것은?
(1) 아이디어의 질보다 양에 초점을 맞춘다.
(2) 다른 사람이 제안한 아이디어를 비판하지 않는다.
(3) 기존에 좋은 아이디어를 무조건 따르고자 노력한다.
(4) 여러 아이디어를 조합해서 새로운 아이디어를 만든다.

4 5Why(왜?) 발상법에 대한 설명으로 올바르지 않은 것은?
(1) 주어진 문제에 대해서 5번 이상 왜 그런가 하고 반복해서 질문한다.
(2) 3M과 2W에 대한 대답을 얻고자 노력한다.
(3) 고정 관념이나 과거의 경험적인 생각을 버린다.
(4) 문제 숨어 있는 근본적인 문제점을 찾아낸다.

5 6 thinking hat 발상법에 대한 설명이다. 올바르지 않은 것은?
(1) 초록 모자는 아이디어를 듣는 순간 느끼는 직관점인 관점을 중요시한다.
(2) 파랑 모자는 객관적 태도를 유지함녀서 문제를 분석한다.
(3) 하얀 모자는 객관적인 정보 공유를 통해서 필요한 정보가 무엇인지 고민한다.
(4) 검정 모자는 비관적 관점을 가지고 도출된 아이디어의 문제점을 찾는다.

6 스마트 기기를 흔들거나 기울이는 정도를 측정하기 위해 앱 인벤터에서 사용하는 컴포넌트는 무엇인가?

7 jpg, gif, png 등과 같은 그림을 기기에 상관없이 나타낼 수 있는 앱 인벤터에서 사용하는 컴포넌트는 무엇인가?

Chapter 4.

디자인 사고(3)

4.1 4단계 - 프로토타입 만들기

프로토타입은 도출된 아이디어를 구체화 또는 실체화 하는 단계이다. 실제로 아이디어에 맞는 제품을 만들기 전에 시제품, 스토리, 그림 등을 만들어서 제품에 대한 피드백을 받는 것이다. 이 단계는 실제 제품을 만들기에는 시간과 경제적으로 많은 시간이 들지만, 제품과 비슷한 시제품을 만들어 제품에서 나올 수 있는 장단점을 미리 파악할 수 있다.

1 프로토타입이란?

아이디어를 구체화하여 제품, 서비스 등을 보거나 만지거나 실행할 수 있도록 만들어내는 것이다. 프로토타입의 목적은 아이디어를 외부로 표현하여 피드백을 얻는 것이다. 또한 특징으로는 프로토타입을 통해 사용자와 개발자가 대화를 할 수 있는 것이다. 즉, 개발자의 아이디어를 사용자가 경험하게 함으로써 서로 상호작용을 할 수 있다. 상호작용을 통해 사용자로부터 더 깊은 공감을 끌어낼 수 있다.

프로토타입(prototype)의 사전적 의미는 "원형" 또는 "기본이 되는 형"으로 정의된다. 즉, 대량 생산이나 실제 제품을 생산하기 전에 미리 제작해보는 원형 또는 시제품으로, 모형이라 할 수 있다. 어느 분야나 역할은 동일하다. 대량생산을 하는 제품에는 대량생산 전에 사용자의 요구사항을 받을 수 있고, 소프트웨어 분야에서는 완전한 소프트웨어를 만들기 전에 사용자의 요구를 받을 수 있다. 제품이 아닌 서비스에서는 상황에 따른 장단점을 파악할 수 있다.

그림 . 프로토타입의 예 - 모델하우스

프로토타입의 대표적인 예가 아파트 모델하우스이다. 모델하우스를 통해 내부 구조, 인테리어, 마감재 종류를 살펴보고 이런저런 분양 정보를 얻는다. 아파트를 건축하는 데 약 2년 정도 걸린다고 할 때 모델하우스도 못 보고 계약했다가 입주할 때쯤 완성된 내부가 계약자가 생각한 것과 많이 다르다면 참 난감할 것이다.

2 프로토타입의 목적

① 아이디어를 구체화하여 문제에 대한 해결책을 만드는 데 있다. 아이디어를 사람들에게 보여주고 피드백을 통해 완성도를 높여 발전시킬 수 있다. 즉, 디자인사고의 단계에서 도출된 아이디어를 빠르게 사람들의 테스트 및 평가를 받게 한다.

② 아이디어의 검증 도구 뿐만 아니라 더 많은 아이디어를 발생하게 하는 도구로도 사용된다. 즉, 프로토타입을 사용자에게 경험하게 하고, 그 현상이나 행동을 관찰하여 더 나은 아이디어를 낼 수 있는 기회가 생긴다.

③ 문제 해결에 대한 실패를 방지할 수 있다. 프로토타입은 처음부터 완성도 있게 만들 필요는 없다. 빠르게 구체화하여 사용자의 피드백으로 여러번 발전시킨 프로토타입을 만들 수 있다.

④ 아이디어를 명확하게 할 수 있다. 프로토타입을 통해 문제 해결에 대한 아이디어의 적합성, 유용성, 편리성, 기능성, 타당성 등을 파악하여 보다 아이디어를 좀더 명확하게 할 수 있다.

3 프로토타입의 원리

① 시작은 단순하게 한다.

- 처음 시제품을 확인하는 시간이 오래 걸리면 원래의 의도에서 멀어지고 많은 돈과 노력이 소모되는 역효과가 일어난다.
- 하루 안에 초기 프로토타입 완성을 목표로 한다.

② 사용자 관점으로 만든다.

- 좋은 서비스가 있더라도 최종 사용자가 불편하면 도태된다.
- 복잡하고 모든 것에 의미를 부여하려 하지 않는다.
- 세부적인 사항을 염두에 두지말고 핵심적인 사항들만 작성한다.

③ 프로토타입의 목적에 따라 내용의 깊이를 선택한다.

- 나무를 볼 것인지, 숲을 볼 것인지 선택해서 작성한다.
- 전체적인 구조와 개념을 원한다면 낮은 완성도로 만들고, 사용성이나 감성적인 만족도에 원한다면 높은 완성도로 만든다.

④ 최악의 상황으로 사용자 사용에 대한 이야기를 만든다.

- 이야기를 위주로 확인할 수 있도록 한다.
- 서비스 디자인이나 스토리보드와 같은 도구를 활용하면 더 효과적으로 전달할 수 잇다.
- 최악의 상황을 구현하여 대비한다.

⑤ 유용한 도구들을 사용하라.

- 프로토타입을 만드는 도구들이 많다. 이를 활용하면 쉽고 빠르게 생성할 수 있다.
- 다음은 원하는 특성에 따라 시각과 기능적으로 구현될 수준을 보여준다.

4 프로토타입의 형태

프로토타입은 사용자와 상호작용을 할 수 있는 것이라면 어떤 형태로든 만들 수 있다. 즉, 물리적인 작품만이 아닌 스케치 같은 그림일 수도 있고, 시나리오와 같은 가상의 상황일 수도 있다. 예를 들어, 벽에 붙인 포스트잇, 어설프게 만들어진 기계 장치, 역할 연가, 만화로 그려진 스토리 등이 모두 프로토타입이 될 수 있다. 그 이외에도 종이 프로토타입(paper prototype), 펑키 프로토타입(funky prototype), 경험 프로토타입(experience prototype), 비판적 기능 프로토타입(critical function prototype), 오즈의 마법사 프로토타입(wizard of os prototype), 다크호스 프로토타입(darkhorse prototype) 등이 있다.[1] 디자인 사고에는 주로 종이 프로토타입이 사용된다.

참고 : http://m.blog.naver.com/pzh7544/220566412690

---

1) d.school Bootcamp Bootleg 참고

① **스케치** : 아이디어를 간단하게 표현하고, 브레인스토밍의 재료로 활용된다. 주로 페이퍼 프로토타입을 위한 전단계로 사용되거나, 프로토타입 자체로 사용된다.

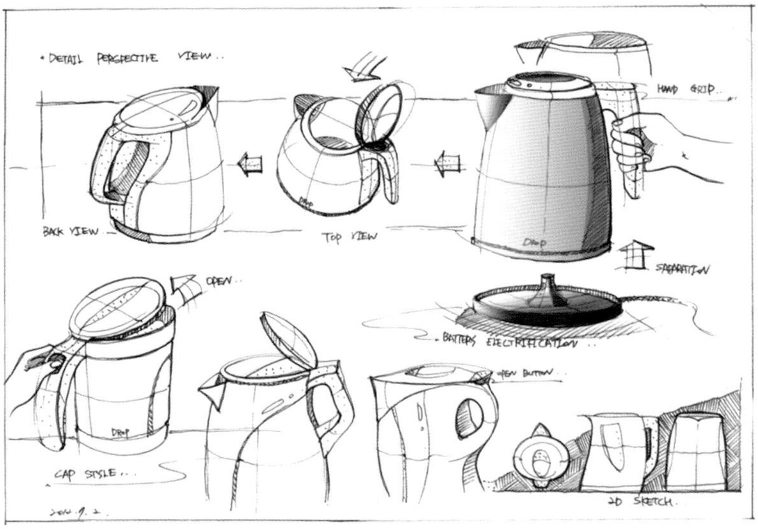

② **페이퍼 프로토타입** : 종이로 서비스나 제품을 그려서 실제로 사용되는 것처럼 테스트한다. 소프트웨어의 경우 화면 설계의 초기단계에서 문제점을 찾아내는데 사용된다. 정교한 표현보다는 빠르고 단순하게 작성하여 사용된다.

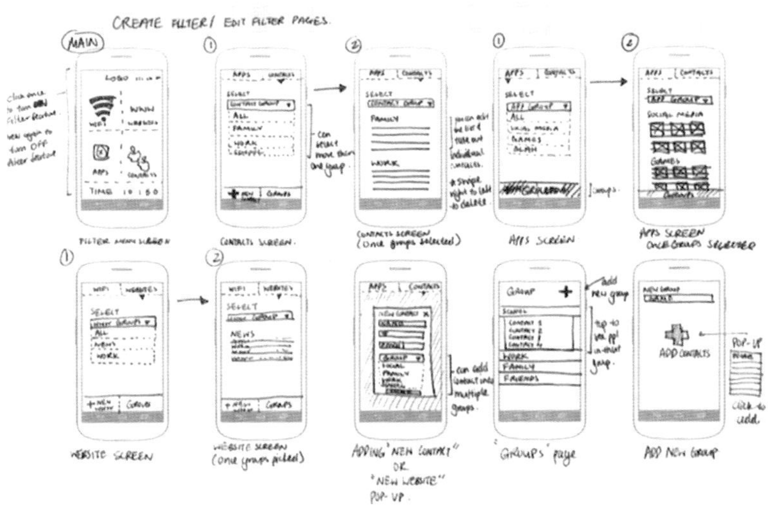

③ **와이어프레임** : 일반적으로 마이크로소프트사의 파워포인트나 비지오 등을 이용하여 작업한다. 페이퍼 프로토타이입의 다음단계로 구현의 완성도를 높인 형태이다. 소프트웨어에서는 화면 구성이나 위치, 프로그램 순서 등을 표현하는데 사용된다. 경우에 따라 기능들을 세밀하게 표현하기도 한다. 단점은 정적인 화면으로 구성되기 때문에 실제 사용자들에게 모든 기능을 표현하기 힘들다.

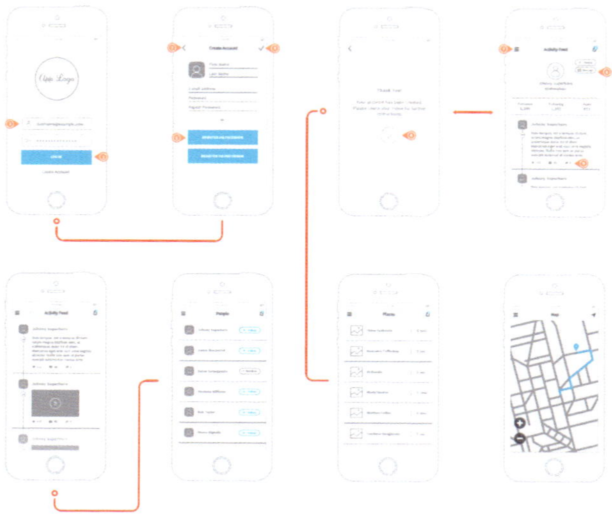

④ **디지털 프로토타입** : 페이퍼 프로토타입보다 완성도가 높다. 소프트웨어 분야의 경우 실제로 동작하는 것처럼 제품을 만들어 사용자에게 테스트할 수 있다. 스마트폰의 화면에 버튼 등을 두어 터치 제스처, 화면의 이동, 터치에 대한 반응 등의 화면 변화 등의 구성과 내용, 전개 등을 확인하기 위해 사용한다. 회의 시에 즉석에서 간단하게 보여줄 때 사용된다.

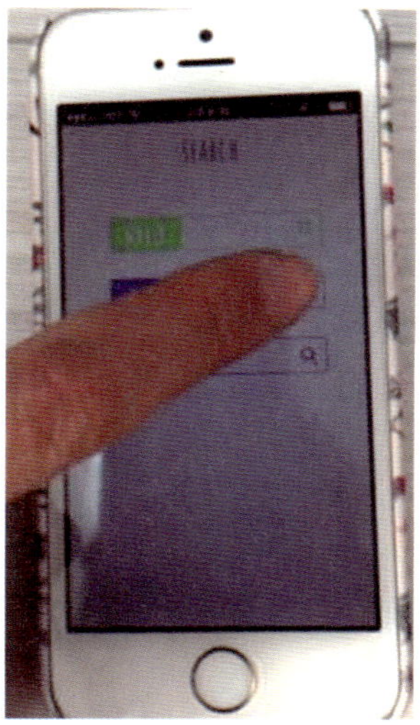

⑤ 기타

- 모델(Model) : 자신의 생각을 3차원으로 표현하여 형상을 만든다. 모델은 실제 크기 또는 제도된 크기가 될 수 있다.
- 디지털 목업(Digital Mockup) : 실제로 모형을 만들지 않고 디지털 모델(3D CAD) 등의 컴퓨터를 이용한 설계이다.
- 역할극(Role Play) : 아이디어를 역할극으로 만들어 질문을 할 수 있다. 간단한 소품이나 스토리 보드를 통해 할 수 있다.
- 광고(Advertisement) : 광고 모형을 만들어 프로그램 또는 서비스, 제품에 대한 아이디어를 표현한다.
- 공간 개조(Revamped Space) : 기존의 공간을 창의적으로 연출한다. 책상이나 의자 등의 주변 재료들을 이용하여 자유롭게 표현할 수 있다.

4.2 5단계 - 테스트

1 테스트의 개요?

완성된 프로토타입을 실제로 제시하고 제품이나 서비스에 대한 피드백을 받아 개선점을 찾는다. 테스트로 인하여 사용자에게 또 다른 아이디어를 얻을 수 있다. 실제로 사용자가 생활하는 곳에서 테스트를 하는 것이 가장 적당하다. 하지만, 그렇지 못할 경우에는 스토리를 만들어서 테스트를 한다.

디자인 사고의 과정에서 찾아낸 문제 해결 방안이 사용자가 만족하는지를 점검하는 과정이다. 즉, 해결방안이 사용자의 마음에 들지 않는다면 반복과정을 통해 디자인사고 과정을 다시 실행해야 한다. 즉, 사용자를 이해하는 하나의 과정으로 볼 수 있다. 첫 번째 공감과는 달리 테스트에서는 사용자의 문제가 명확하게 정의되고 검증된 프로토타입에 대한 문제를 해결한다.

테스트를 할 때에는 다음의 경우를 주의해야 한다.

① 어떤 프로토타입으로 테스트를 할 것인지 결정한다.
② 테스트하고자 하는 시나리오 또는 핵심 내용을 인식한다.
③ 테스트 과정에서 사용자와 상호작용(관찰, 피드백 등)하는 방법을 결정한다.

2 테스트의 필요성

사용자를 대상으로 테스트를 하는 것은 디자인 사고가 인간 중심의 도구라는 것의 핵심이 되는 것이다. 즉, 사용자를 대상으로 테스트를 함으로써 사용자를 더욱 깊이 이해할 수 있다. 테스트는 사용자의 니즈(필요성)이 충족되었는지 확인하는 작업이다.

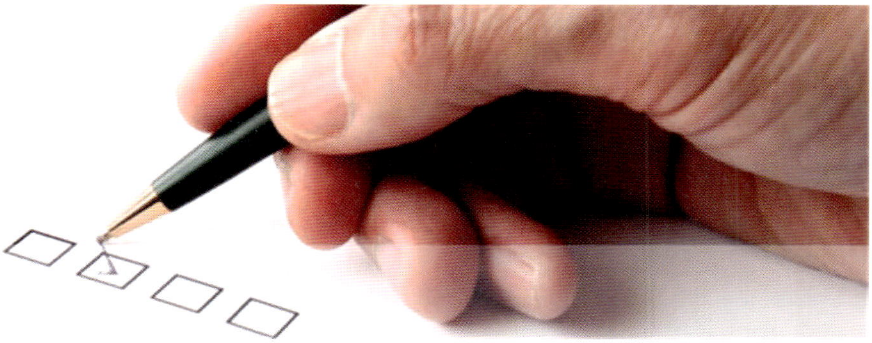

테스트를 통해 얻을 수 있는 효과는 다음과 같다.

① 프로토타입을 개선할 수 있는 정보와 아이디어를 제공한다.
② 사용자를 이해할 수 있는 기회이다.
③ 간과했던 아이디어를 바로 잡을 수 있도록 해준다.

3 테스트의 과정

테스트는 사용자가 생활하는 공간에서 실시하는 것이 가장 효과적이다. 하지만 행할 수 없다면 상황을 가정하여 스토리나 역할을 정하여 테스트한다. 그리고, 테스트는 공감과 같은 효과를 갖기 때문에 공감을 진행했던 사람이 실시하는 것이 좋다. 테스트 상황을 비디오로 녹화하는 것도 효과적이다.

다음은 테스트 과정을 요약한 것이다.

① 적절한 사용자를 선정한다. 그리고 테스트를 통해 달성할 목표를 설정한다.
② 사용자들에게 프로토타입을 사용하도록 한다. 이 경우 사용자에게 아이디어에 대한 추가 설명을 하지 않는다.
③ 사용자가 프로토타입을 사용하는 부분을 관찰한다.
④ 사용자들에게 프로토타입을 사용해본 느낌을 얘기하도록 요청한다.
⑤ 사용자에게 질문한다. 가장 중요한 부분으로 프로토타입의 적합여부, 느낌, 각각 부분의 역할에 대한 생각을 물어본다. 이 때, 긍정이나 부정과 상관없이 사용자들의 의견을 솔직하게 받는다.
⑥ 결과 분석 및 수정 방향을 논의한다. 피드백을 받은 후에 관찰 내용을 분류하거나 우선순위를 작성한다. 이후에 구체적인 수정 방향을 논의한다.

4 테스트의 종류

테스트는 산업의 각 분야에서 사용하는 기법이다. 이 중에서 소프트웨어 분야에서 사용하는 테스트의 종류들은 여러 가지이다. 다음은 각 테스트에 대한 내용이다.

- **블랙박스 테스트(Black box)** : 주어진 입력에 요구되는 결과가 나오는가를 테스트. 주로 기능이나 인터페이스에 대한 테스트이다.
- **화이트박스 테스트(White box)** : 논리적인 구조를 테스트. 주로 문제해결을 어떻게 처리하는가를 점검한다.
- **단위 테스트(Unit)** : 단위별로 독립적으로 테스트.
- **통합 테스트(Integration)** : 복잡한 시스템인 경우 여러 단위가 잘 연동되는지를 테스트
- **알파 테스트(Alpha)** : 개발자가 가상의 사용자가 되어 테스트.
- **베타 테스트(Beta)** : 실제 사용자들 중에서 일부가 테스트.

UA. 팀 회의 진행하기

▪ 나의 피부 타입은?

4단계. 프로토타입 - 의견을 바탕으로...

7. 새로운 해결방법 생성 & 반영 - 3분

선정된 아이디어에 대한 주요 내용을 정리해 봅시다.

- 앱으로 만들어서 손쉽게 쓸수 있도록 한다.
- 자신의 피부 타입을 모르는 사람이 많으니까, 질문으로 추적할 수 있도록 한다.
- 피부와 관련된 증상에 대한 질문을 만들어서 물어본다.
- 사용자의 답변에 따라 피부타입을 알려준다.

8. 해결 방법 만들기 - 10분

선정된 아이디어에 대해 그림으로 표현합니다. (앱의 경우, 구현될 화면을 그려줍니다.)

▪ 4단계. 프로토타입

⑦ **새로운 해결방법 생성 & 반영** : 이전 단계에서 선정된 해결방법을 기반으로 구체적인 해결 방법을 정리한다. 핵심적인 내용을 최대한 구체적으로 정리한다.

⑧ **해결방법 만들기** : 위의 ⑦번 항목에서 조원들과 상의하여 정리된 해결방안들을 그림으로 표현한다. 실제 제품의 경우 종이찰흙이나 수수깡 등으로 이용해서 시제품을 만들 수 있도록 설계도를 그린다. 서비스의 경우, 상황에 따른 수행되는 시나리오를 그림으로 그린다. 앱의 경우에는 화면 설계를 이용하는 순서대로 그린다.

5단계. 테스트 – 발전시키기

9. 해결 방법을 공유하고 의견을 받는다 – 8분 (2회 x 각 4분)

완성된 해결방법에 대해 정리하고, 토론하여 보완점 및 개선점을 생각해 봅시다.

– (배)운점	– (느)낀점	– (실)행할 점 & 개선할 점
* 의외로 자신의 피부타입을 모르는 사람이 많다. * 질문의 보기에 해당되지 않는 사람도 있다.	* 남자도 피부에 관심이 많다. * 피부마다 관리방밥도 필요로 한다.	* 남자용 질문 추가 * 상세한 질문 추가 * 관리 방법 추가

▪ 5단계. 테스트

⑨ **해결 방법을 공유하고 의견을 받는다** : 완성된 해결방법을 정리하고, 토론하여 보완점이나 개선점을 생각해본다. 즉, 완성된 시제품을 조원들끼리 사용해보거나 다른 조원들에게 사용하게 하여 의견을 듣는다. 답변을 듣고 조원들은 의논을 통해 개선할 방법을 생각한다.

AppInventor 실습하기

▪ 실습. 나의 피부타입은? - 변수 실습(Variable.aia)

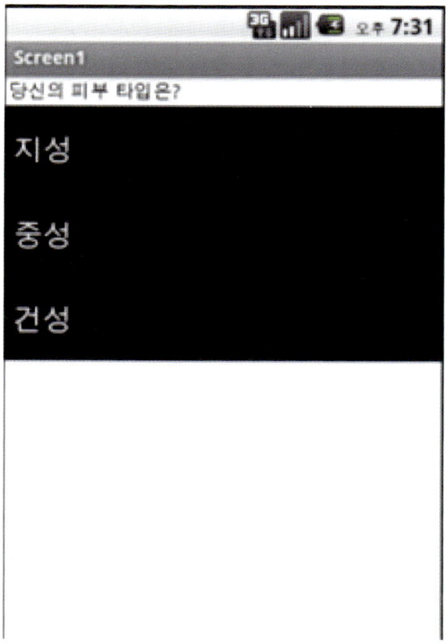

화면에 실행되면 목록 뷰에 지정한 피부 타입이 목록으로 표현되는 앱

▪ 컴포넌트 설명

레이블	: 화면에 글을 표시하고 싶을 때 사용하는 컴포넌트
목록 뷰	: 목록을 펼쳐서 화면에 표시하고 싶을 때 사용하는 컴포넌트

▪ 블록 설명

: 화면이 처음 시작될 때 처음 실행되는 제어 블록

: 앱 전체에서 사용할 수 있는 변수를 초기화할 때 사용

: 여러 개의 값을 묶어서 관리할 때 사용

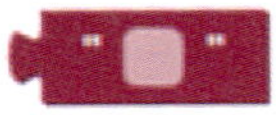

: 텍스트로 된 내용을 지정할 때 사용

: 목록 뷰에 오른쪽에 붙는 값들을 요소에 지정하는 블록

▪ 앱 디자인하기

① [프로젝트]-[새 프로젝트 시작하기...]-프로젝트 이름을 "Variable"로 입력한 후 -[확인] 버튼을 누른다.

② 팔레트에서 [레이블]과 [목록 뷰] 컴포넌트를 뷰어창에 드래그하여 놓는다. 레이블의 속성 창에서 텍스트를 "당신의 비부 타입은?"을 입력한다.

▪ 블록 코딩하기

⑤ 오른쪽 상단의 [블록] 버튼을 클릭하여 블록코딩을 실시한다.

⑥ "블록" 창의 [변수] 항목을 선택한다.

⑦ 블록이 나타나면  「전역변수 초기화」 블록을 드래그하여 뷰어창에 놓는다. 전역변수를 추가하려면 「전역변수 초기화」의 "변수 이름"을 클릭하여 이름을 넣어주면 추가된다.

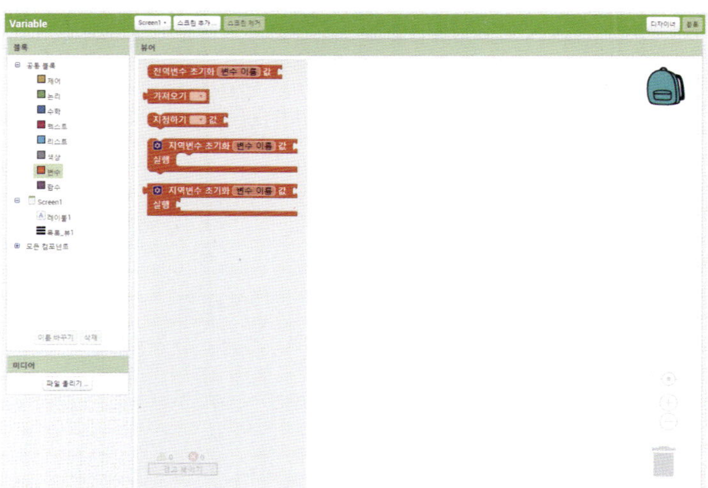

⑧ 피부타입에 대한 리스트를 만들어 변수에 저장하는 블록을 배치한다. 이것은 화면이 나타나면 실행되는 것이므로 「언제 Screen1. 초기화」 블록으로 시작하고, 목록 뷰의 요소값에 변수값을 가져오면 목록뷰에는 추가된다.

완성된 코드는 다음과 같다.

▪ 실습. 변수 실습2(Variable2.aia)

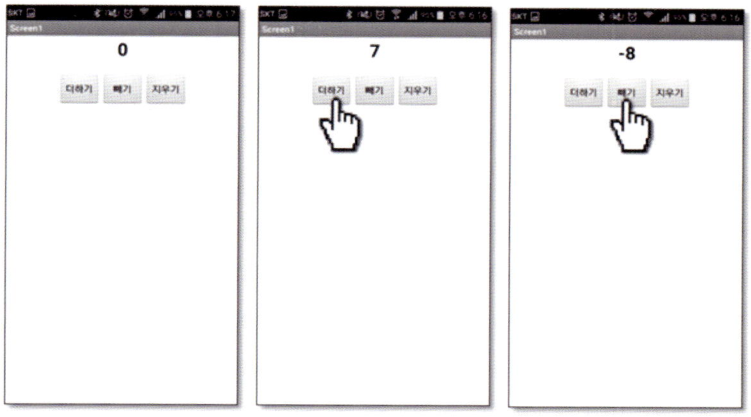

하나의 변수를 만들어 이 변수의 값을 증가시키거나 감소시키는 앱

▪ 컴포넌트 설명

A 레이블	: 화면에 글을 표시하고 싶을 때 사용하는 컴포넌트
수평배치	: 요소들이 가로로 정렬되도록 칸을 만들어주는 컴포넌트

▪ 블록 설명

: 화면이 처음 시작될 때 처음 실행되는 제어 블록

: 더하기를 실행하는 수학식

: 빼기를 실행하는 수학식

▪ 앱 디자인하기

준비 : [프로젝트]-[새 프로젝트 시작하기...]-프로젝트 이름을 "Variable2"로 입력한 후 -[확인]버튼을 누른다.

① 팔레트에서 [레이블] 컴포넌트를 뷰어창에 드래그하여 놓는다.

② 레이블 컴포넌트의 이름을 “변수1”로 변경한다.

③ “변수1” 레이블 컴포넌트의 속성을 변경한다. 글꼴 굵게 속성을 체크한다. 글꼴의 크기는 “25”로 설정한다. 너비는 화면의 폭과 같도록 “부모에 맞추기”로 설정한다. 그리고 텍스트는 “0”을 적어 화면에 0이 나타나도록 한다. 텍스트 정렬은 보기좋게 “가운데”로 설정한다.

④ 팔레트의 레이아웃 그룹에서 [수평배치] 컴포넌트를 화면에 드래그하여 놓는다.

⑤ 수평배치 컴포넌트의 속성을 설정한다. 수평정렬을 “중앙”으로 설정하여 레이아웃 내에 들어가는 컴포넌트의 위치를 중앙에 보이도록한다. 너비는 화면의 폭과 같도록 “부모에 맞추기”로 설정한다.

⑥ 팔레트에서 [버튼] 컴포넌트를 드래그하여 [수평배치] 컴포넌트의 내부에 둔다. 차례로 3개를 놓는다. [수평배치] 컴포넌트 속이므로 [버튼] 컴포넌트는 자동으로 가로로 3개가 배치된다.

⑦ 3개의 [버튼] 컴포넌트의 이름을 각각 “더하기”, “빼기”, “지우기”로 변경한다.

⑧ 각 [버튼] 컴포넌트의 속성을 설정한다. 각각 텍스트를 “더하기”, “빼기”, “지우기”로 설정하여 화면에 나타나도록 한다.

▪ 블록 코딩하기

⑨ 오른쪽 상단의 [블록]버튼을 클릭하여 블록코딩을 실시한다.
아래 화면과 같이 블록들을 드래그하여 뷰어창에 놓는다.

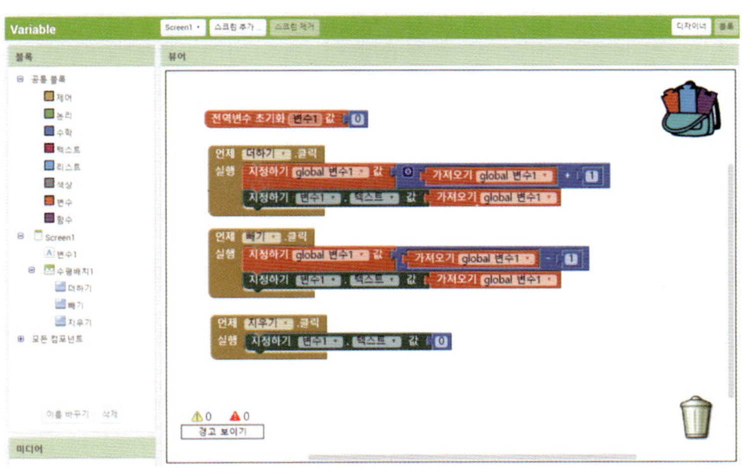

완성된 코드는 다음과 같다.

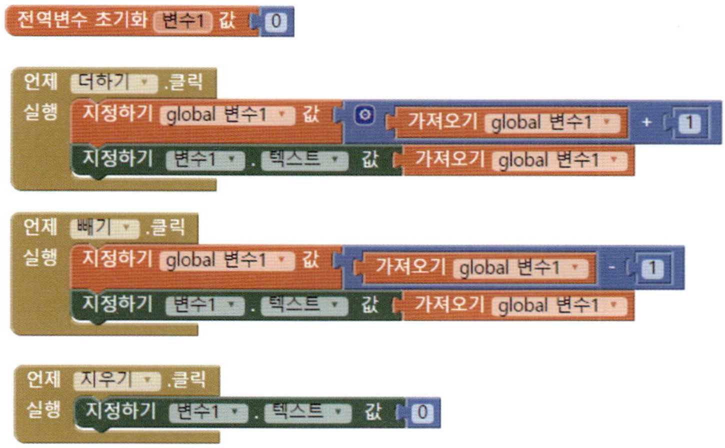

■ 실습. 변수 실습2(Variable2.aia)

두 개의 변수에 값을 입력받는다. 비교 버튼을 누르면 어느 값이 큰 값인지 판단해주는 앱

▪ 컴포넌트 설명

레이블	: 화면에 글을 표시하고 싶을 때 사용하는 컴포넌트
수평배치	: 요소들이 가로로 정렬되도록 칸을 만들어주는 컴포넌트

▪ 블록 설명

: 참 거짓을 판별 할 수 있는 조건을 쓰고
← 참일 때 실행할 내용을 여기에 쓴다.

: 조건을 쓰고
← 참일 때 실행할 내용을 여기에 쓴다.
← 참이 아닐때 실행할 내용을 여기에 쓴다.

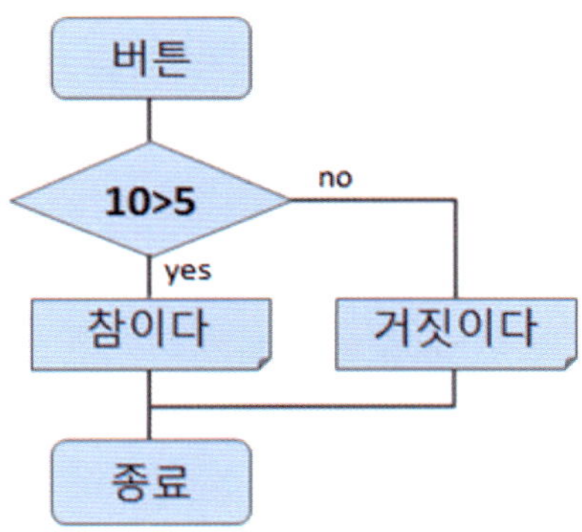

▪ 앱 디자인하기

준비 : [프로젝트]-[새 프로젝트 시작하기...]-프로젝트 이름을 "Variable3"로 입력한 후 -[확인]버튼을 누른다.

① 팔레트에서 [수평배치] 컴포넌트를 뷰어창에 드래그하여 놓는다.

② 수평배치1의 속성 창에서 수평정렬을 "중앙", 수직정렬을 "가운데"로 설정하여 레이아웃 안에 들어오는 컴포넌트는 가운데에 위치하도록 한다. 너비는 화면의 폭과 같도록 "부모에 맞추기"로 설정한다.

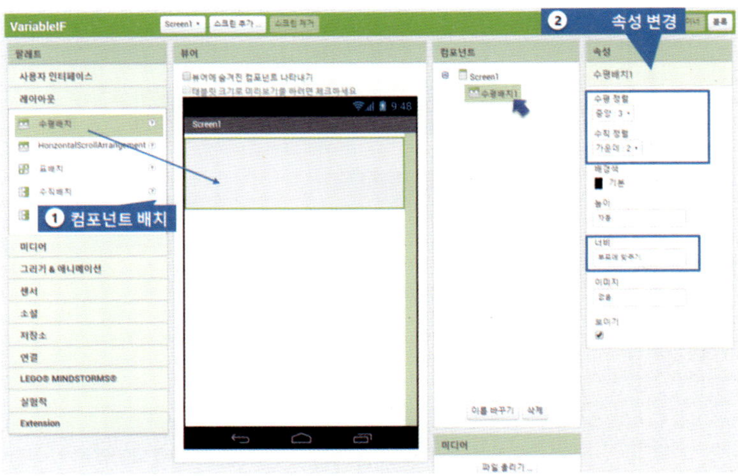

③ 팔레트에서 [레이블]과 [텍스트 상자] 컴포넌트를 2개씩 드래그하여 [수평배치] 컴포넌트 안에 넣는다.

④ [텍스트 상자] 컴포넌트의 각 이름을 "변수1", "변수2"로 수정한다.

⑤ 변수1과 변수2의 속성을 설정한다. 너비를 "80 pixels"로 설정하고, 힌트의 내용은 비워둔다.

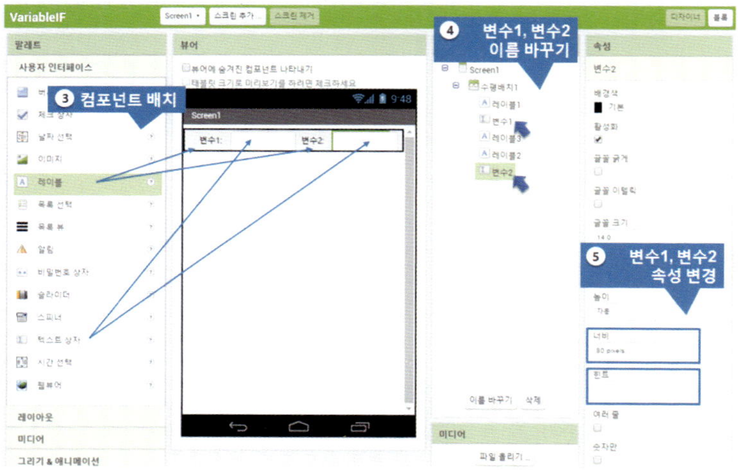

⑥ 팔레트에서 [버튼] 컴포넌트를 [수평배치] 컴포넌트 아래에 드래그하여 놓는다. [수평배치] 컴포넌트 안에 들어가지 않도록 주의한다.

⑦ [버튼] 컴포넌트의 이름을 "비교"로 수정한다.

⑧ 비교 버튼의 속성을 설정한다. 텍스트를 "어느 것이 더 큰 수일까?"로 입력하여 화면에 나타나도록 한다.

⑨ 팔레트에서 [레이블] 컴포넌트를 드래그하여 비교 버튼 컴포넌트 아래에 둔다.

⑩ [레이블] 컴포넌트의 이름을 "결과"로 수정한다.

⑪ 결과 레이블의 속성을 설정한다. 글꼴 굵게를 체크하고, 글꼴 크기는 "18"로 설정한다. 텍스트는 "결과"로 설정하고, 텍스트 색상을 "빨강"으로 설정하여 화면에 빨간색 결과라는 문구가 나타나도록 한다. 이 결과 레이블은 나중에 블록을 통해 텍스트 내용이 변경될 것이다.

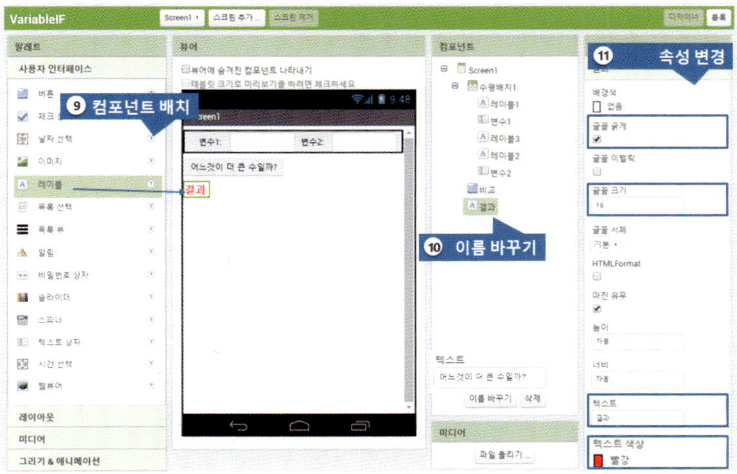

▪ 블록 코딩하기

⑫ 오른쪽 상단의 [블록] 버튼을 클릭하여 블록코딩을 실시한다.
아래 화면과 같이 블록들을 드래그하여 뷰어창에 놓는다.

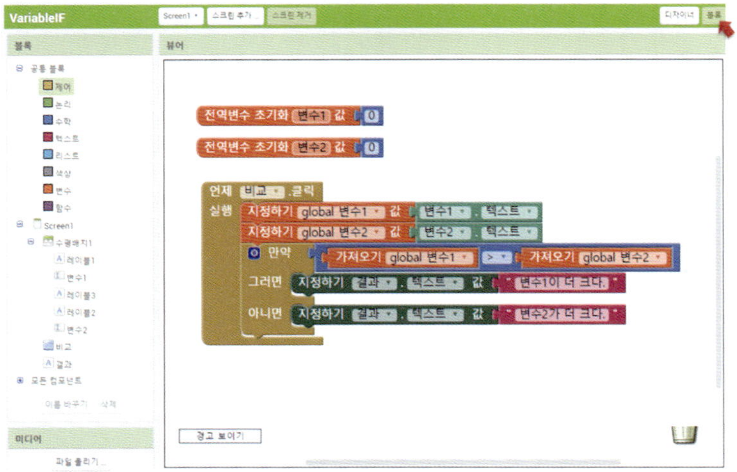

완성된 코드는 다음과 같다.

▪ 실습. 나의 피부타입은? (SkinType.aia)

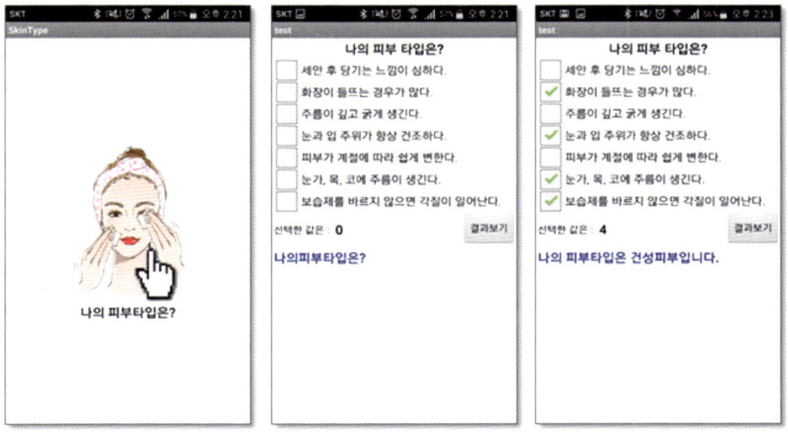

체크 상자를 체크하면 선택한 값이 커지고 체크 해제하면 값이 작아지도록 만든다.
값에 따라 피부타입(건성피부, 지성피부, 중성피부, 복합성피부)을 결정하는 앱

▪ 컴포넌트 설명

체크 상자	: 참☑ 과 거짓☐ 의 값을 선택할 수 있는 컴포넌트
레이블	: 결과 값이나 글을 보여주는 컴포넌트
Screen1 ▾ 스크린 추가...	: 스크린을 추가하고 다른 스크린으로 이동 할 수 있는 곳
수평배치	: 요소들이 가로로 정렬되도록 칸을 만들어주는 컴포넌트

▪ 블록 설명

: 논리 조건 판별

▪ 앱 디자인하기

준비 : [프로젝트]-[새 프로젝트 시작하기...]-프로젝트 이름을 "SkinType"로 입력한 후 -[확인]버튼을 누른다.

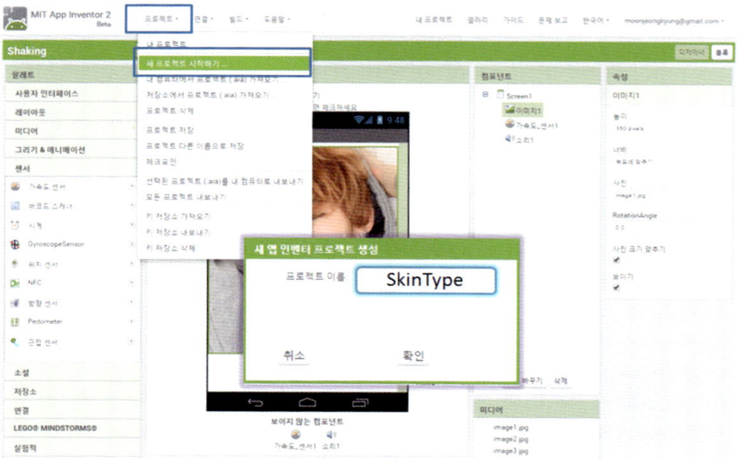

① 팔레트에서 [버튼] 컴포넌트를 뷰어창에 드래그하여 놓는다.

② 미디어에서 "파일 올리기" 버튼을 눌러 이미지 파일을 업로드 한다. 버튼에 사용할 이미지로 이 버튼을 누르면 다음 화면으로 이동하는 역할을 한다.

③ 버튼1 컴포넌트의 속성을 설정한다. 이미지를 업로드한 이미지파일로 선택하여 누를 수 있는 이미지를 화면에 나타나도록 한다. 이미지가 잘 보이도록 하기 위해 텍스트는 삭제한다.

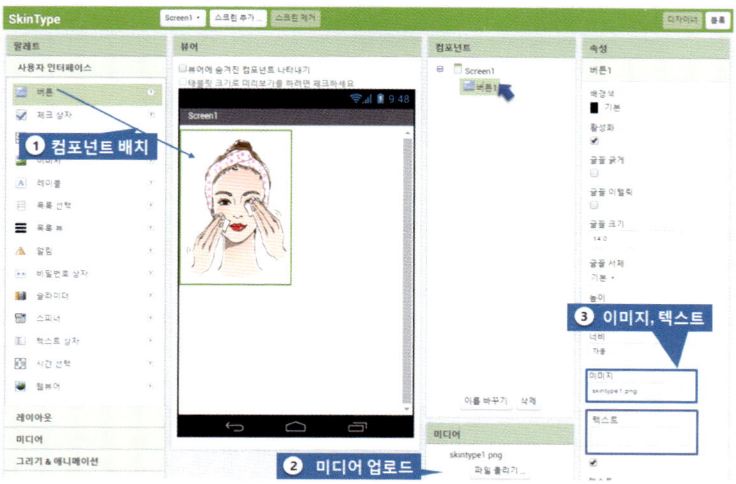

④ 팔레트에서 [레이블] 컴포넌트를 드래그하여 버튼 아래에 둔다.

⑤ 레이블1 컴포넌트의 속성을 설정한다. 글꼴 굵게를 체크하고, 글꼴의 크기는 “18”로 설정한다. 텍스트에는 “나의 피부타입은?”을 입력하여 화면에 나타나도록 한다.

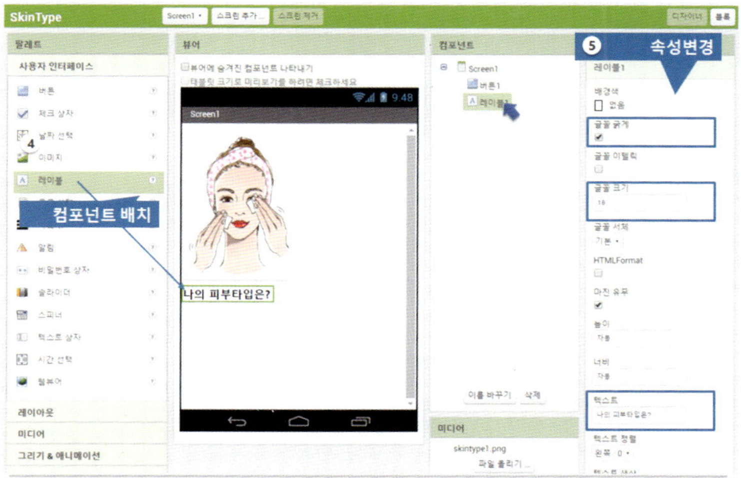

⑥ [Screen1] 컴포넌트를 선택하여 속성을 설정한다. 수평정렬은 “중앙”, 수직정렬은 “가운데”로 설정하여 컴포넌트들을 가운데로 위치시킨다. 아이콘을 업로드한 이미지로 선택한다. 이 속성은 앱을 설치했을 때 생성되는 아이콘을 업로드한 이미지가 되도록 한다. 제목은 “SkinType”으로 설정한다. 이 속성도 앱이 설치되었을 때 앱의 이름을 가르킨다.

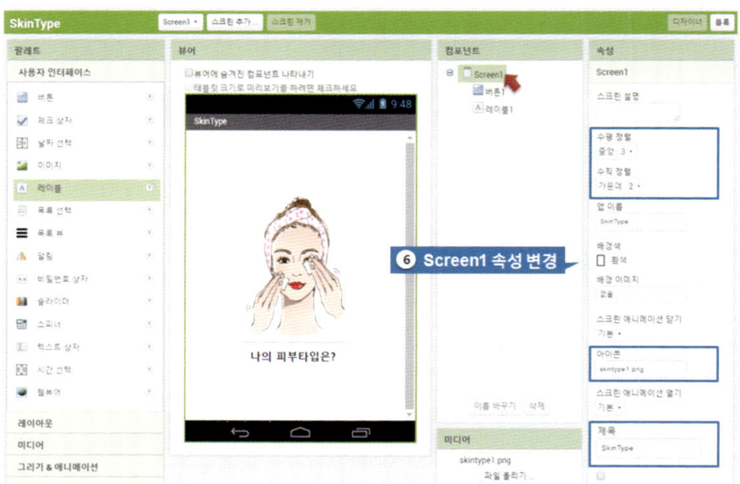

⑦ 화면 상단의 “스크린 추가” 버튼을 눌러 화면을 추가한다. 스크린의 이름은 “test”로 설정한다.

⑧ 화면 상단의 “Screen1”을 선택하여 “test”로 변경한다. 그리고 팔레트에서 [레이블] 컴포넌트를 드래그하여 화면에 둔다.

⑨ 레이블1 컴포넌트의 속성을 설정한다. 글꼴 크기는 “18”로 설정한다. 너비는 화면의 크기와 같도록 “부모에 맞추기”로 설정한다. 텍스트에는 “나의 피부 타입은?”을 적어 화면에 나타나도록 한다. 텍스트는 “가운데”로 설정한다.

⑩ 팔레트에서 [체크상자] 컴포넌트를 드래그하여 화면에 둔다.

⑪ [체크상자] 컴포넌트의 속성을 설정한다. 글꼴크기는 "16"으로 설정한다. 높이는 "30 pixels"로 설정한다.

아래와 같이 7개의 체크상자 컴포넌트를 둔다. 각각의 텍스트에는 아래 그림과 같이 변경한다.

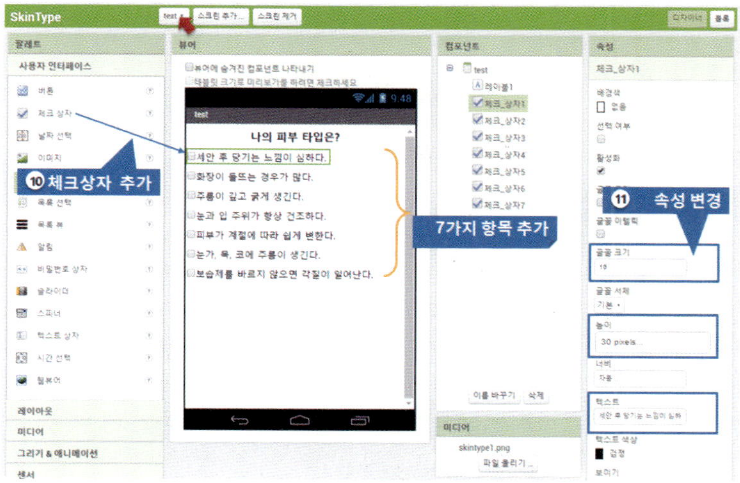

⑫ 팔레트에서 [수평배치] 컴포넌트를 드래그하여 화면에 둔다. 속성에서 너비를 "부모에 맞추기"로 설정하여 화면의 폭과 같도록 한다.

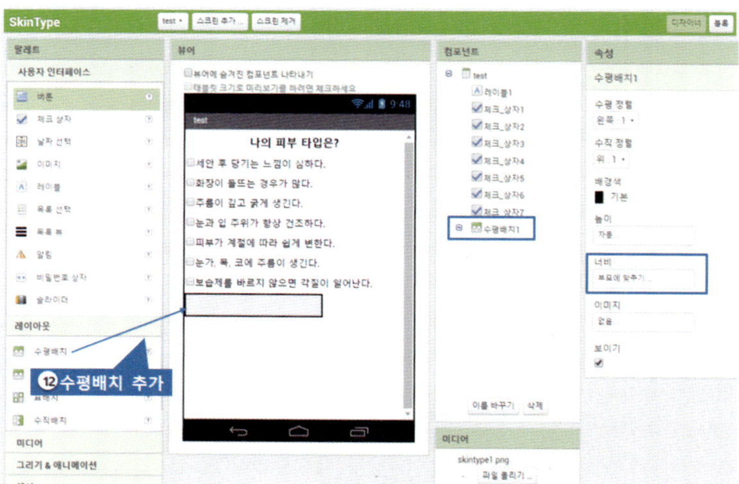

⑬ 팔레트에서 [레이블] 컴포넌트 2개를 드래그하여 [수평배치] 컴포넌트 안에 놓는다. 첫 번째 레이블3 컴포넌트의 속성에서 텍스트를 "선택한 값은:"을 입력하여 화면에 나타나도록 한다.

⑭ 두 번째 [레이블] 컴포넌트의 이름을 "선택한값"으로 변경한다. 그리고 속성을 설정한다. 글꼴 굵게에 체크하고, 글꼴 크기는 "18"로 설정한다. 너비는 "자동"으로 설정하고, 텍스트는 "0"을 설정하여 화면에 나타나도록 한다.

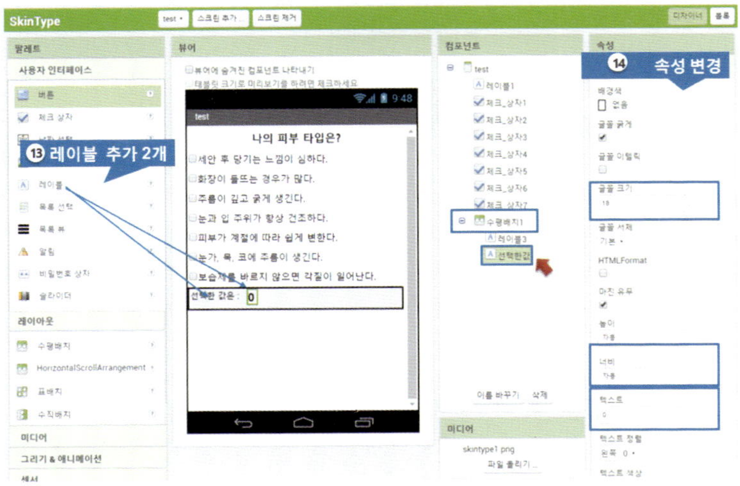

⑮ 팔레트에서 [버튼] 컴포넌트를 수평배치 내부에 드래그하여 놓는다. 컴포넌트의 이름은 "결과보기"로 변경한다. 속성에서 텍스트를 "결과보기"로 변경한다.

⑯ 팔레트에서 [레이블] 컴포넌트를 드래그하여 수평배치 아래에 놓는다. 컴포넌트의 이름은 "나의피부타입"으로 변경한다. 그리고 속성을 설정한다. 글꼴 굵게에 체크하고 글꼴의 크기는 "18"로 설정한다. 텍스트에는 "나의피부타입은?"이라고 설정하고, 텍스트 색상은 파랑으로 설정하여 화면에 파랑색 글이 나타나도록 한다.

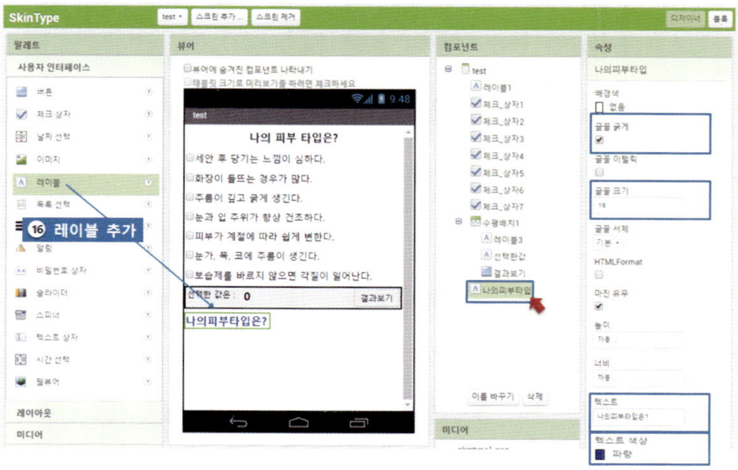

▪ 블록 코딩하기

⑰ 오른쪽 상단의 [블록]버튼을 클릭하여 블록코딩을 실시한다.

화면 상단에서 “Screen1”을 선택한다. 아래 화면과 같이 블록들을 드래그하여 뷰어창에 놓는다. 이것은 “Screen1”에서 버튼을 클릭하면 “test” 스크린으로 이동하는 내용이다.

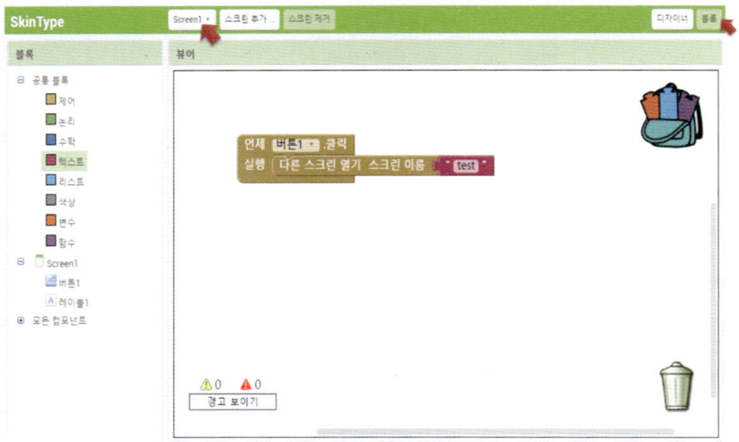

⑱ 화면 상단에서 스크린을 “test”로 변경한다. 아래 화면과 같이 블록들을 드래그하여 뷰어창에 놓는다.

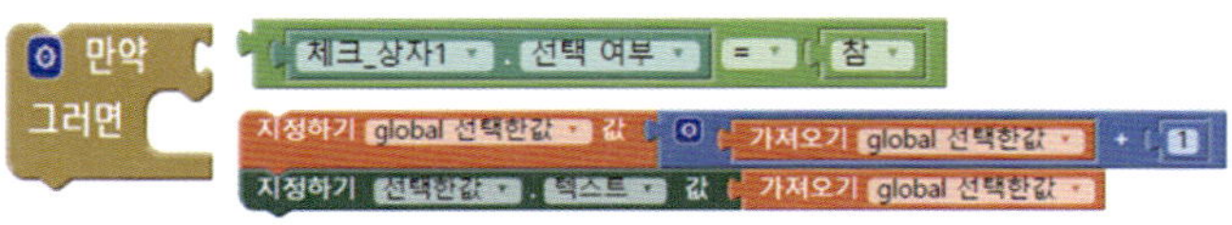

블록은 논리 조건을 판별하는 것이다. 즉, 체크상자1이 체크가 되면 변수에 1을 증가시키고, 변수의 값을 “선택한값” 컴포넌트의 텍스트를 통해 화면에 보여준다.

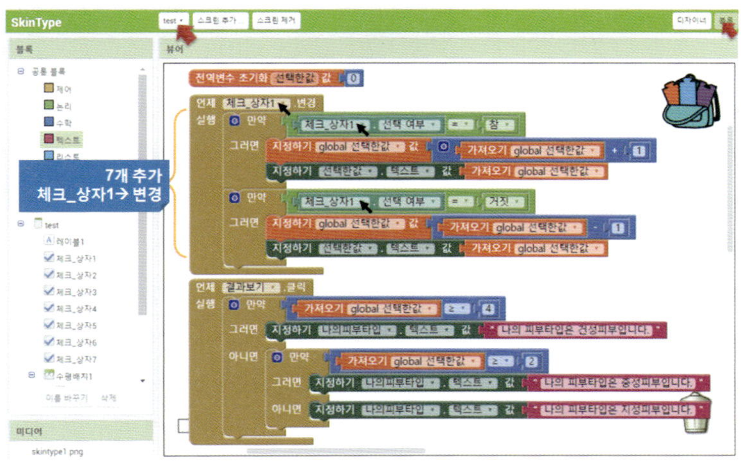

완성된 코드는 다음과 같다.

아래 코드는 7개를 만들어야 한다. 대신 화살표부분의 이름을 변경해야한다. 그래서 체크상자 7개가 모두 동작하도록 한다.

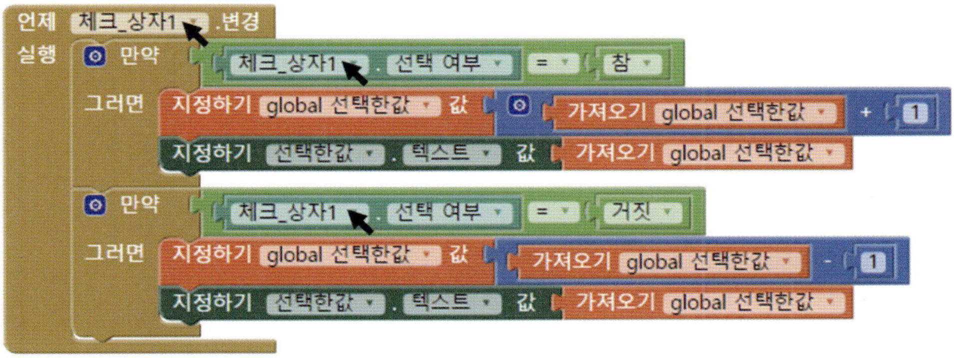

아래 코드는 최종 결과를 보여주는 코드이다.

Chapter 4. 정리하기

1 프로토타입 만들기 단계는 도출된 아이디어를 구체화 또는 실체화 하는 단계이다. 이를 위해서 실제로 시-제작품, 스토리 보드, 그림 등을 만들어서 고객으로부터 피드백을 받아 좀 더 실 제품이 만들어 졌을 때 실패할 확률을 낮추는 것이 중요하다.

2 프로토타입을 통해서 개발자와 사용자 사이에 상호 작용을 함으로써 더 깊은 공감을 이끌어 낼 수 있다.

3 프로토타입의 목적

(1) 사용자 피드백을 통한 실제 제작품의 완성도를 높임

(2) 아이디어 검증 도구

(3) 문제 해결에 대한 실패 방지 수단

(4) 문제 해결을 위한 아이디어의 명확화

4 프로토타입을 만드는 원리

(1) 시작은 단순하게 작성

(2) 사용자 관점에서 핵심적인 사항만을 작성

(3) 프로토타입의 목적에 따라 내용의 깊이를 선택

(4) 최악의 상황에 대비

(5) 프로토타입을 만드는데 유용한 도구를 활용

5 프로토타입의 형태

(1) 스케치 : 아이디어를 간단하게 그림으로 표현

(2) 페이퍼 프로토타입 : 종이를 사용해서 서비스나 제품의 결과물을 그려서 직접 테스트

(3) 와이어 프레임 : 파워포인트를 사용해서 페이퍼 프로토타입의 완성도를 높임

(4) 디지털 프로토타입 : 스마트폰에서 동작하는 앱과 유사한 형태로 소프트웨어를 작성해 실제 동작하는 과정을 소비자를 통해서 테스트

(5) 기타 : 모델, 목업, 역할극, 광고 모형, 광고, 공간 개조 등

6 디자인 사고법의 5번째 단계인 "테스트"는 완성된 실제 작품을 사용자가 만족하는지 여부를 점검하고 불만족한 상황에 대한 개선점을 찾아내는 반복적인 과정임

7 테스트 단계에서 주의할 점

(1) 어떤 프로토타입 혹은 시-제작품을 사용해서 테스트할지 결정

(2) 테스트 시나리오 혹은 핵심 내용에 대해서 정확하게 인식

Chapter 4. 연습문제

1 디자인 사고법의 4단계인 프로토타입 만들기에 대한 설명이다. 올바르지 않은 것은?
① 프로토타입 만들기는 사용자의 요구사항을 깊이 공감하기 위한 단계이다.
② 원형 혹은 기본이 되는 형을 만드는 단계이다.
③ 사용자의 피드백을 통해서 사용자 요구를 더욱 만족시키기 위해서 실시한다.
④ 사전에 시제작품(스케치, 모형 등)을 만들어 보는 단계이다.

2 프로토타이핑의 목적에 대한 설명이다. 올바르지 않은 것은?
① 아이디어를 구체화하여 문제에 대한 해결책을 얻는다.
② 아이디어의 검증도구 역할을 한다.
③ 문제해결에 대한 실패를 방지할 수 있다.
④ 아이디어를 모호하게 할 수 있다.

3 프로토타이핑의 원리에 대한 설명이다. 올바르지 않은 것은?
① 프로토타이핑의 시작은 단순하게 한다.
② 개발자 관점에서 만든다.
③ 프로토타입의 목적에 따라 내용의 깊이를 선택한다.
④ 유용한 도구를 사용하여 효과적으로 만든다.

4 프로토타입의 형태에 대한 설명이다. 올바르지 않은 것은?
① 페이퍼프로토타입은 종이에 서비스나 제품을 그려서 실제 사용하는 것처럼 테스트한다.
② 와이어프레임은 파워포인트를 이용하여 화면의 구성이나 위치, 프로그램 순서를 표현한다.
③ 디지털프로토타입은 페이퍼프로토타입보다 완성도가 낮다.
④ 디지털목업은 3D 디지털 모델을 컴퓨터를 이용한 설계이다.

5 디지털 사고법의 5단계인 테스트 과정에 대한 설명이다. 올바르지 않은 것은?
① 실제 작품에 대해서 테스트를 수행하는 과정이다.
② 어떤 프로토타입을 테스트할 것인지 결정할 때 주의해야 한다.
③ 테스트 하고자 하는 시나리오 또는 핵심 내용을 사전에 인식한다.
④ 테스트 과정에서 사용자와 상호 작용이 원활하게 수행한다.

Chapter 5.

SW개발 방법론1 폭포수모델

5.1 소프트웨어 개발 방법론

소프트웨어 개발 방법론이란 소프트웨어 개발의 생산성과 품질 향상을 목적으로 소프트웨어 개발 전 과정에 지속적으로 적용할 수 있는 방법, 절차, 기법 등을 말하는 것이다. 각 기업마다 자사의 비즈니스 특성에 맞는 개발 절차를 표준화하기도 하고, 선진국의 소프트웨어 방법론을 그대로 적용하거나 일부 수정하여 사용하기도 한다.

하나의 소프트웨어를 개발하기 위해서는 요구사항을 분석 및 설계하고 설계된 내용을 여러 개발자들과 분배하여 개발한 후 개발된 시스템들을 결합하여 하나의 유기적인 시스템으로 만들어진다. 이러한 과정을 *개발 프로세스*라 한다. 개발프로세스에 조직의 구조와 기능의 정리를 포함하여 정의한 것을 *개발 방법론*이라하며 소프트웨어가 탄생할 때부터 진화해 왔다. 소프트웨어 개발 방법론을 효율적으로 적용하여 높은 품질의 소프트웨어를 개발하는가가 진화의 핵심이다.

1 소프트웨어 개발 방법론의 진화

1970년대	1980년대	1990년대	2000년대
[구조적기법] 기능중심	[정보공학기법] 자료구조중심	[객체지향기법] 객체, 컴포넌트중심	[애자일기법] 방법론중심
〈특징〉 정형화된 분석 절차에 따라 사용자 요구사항을 파악하여 문서화하는 체계적인 분석이론	〈특징〉 자료를 중심으로 비교적 안정적인 방식	〈특징〉 객체지향 기법을 활용하여 시스템을 구축하는 방식 ***객체중심*** 재사용이 가능한 ***컴포넌트 중심***	〈특징〉 개발 프로세스 기간을 작은 단위로 쪼개어 반복적 개발과 피드백을 진행하는 방식
프로세스 중심	***데이터 중심***		***반복적 개발 중심***
〈종류〉 폭포수 모델	〈종류〉 폭포수 모델 프로토타이핑모델	〈종류〉 반복적 개발 CBD기법	〈종류〉 익스트림 프로그래밍 스크럼

이 장에서는 여러 가지 소프트웨어 개발 방법론 중 폭포수 모델, 프로토타이핑 모델, CBD 기법을 경험해보고자 한다.

2 소프트웨어 개발 생명주기

소프트웨어를 공업제품과 같은 관점으로 보았을 때, 소프트웨어의 착상, 개발에 이르기까지의 일련의 시간적인 경과를 말한다. 소프트웨어의 규모나 소프트웨어의 개발 방법론 등에 의해 여러 단계로 구분된다. (SDLC: Software Development Life Cycle)

그림1. 소프트웨어 개발 생명주기

소프트웨어 개발 생명주기의 단계별 특징과 산출문서는 다음과 같다.

주기	단계별 특징	산출문서
계획	사용자 문제 정의 및 시스템 기능과 성능 요건 파악 - 개발의 타당성과 필요한 개발 자원 및 예산 예측 - 타당성 분석 : 경제적, 기술적, 법적 측면에서 검토	시스템정의서 프로젝트 계획서
요구분석	시스템이 무엇을 수행해야하는가를 정의 - 사용자 니즈를 이해하여 시스템 목표와 범위 지정 - 사용자가 원하는 기능, 제약 조건 등에 대한 요구 파악	요구분석 명세서
설계	SW구조와 구성 요소를 파악하여 구현 준비 - 입력자료, 처리 내용, 생성되는 출력 정의 - 외부설계/내부설계 기본설계/상세설계	설계사양서 시험계획서
구현	설계사양서를 실행 가능한 실제 모습으로 변환 - 프로그래밍 언어의 일반적인 형태와 유사하게 알고리즘 표현 - 설계 사양서를 실행 가능한 모듈로 코딩(모듈 시험)	프로그램
테스트	품질보증활동 - 요구분석 및 설계, 구현 결과에 대한 최종 검사 및 시행 - 시험계획 수립 및 시험 실시, 통합시험, 시스템시험, 인수시험	시험결과 보고서
유지보수	시스템 사용중에 발생하는 변경사항에 적응하는 활동 - 시스템이 인수되고 설치 된 후에 일어나는 모든 활동 - 수정 유지보수, 적응 유지보수, 개선 유지보수, 예방 유지보수	유지보수 명세서

유지보수 단계는 품질을 유지하기 위한 노력으로 소프트웨어 생명주기 단계 중 가장 많은 비용과 시간이 소요된다. 유지 보수비용은 전 과정의 60%이상을 차지하므로 개발 단계에서 최적의 노력을 기울여야 한다.

3 소프트웨어 개발 방법론이 필요한 이유

소프트웨어를 서둘러 작성하여 부실한 결과를 가져온다면, 초기 계획했던 비용보다 유지 보수에 100배 이상의 시간과 비용이 든다. 소프트웨어 개발의 체계화/정형화를 통해 지속적으로 동일한 품질을 보장할 수 있어야 할 필요가 있다. 1970년대부터 소프트웨어 개발을 관리하고 기술을 표준화하는 여러 가지 방법들이 나타나게 되었다.

· 경험 축적 및 재활용을 통한 개발 *생산성 향상*(작업의 표준화 / 모듈화)
· 정형화된 절차와 *표준 용어* 제공으로 의사소통 수단 제공
· 개발 *진행 상황*을 명확히 파악 할 수 있음
· 단계별로 산출물을 검토하여 *시행착오 감소*

다음은 소프트웨어 생명 주기에 대한 참고 동영상입니다.

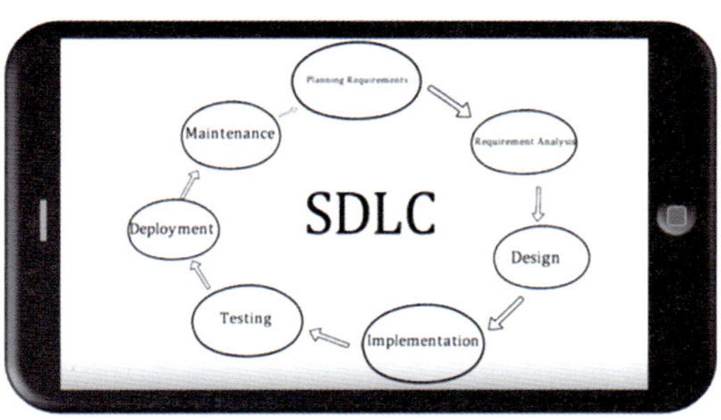

QR code

소프트웨어 생명주기

출처: https://www.youtube.com/watch?v=i-QyW8D3ei0&spfreload=1(9분)

5.2 폭포수 모델

소프트웨어 개발 생명주기(SDLC: Software Development Life Cycle)에 기반하고 있는 소프트웨어 개발 기법으로 Waterfall Model, 선형순차 모형, 단계적 생명주기라고도 한다. 한 번 떨어지면 거슬러 올라갈 수 없는 폭포수와 같이 소프트웨어 개발도 각 단계를 확실히 매듭짓고 다음 단계로 넘어간다는 의미에서 붙여진 명칭이다. 전통적인 시스템 생명주기 모델로 소프트웨어를 개발할 때 가장 널리 사용된다. (두산백과)

1 폭포수 모델의 구성단계

폭포수 모델은 고전적 라이프 사이클이며 개발 과정이 명확하게 단계화되어 있다. ① 개발 범위를 계획하고 ② 사용자의 기능·성능·신뢰도 등에 대한 요구를 분석하며, ③ 소프트웨어를 설계하고, ④ 프로그래밍을 한 뒤 ⑤ 통합 테스트를 거쳐 ⑥소프트웨어를 운용하고 유지·보수시키는 등의 단계를 거친다.

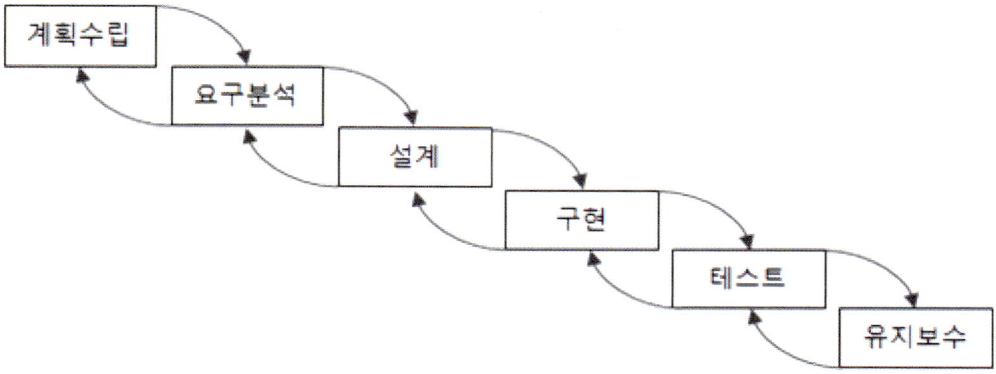

그림2. 폭포수 모델(Waterfull Model)

① **계획수립(Software Concept)**

: 문제 정의 후 프로젝트 개발범위를 결정한다.

: 개발평가(비용, 기간, 인력, 성공가능성)를 한다.

: 리스크 분석, 일정 계획을 세운다. 결과물-개발계획서

② **요구분석(Requirements and Analysis)**

: 시스템이 가져야 할 능력과 조건 살펴보기.

: 사용자가 요구하는 기능적 요구 사항과 비기능적 요구사항을 파악한다.

: What의 단계로 요구와 분석을 나눠 진행하기도 한다. 결과물-요구분석서(SRS)

③ **설계(Design)**

: 솔루션에 집중. 아키텍쳐 설계, 데이터베이스 설계, UI설계

: How의 단계로 상세설계를 한다. 결과물-설계서(SD)

④ **구현(Coding and Debugging)**

: 표준 코딩 스타일을 지켜 코딩하는 단계.

: 마무리된 단위 코딩을 테스트하기도 한다.

: 이전 단계 담당자들과 커뮤니케이션에 어려움이 있다.

⑤ **테스트(System testing)**

: 단위 프로그램을 통합하여 테스트 하는 단계

: 개발자 또는 사용자 시각에 따른 테스트

⑥ **인수 설치와 유지보수(Deployment & Maintenance)**

: 시스템의 타입에 따라 다른 설치방법을 따른다.

: 유지보수(결함 수정, 기능 보강, 예방 등)를 찾아 처리한다.

2 폭포수 모델이 직면하는 문제

선형 순차적 모델은 간접적으로만 각 단계의 반복을 허용한다. 그래서 변화가 일어나면 팀 프로젝트에 혼선이 일어날 수 있다. 또한 고객이 모든 요구사항을 말하기는 힘들다. 이 점은 초기 불확실성을 해결하기 힘들게 만든다.

3 폭포수 모델의 장점과 단점

[폭포수 모델의 장점]

- 절차가 간결하고 이해하기 쉬우므로 관리가 용이하다.
- SW개발 과정의 각 단계가 순차적으로 진행되며 단계별 산출물이 명확하다.
- 요구사항이 적은 프로젝트에 적합하다. 모델의 적용 경험과 성공 사례가 많다.
- 두 개 이상의 과정이 병행(병렬) 수행되거나 이전 단계로 넘어가는 경우가 없다. 폭포수가 위에서 아래로 흐르듯 앞 단계가 완료되어야 다음 단계를 수행한다.

[폭포수 모델의 단점]

- 단계별로 오류 없이 명확하게 다음단계로 진행되어야 하나 현실적으로 오류 없이 다음단계로 진행되기는 어렵다.
- 전 단계 일정 지연 시 전체 프로젝트 지연이 발생한다.
- 새로운 요구나 경험을 설계에 반영하기 힘들다.
- 사용자가 중간에 가시적인 결과를 볼 수 없어 답답하다.

(참고 : http://redcarrot.tistory.com/190)

각 단계가 명확하여 관리가 쉬우나 요구 분석에 상당한 시간이 소요되며, 일단 분석이 끝나면 수정이 어렵다. 또 개발 단계마다 피드백이 발생하므로 순차적인 흐름을 따라가기 어려우며, 규모가 크고 복잡한 시스템에는 적합하지 않다. 이러한 단점을 보완하기 위하여 모델을 변형하거나 단계 통합 또는 새로운 단계 추가 등이 시도되고 있다.

> **i** 미국 국방성(United States Department of Defense)이나 NASA에 고용된 대규모 소프트웨어 개발 하우스에 의해 널리 사용되었으며, 그 외 대규모 정부 프로젝트에서 사용되었다. (위키백과)

다음은 소프트웨어 생명 주기에 대한 참고 동영상입니다.

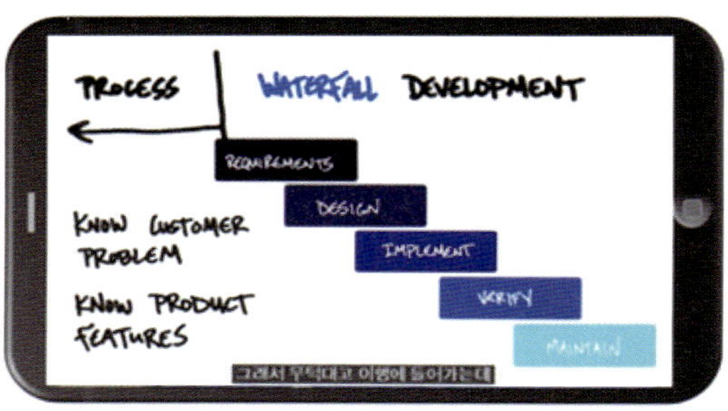

QR code

폭포수모델

출처: https://www.youtube.com/watch?v=i7qtq69PMB0 (2분)

UA. 팀회의 진행하기

▪ 여행지 검색하기 앱 만들기

그룹활동 워크시트

주제 : ________________ ________ 분반 ______ 조

1단계. 계획 **문제정의 - 5분** 개발범위, 경제적, 기술적, 법적타당성과 일정 계획하기	**2단계. 요구분석** **요구사항 명세서 - 5분** 사용자가 원하는 What에 초점, How는 고려하지 않음
개인별로 2가지 이상 적으세요. 개발범위 : 여행지 검색 경제적 : 10만원 기술적 : 여행지도검색, 맛집검색 법적타당성 : 오픈소스 사용 일정 : 4월 30일까지 완료	개인별로 2가지 이상 적으세요. 관광지 검색하기 - 입장료 - 대중교통(빨리가는 방법) - 할인방법 숙소 추천하기 - 저렴한 집 - 깨끗한집 주변 맛집 추천하기 - 별표로 순서 정리하기
인터뷰 1.	역할 바꾸기 & 반복 인터뷰 2.

1 계획

여행지를 검색하기 위해 사용자로부터 의뢰를 받았다면, 어떤 계획을 세워야할까?

- 개발범위 :
- 경제적 :
- 기술적 :
- 법적 타당성 :

2 요구분석

여행지를 검색하기 앱을 만들기 위해 사용자는 어떤 요구를 할 수 있을까?

- 요구사항1 :
- 요구사항2 :

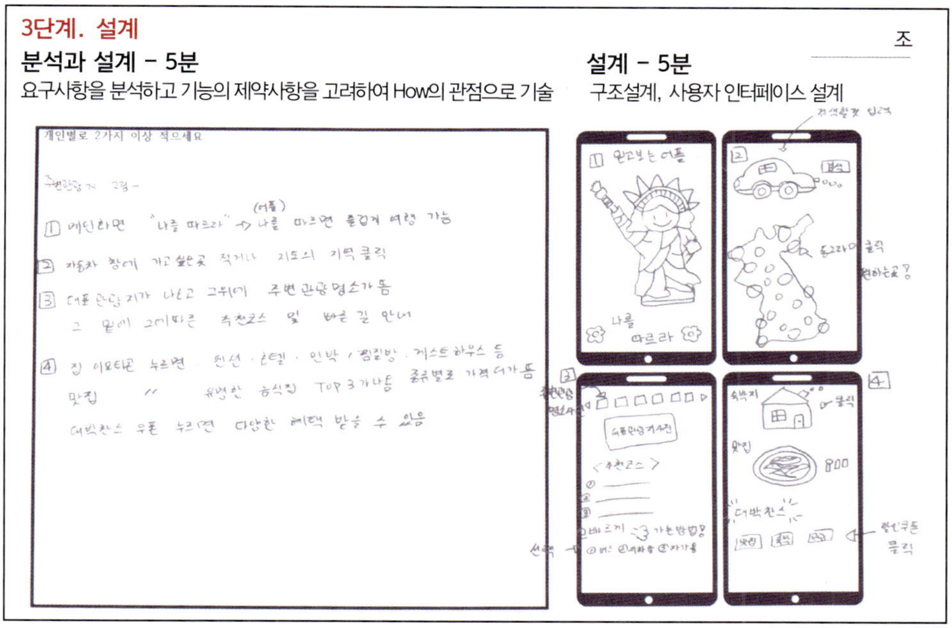

3 설계

여행지를 검색하기 앱을 만들기 위한 제약사항에는 무엇이 있으며 어떤 설계를 할 수 있을까?

- "구조설계"에 넣지 못하는 세부적인 사항은 "분석과 설계"에 기술한다.

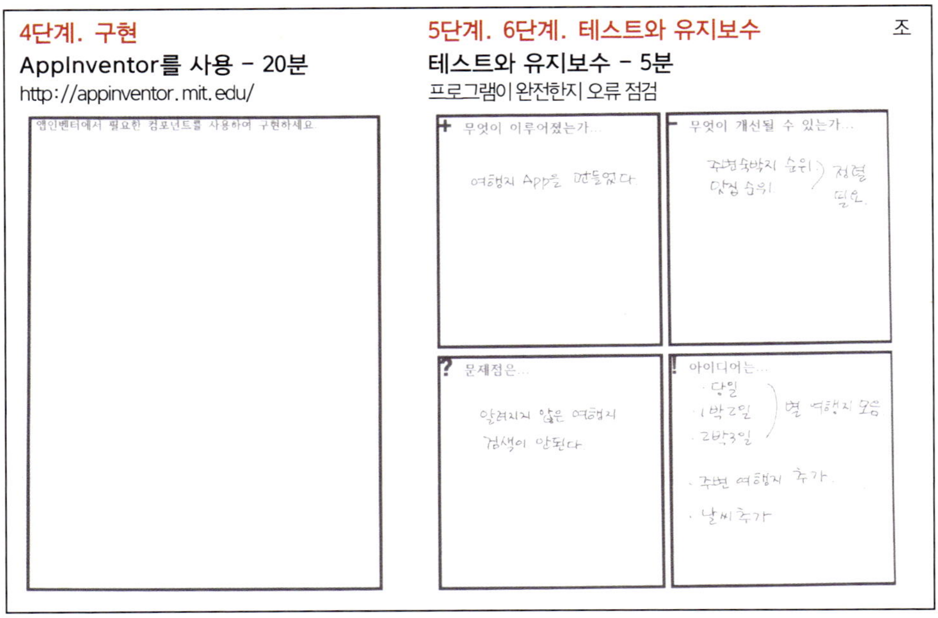

4 구현

Appinventor를 이용하여 앱을 구현한다.

5 테스트와 유지보수

Appinventor에서 작성한 앱을 테스트해본다.
문제점과 개선사항에 대한 내용을 적어본다.

AppInventor 실습하기1

▪ 실습1. 여행지 검색하기(WebView.aia)

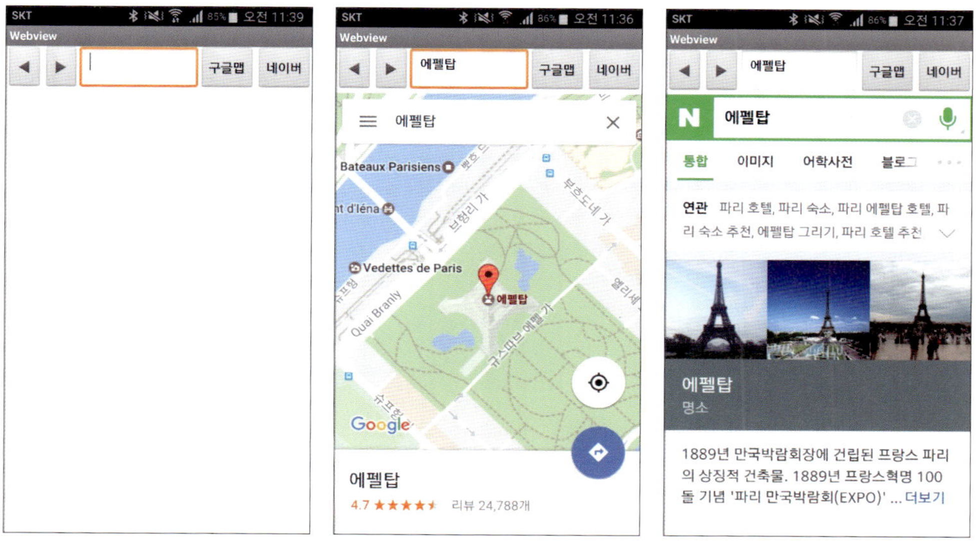

텍스트 상자에 검색어를 입력하고 [구글맵] 버튼을 누르면 지도를 검색하거나 통합 검색이 가능한 앱을 제작한다. 뒤로, 앞으로 버튼을 사용하여 이전 또는 다음 페이지를 검색할 수 있다.

▪ 컴포넌트 설명

텍스트 상자	: 사용자가 글을 쓸 수 있는 컴포넌트. 힌트를 입력하면 사용자에게 안내를 할 수 있다. 숫자만 입력하도록 제한하거나 비밀번호를 입력할 때 나타나는 표시처럼 내용을 숨길 수 있다.
버튼	: 클릭할 수 있는 컴포넌트. 버튼의 색 변경, 이미지 변경, 크기 변경 등이 가능하다. 버튼을 클릭 하거나 오래 커서를 올려두거나 눌렸던 버튼에서 커서를 뗄 때 이벤트를 넣을 수 있다.
웹뷰어	: 원하는 페이지를 보여주기 위한 컴포넌트.

▪ 블록 설명

: 원하는 URL로 이동하기 위해 주소를 받는 블록

: 지도검색 URL과 텍스트상자1의 텍스트를 연결해 주는 블록

▪ 지도 검색 원리

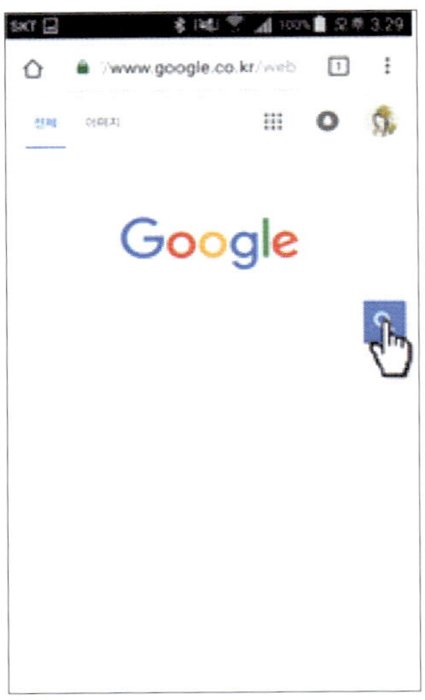

구글에서 검색할 때 “에펠탑” 입력하고  를 클릭한 후 URL을 살펴보면 다음과 같다.

https://www.google.co.kr/search?q=에펠탑

앞의 “https://www.google.co.kr/search?q=” 부분이 구글서치를 담당하는 부분이고, 뒤의 “에펠탑” 부분이 텍스트 상자에 입력되는 부분으로 항상 변경이 되는 부분이다.

다음은, 지도 검색하는 예이다.
검색창에 “에펠탑”을 입력한 후 아래에 나타나는 목록 중 “지도”를 선택한다.

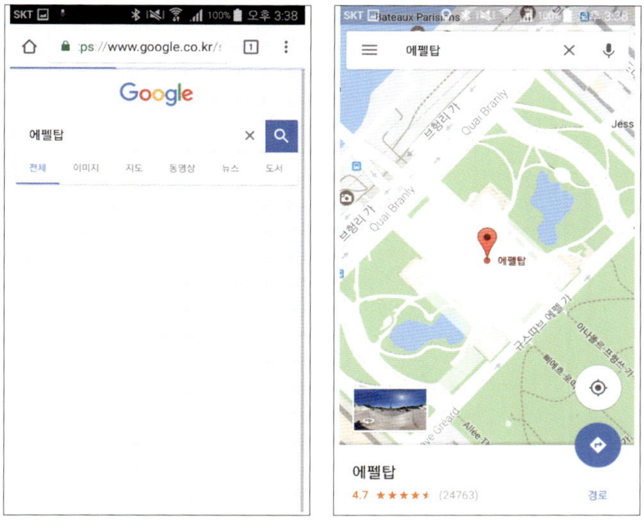

화면상에서 확인할 수는 없지만 이 결과의 URL은 다음과 같다.

http://maps.google.com/?q=에펠탑

앞의 https://maps.google.com/?q= 부분이 구글지도 서치를 담당하는 부분이고, 뒤의 "에펠탑" 부분이 텍스트 상자에 입력되는 부분으로 항상 변경이 되는 부분이다.

네이버에서 검색을 해보자.

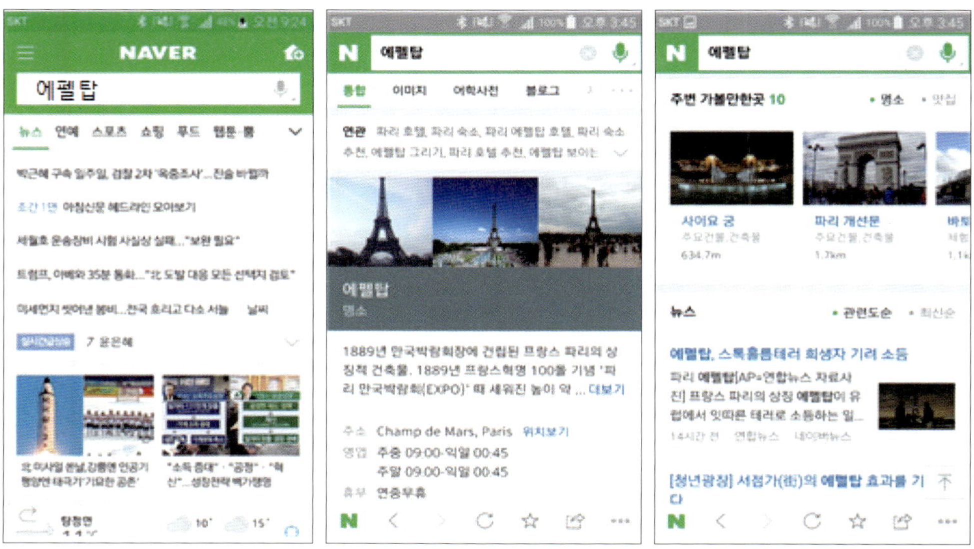

검색결과 연관검색어와 명소설명, 리뷰, 주변검색, 뉴스, 사이트, 쇼핑, 파워링크 등의

정보가 검색된다. 이 결과의 URL을 살펴보면 다음과 같다.

https://m.search.naver.com/search.naver?query=에펠탑

앞의 https://m.search.naver.com/search.naver?query= 부분이 네이버서치를 담당하는 부분이고, 뒤의 “에펠탑” 부분이 텍스트 상자에 입력되는 부분으로 항상 변경이 되는 부분이다.

우리는 이 부분을 아래와 같이 블록화 할 수 있다.

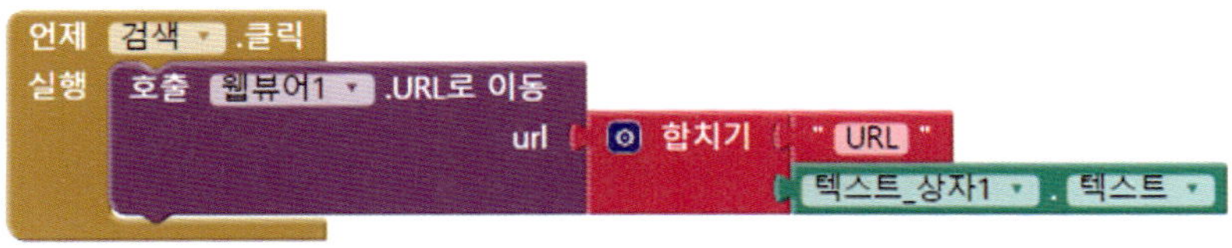

 이 부분에 서치를 담당하는 URL을 필요에 따라 입력한다.

▪ 화면 디자인

여행지를 입력하면 구글지도로 검색하거나, 네이버검색을 실행하는 앱을 작성해보자.

우선, 앱을 작성하기 위해 http://appinventor.mit.edu 에서 로그인 하고 ‘한국어’를 선택한다. [프로젝트]-[새 프로젝트 시작하기...]- 프로젝트 이름은 “WebView” -[확인]

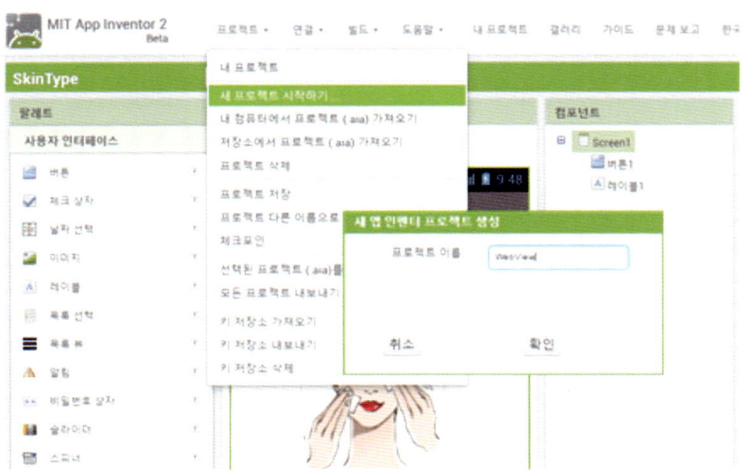

① [프로젝트]-[새 프로젝트 시작하기...]-프로젝트 이름을 "WebView"로 입력한 후 -[OK]

② [레이아웃]팔레트에서 [수평배치]를 넣고, 너비-부모에 맞추기 로 변경한다.

③ [버튼] 컴포넌트를 2개 넣는다.
컴포넌트 이름을 "뒤로"로 변경하고, "속성"창에서 텍스트를 "◀"로 변경한다.
나머지 버튼 컴포넌트의 이름을 "앞으로"로 변경하고, 텍스트를 "▶"로 변경한다.

◀▶ 입력은 "ㅁ"입력후 키보드에서 [한자키]를 눌러 입력할 수 있다.

④ [텍스트 상자] 컴포넌트를 넣고 "속성"창에서 힌트를 삭제한다.

⑤ [버튼] 컴포넌트를 넣고, 컴포넌트 이름을 “구글맵”으로 변경한 후 “속성”창에서 텍스트를 “구글맵”으로 변경한다.

⑥ [버튼] 컴포넌트를 넣고, 컴포넌트 이름을 “네이버”으로 변경한 후 “속성”창에서 텍스트를 “네이버”으로 변경한다.

⑦ 컴포넌트 창에서 [텍스트 상자]를 선택 후, “속성”창에서 너비를 부모에 맞추기로 변경한다.

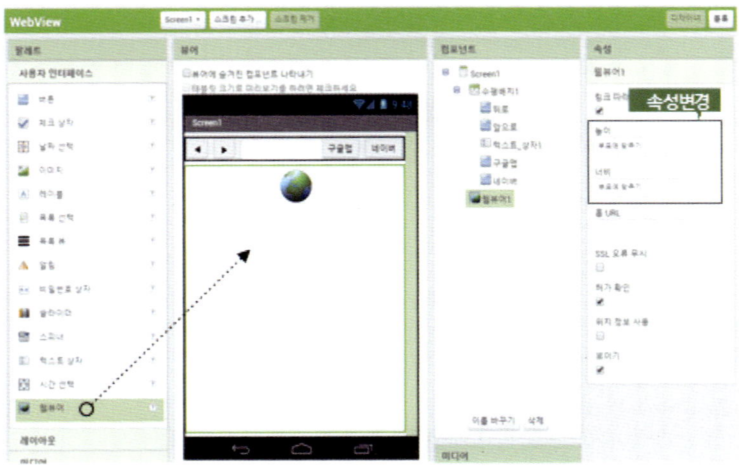

⑧ [사용자인터페이스] 팔레트에서 [웹뷰어] 컴포넌트를 넣고, “속성”창에서 높이와 너비를 “부모에 맞추기”로 변경한다.

■ 블록 코딩

디자인은 완성되었다. 다음으로 프로그램을 실행하기 위한 블록 코딩을 해야 한다. 오른쪽 상단의 [블록]버튼을 클릭하면, 블록 코딩을 할 수 있는 창이 나타난다.

우리가 해야 할 일을 정리해보자.

> [구글맵] 버튼을 클릭하면 [텍스트 상자]의 텍스트를 가지고 와서 웹뷰어 창에 구글 지도 결과를 보여준다.
> [네이버] 버튼을 클릭하면 [텍스트 상자]의 텍스트를 가지고 와서 웹뷰어에 네이버 검색결과를 보여준다.
> [◀], [▶] 뒤로, 앞으로 버튼을 클릭하면 이전화면과 다음화면을 보여준다.

① [뒤로] 컴포넌트 클릭 후 「클릭할 때 실행」 버튼을 "뷰어" 창에 둔다.
[웹뷰어1] 컴포넌트 클릭 후 「뒤로가기 호출」 블록을 「클릭할 때 실행」 블록의 실행에 끼워준다.

② [앞으로] 컴포넌트 클릭 후 「클릭할 때 실행」 버튼을 "뷰어" 창에 둔다.
[웹뷰어1] 컴포넌트 클릭 후 「앞으로 가기 호출」 블록을 「클릭할 때 실행」 블록의 실행에 끼워준다.

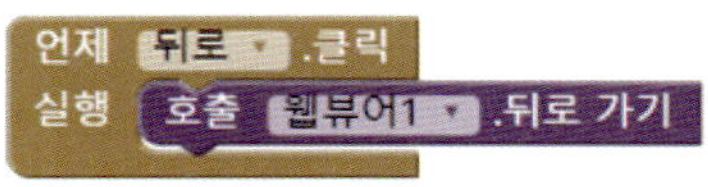

③ [구글맵] 컴포넌트 클릭 후 「클릭할 때 실행」 버튼을 "뷰어" 창에 둔다.
[텍스트 상자1] 컴포넌트 클릭 후 「키보드 숨기기」블록을 넣는다.

④ 웹뷰어에 출력을 위해 「URL로 이동」 블록을 추가하고 텍스트상자의 내용과 URL을 합치기 위해 [텍스트]블록에서 블록을 넣는다. 합치기의 블록에는 [텍스트] 블록에서 를 추가하여 URL(http://maps.google.com/?q=)을 입력하고, 다른 하나는 [텍스트 상자1] 컴포넌트를 클릭하여 를 추가한다.

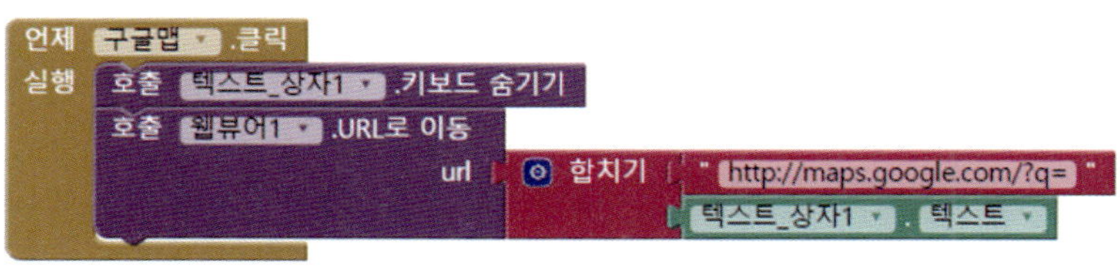

⑤ [네이버] 컴포넌트 클릭 후  「클릭할 때 실행」 버튼을 "뷰어" 창에 둔다. [텍스트 상자1] 컴포넌트 클릭 후  「키보드 숨기기」블록을 넣는다. 웹뷰어에 출력을 위해 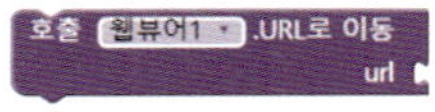 「URL로 이동」 블록을 추가하고 텍스트상자의 내용과 URL을 합치기 위해 [텍스트] 블록에서  블록을 넣는다. 합치기의 블록에는 [텍스트] 블록에서 를 추가하여 URL을 입력하고, 다른 하나는 [텍스트 상자1] 컴포넌트를 클릭하여 를 추가한다.

URL(https://m.search.naver.com/search.naver?query=)

완성된 코드는 다음과 같다.

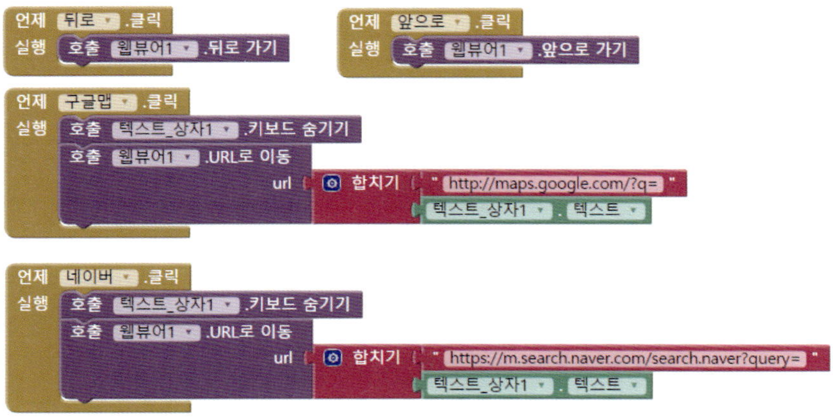

AppInventor 실습하기2

▪ 실습2. 새로운 페이지에 여행지 검색하기(ActivityStarter.aia)

앱이 실행되면 포커스가 [텍스트 상자1]에 있도록 한다. 검색어를 입력하고 [구글맵] 또는 [네이버] 버튼을 클릭하면 액티비티스타터가 실행되면서 새 창에 웹이 실행된다. ActivityStarter 실행 후에는 주변경관 사진을 볼 수 있다.

▪ 컴포넌트 설명

액티비티 스타터 : 카메라 앱, 특정 검색어가 포함된 웹 페이지 열기 등 새로운 웹 페이지를 열 때 사용한다.

▪ 블록 설명

: 화면이 시작될 때 포커스를 선택하는 블록

: 액티비티 스타터가 원하는 URL로 이동하기 위해 주소를 받는 블록

: 지도검색 URL과 텍스트상자1의 텍스트를 연결해 주는 블록

: 액티비티 스타터 시작하기

▪ 화면 디자인

여행지를 입력하면 구글지도로 검색하거나, 네이버검색을 실행하는 앱을 작성해보자.

우선, 앱을 작성하기 위해 http://appinventor.mit.edu 에서 로그인 하고 '한국어'를 선택한다. (이 앱은 앞서 작성한 실습1 WebView를 수정하여 작성하는 것도 좋다.)

① [프로젝트] - [선택한 프로젝트 (.aia)를 내 컴퓨터로 내보내기]를 선택한다.

출력된 ↑이 파일은 [다운로드] 폴더에 저장되어있다.

② 다운로드 폴더로 이동하여 다운로드 된 "WebView.aia" 파일의 이름을 "ActivityStarter.aia"로 변경한다.

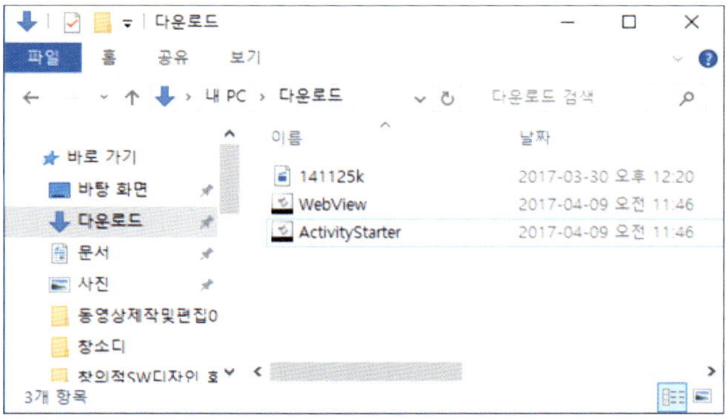

③ 앱인벤터로 돌아와 [프로젝트]-[내 컴퓨터에서 프로젝트 (.aia) 가져오기...]를 클릭한다.

[파일선택] 버튼을 누른 후 다운로드 폴더의 ActivityStarter.aia 파일을 선택하고 [열기]-[확인]을 클릭한다.

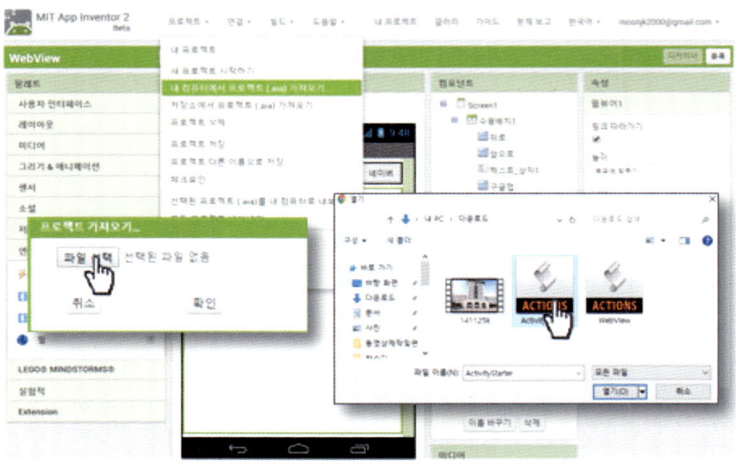

④ 컴포넌트 창에서 [웹뷰어1], [뒤로], [앞으로] 컴포넌트는 삭제한다. 삭제시 나타나는 대화상자에서 [확인]버튼을 클릭한다.

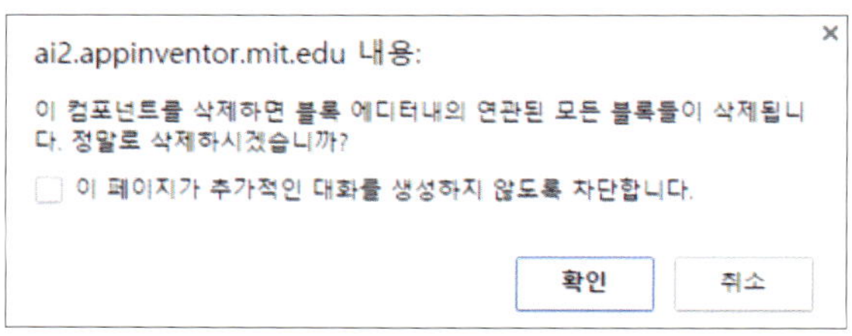

⑤ [이미지] 컴포넌트를 추가하고 너비 “130 pixels”, 너비 “부모에 맞추기”, 사진 “travel.png” 업로드하여 선택, ☑ 사진크기 맞추기 체크한다.

⑥ [연결] 팔레트에서 [액티비티 스타터] 컴포넌트를 “뷰어”창에 넣어준다.

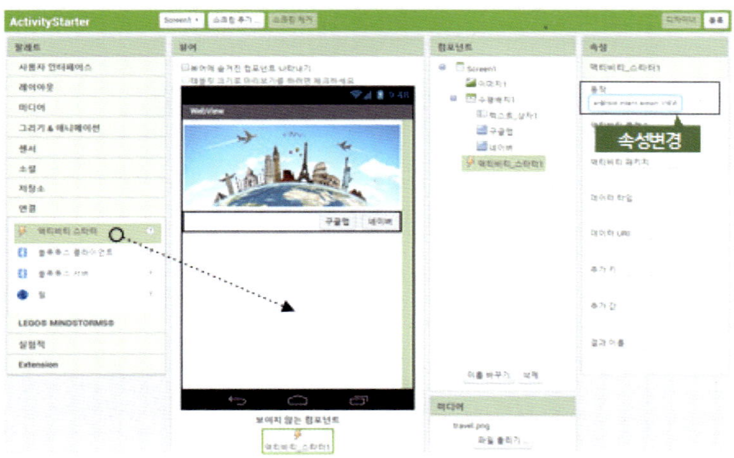

앱에서 구글맵 등과 연결시키기 위한 속성값을 설정한다.

동작 : android.intent.action.VIEW
액티비티 클래스 : com.google.android.maps.MapsActivity
액티비티 패키지 : com.google.android.apps.maps

⑦ 레이블을 중간에 넣고, 배경색(어두운 회색), 텍스트 색상(흰색) 글꼴(굵게) 너비(부모에 맞추기), 텍스트(가운데 정렬)을 진행한다.
텍스트는 "여행하고 싶은 곳을 검색하세요."로 변경한다.

▪ 블록 코딩

이제 디자인은 완성되었다. 다음으로 프로그램을 실행하기 위한 블록 코딩을 해야 한다. 오른쪽 상단의 [블록]버튼을 클릭하면, 블록 코딩을 할 수 있는 창이 나타난다.

우리가 해야 할 일을 정리해보자.

> [구글맵] 버튼을 클릭하면 [텍스트 상자]의 텍스트를 가지고 와서 새로운 창에 구글 지도 결과를 보여준다.
> [네이버] 버튼을 클릭하면 [텍스트 상자]의 텍스트를 가지고 와서 새로운 창에 네이버 검색결과를 보여준다.

① 앱이 실행되면 포커스를 텍스트 상자에 두기 위한 작업을 진행한다.

블록창에서 [Screen1] 선택 후 

「초기화 때 실행」 블록을 "뷰어" 창에 둔다. [텍스트 상자1] 컴포넌트 선택 후 

블록을 실행내용에 넣어준다.

② [구글맵] 컴포넌트의 

「클릭할 때 실행」 버튼이 "뷰어" 창에 있다. 

블록은 필요 없으니 삭제한다.

③ 블록창에서 [액티비티_스타터1] 를 선택 후 [지정하기 액티비티_스타터1 . 데이터 URI 값] 를 [언제 구글맵 .클릭 실행] 「클릭할 때 실행」 블록에 끼워준다.

④ 공통블록 중 [텍스트] 블록에서 [합치기] 블록을 넣는다. 합치기의 블록에는 [텍스트] 블록에서 [" "] 를 추가하여 URL “http://maps.google.com/?q=” 을 입력하고, 다른 하나는 [텍스트 상자1] 컴포넌트를 클릭하여 [텍스트_상자1 . 텍스트] 를 추가한다.

⑤ 블록창에서 [액티비티_스타터1] 를 선택 후 [호출 액티비티_스타터1 .액티비티 시작] 블록을 추가한다.

⑥ [네이버] 컴포넌트의 [언제 네이버 .클릭 실행] 「클릭할 때 실행」 버튼이 “뷰어” 창에 있다. [호출 텍스트_상자1 .키보드 숨기기] 블록은 필요 없으니 삭제한다.

⑦ 블록창에서 [액티비티_스타터1] 를 선택 후 [지정하기 액티비티_스타터1 . 데이터 URI 값] 를 [언제 네이버 .클릭 실행] 「클릭할 때 실행」 블록에 끼워준다.

⑧ 공통블록 중 [텍스트] 블록에서 [합치기] 블록을 넣는다. 합치기의 블록에는 [텍스트] 블록에서 [" "] 를 추가하여 URL “https://m.search.naver.com/search.naver?query=”를 입력하고, 다른 하나는 [텍스트 상자1] 컴포넌트를 클릭하여 [텍스트_상자1 . 텍스트] 를 추가한다.

⑨ 블록창에서 [액티비티_스타터1] 를 선택 후 [호출 액티비티_스타터1 .액티비티 시작] 블록을 추가한다.

완성된 코드는 다음과 같다.

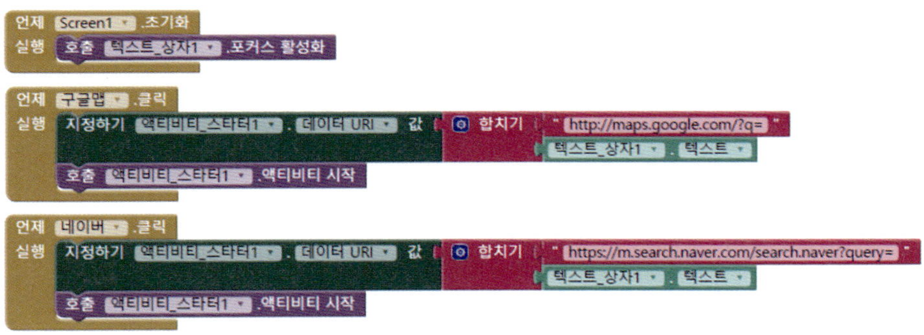

▪ QR코드 생성 및 확인

① 안드로이드 폰으로 확인하기.

[빌드]-[앱(.apk용 QR 코드 제공)] 선택/ 이 QR코드는 2시간만 사용할 수 있다.

② 애뮬레이터로 확인하기.

i) aiStarter 실행(업그레이드가 필요하면 실행)

ii) **[연결]-[애뮬레이터]** 선택

AppInventor 실습하기3

▪ 실습3. 여행사 앱 만들기(TravelSearch.aia)

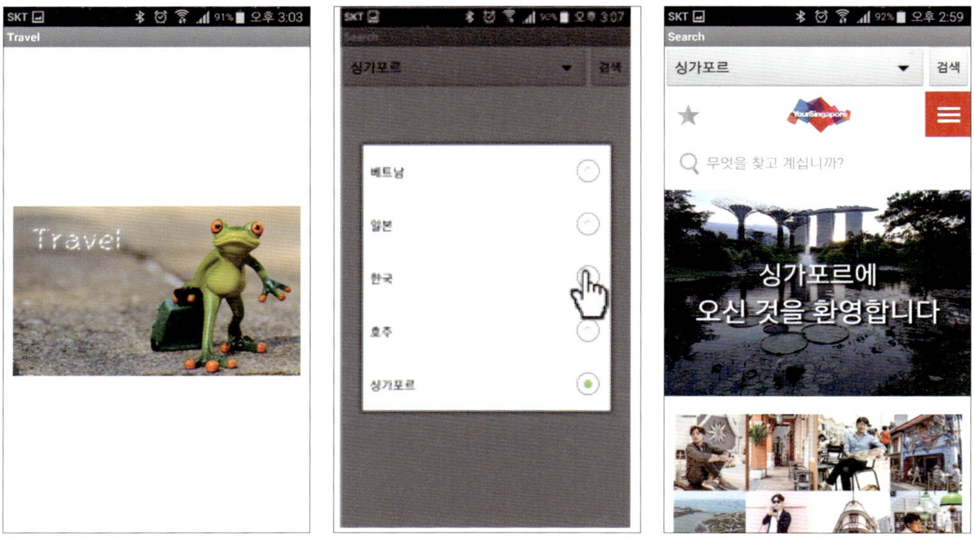

스피너 목록에서 검색어를 선택하고 [검색] 버튼을 누르면 지도를 검색하거나 통합 검색이 가능한 앱을 제작한다. 이때, WebVeiw를 사용하거나 ActivityStarter를 사용하여 작성한다.

▪ 컴포넌트 설명

스피너	:	여러 가지 목록을 팝업창으로 보여준다.
시계	:	스마트기기 내부의 시계로 정해진 시간이 지나면 알린다.

■ 블록 설명

: 만약 블록에는 "참 거짓을 판단" 할 수 있는 조건을 넣는다.
그러면 블록에는 "참"인 경우 실행할 블록을 넣는다.

: 두 가지 조건을 넣어 참 거짓을 판별한다.

■ 화면 디자인

첫 번째 스크린에서는 로고를 보여주고 다음 스크린으로 이동한다. 다음 스크린에서 스피너를 사용하여 여행지를 선택하면 해당 사이트로 이동하는 앱을 제작해보자.

앱을 작성하기 위해 http://appinventor.mit.edu 에서 로그인 하고 "한국어"를 선택한다.

① [프로젝트] - [새 프로젝트 시작하기...] - 프로젝트 이름은 "TravelSearch" - [확인]

② 앱 작성에 사용할 미디어(travel.png) 파일 올리기 작업 진행
[미디어] 창의 아래 [파일 올리기...]–[파일 선택]–"travel.png" 선택 후 [열기]–[확인]

③ 1초후 자동으로 다음 스크린으로 이동하기 위해 [센서] 팔레트에서 [시계] 컴포넌트를 추가한다. 속성창의 타이머 간격 값은 "1000"으로 되어있는데, 이 값은 1초를 의미한다.

④ 새로운 스크린을 추가하기 위해 [스크린 추가] 버튼을 클릭한 후 스크린 이름을 "Search"로 입력한 후 – [확인] 버튼을 클릭하면 Search 스크린이 나타난다.

⑤ Search 스크린이 나타나면 [레이아웃] 팔레트에서 "수평 레이아웃" 컴포넌트를 뷰어 창에 끌어놓는다. 이 컴포넌트의 너비는 부모에 맞추기로 변경한다.

⑥ [사용자 인터페이스] 팔레트에서 "스피너" 컴포넌트와 "버튼" 컴포넌트를 추가한다.
"스피너" 컴포넌트의 속성창에서 목록 문자열 내용은 "베트남, 일본, 한국, 호주, 싱가포르"를 입력하고 너비는 부모에 맞추기로 변경한다.
"버튼" 컴포넌트는 컴포넌트의 이름을 "검색"으로, 속성창에서 텍스트를 "검색"으로 변경한다.

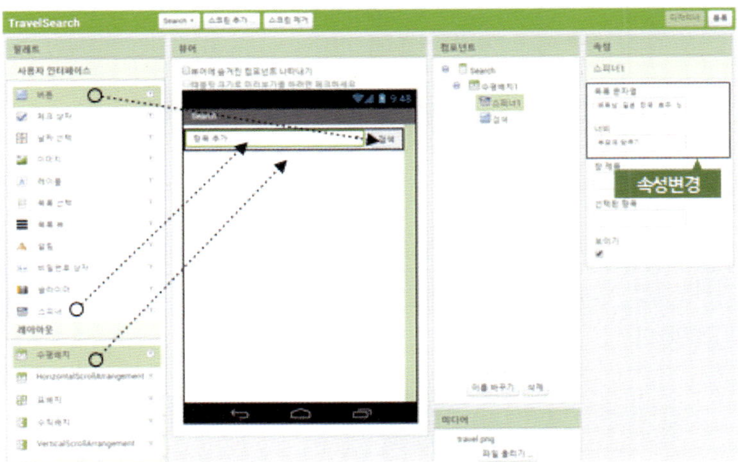

⑥ [웹뷰어]를 뷰어창에 넣고, 높이와 너비를 “부모에 맞추기”로 변경한다.

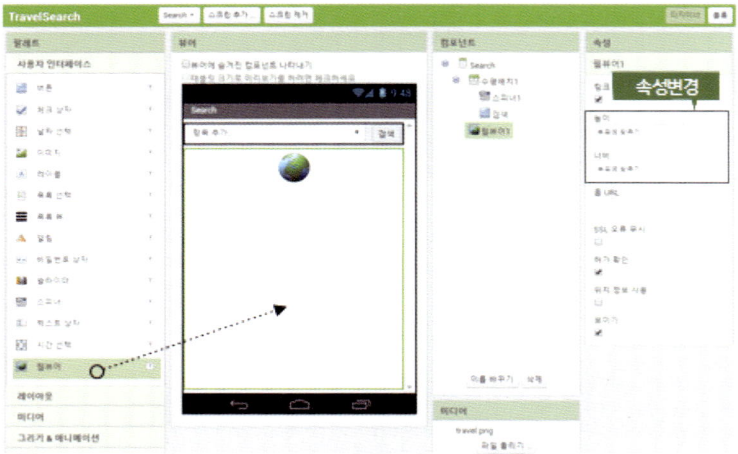

▪ 블록 코딩

Screen1을 선택한 후 오른쪽 상단의 [블록]버튼을 클릭하면, 블록 코딩을 할 수 있는 창이 나타난다.

우리가 해야 할 일을 정리해보자.

[Screen1] 스크린이 나타나면 1초 후에 자동으로 Search 스크린으로 이동하도록 한다. Search 스크린에서 스피너를 터치하여 팝업창이 나타나면 원하는 국가를 선택하고 [검색]버튼을 누르면, 웹뷰어에 검색결과를 보여준다.

① 블록 창에서 [시계] 컴포넌트를 선택 후  「타이머 실행」 블록을 뷰어창에 둔다. 실행 홈에는 타이머가 1초가 지날 때 실행할 내용을 만들어 넣어주면 된다.

② [제어] 공통블록을 선택 후  을 「타이머 실행」 블록에 끼운다. 그리고 [텍스트] 공통블럭에서  「빈칸 텍스트」를 가져와서 “Search" 스크린 이름을 입력한다.

③ “Screen1” 스크린의 작업을 마쳤으니 “Search” 스크린으로 이동한다.

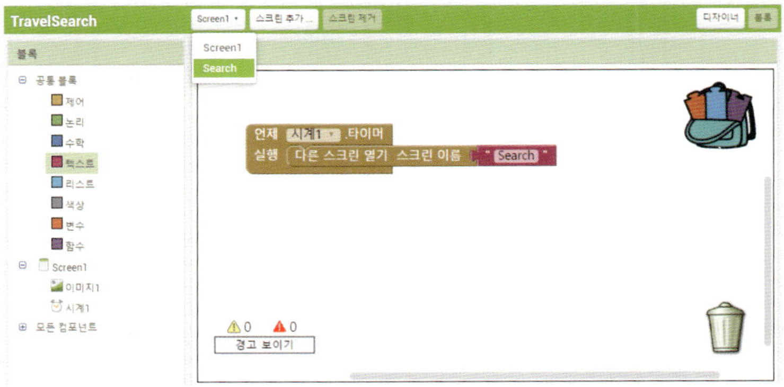

④ 블록창에서 [검색] 컴포넌트 선택 후  「클릭할 때 실행」 블록을 드래그 하여 뷰어창에 둔다.

⑤ 만약 “스피너에서 선택한 항목”=“베트남” 이면, 베트남관광 홈페이지로 이동한다. [제어] 공통블록에서  「만약 참이다. 그러면」 블럭을 실행 홈에 둔다.

⑥ [논리] 공통블록에서  「두 값이 동일한지 검사」 블록을 만약 홈에 둔다. 왼쪽에는 “스피너에서 선택한 항목”, 오른쪽에는 “베트남”을 채우기 위해, [스피너] 컴포넌트를 선택한 후  을 왼쪽에, [텍스트] 공통블록에서  「빈칸 텍스트」를 가져와서 “베트남”을 입력한다.

⑦ ⑥번 조건식이 참이라면 웹뷰어에 베트남관광 홈페이지를 입력하기 위해, [웹뷰어1] 컴포넌트를 선택 후  블록을 그러면 홈에 끼워준다.

⑧ [텍스트] 공통블록에서  「빈칸 텍스트」를 가져와서 “http://travel.tourism.vn” 을 입력한다.

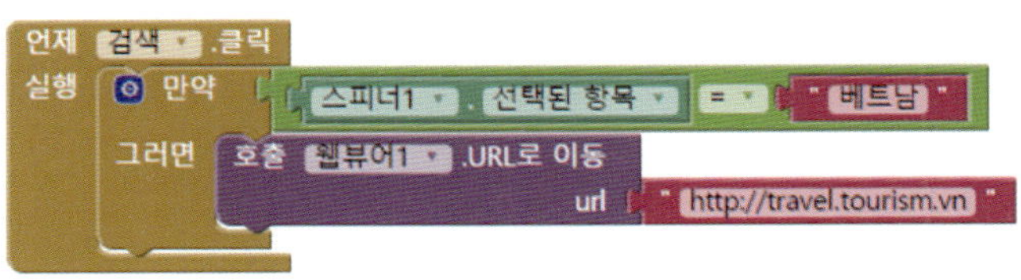

⑨ 여행지가 여러 개이므로 조건식을 복사하여 편리하게 사용할 수 있다.

베트남 : http://travel.tourism.vn 일본 : http://www.welcometojapan.or.kr/ 한국 : http://korean.visitkorea.or.kr/ 호주 : http://www.australia.com/ko-kr 싱가포르 : http://www.yoursingapore.com/

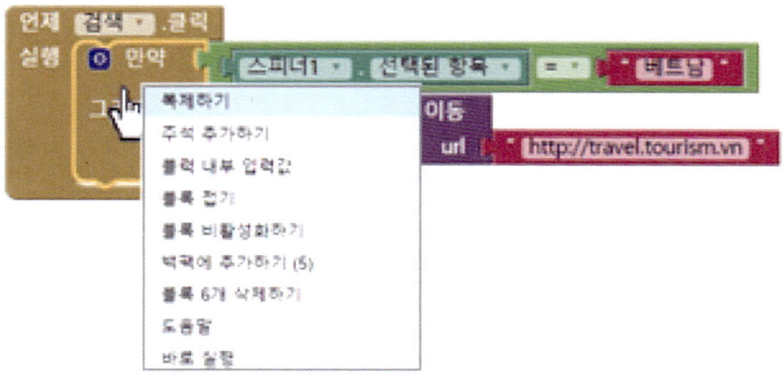

 「만약 참이다. 그러면」 블록에 커서를 두고 [단축메뉴] – [복제하기] 한다.

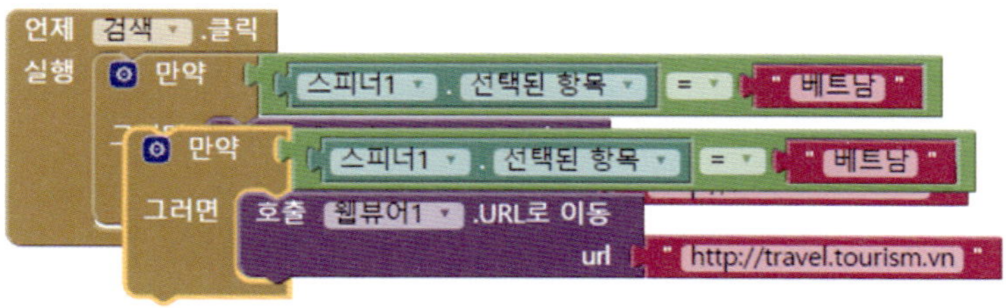

같은 블록이 복사되면, 아래에 끼워준 후, url을 변경한다.

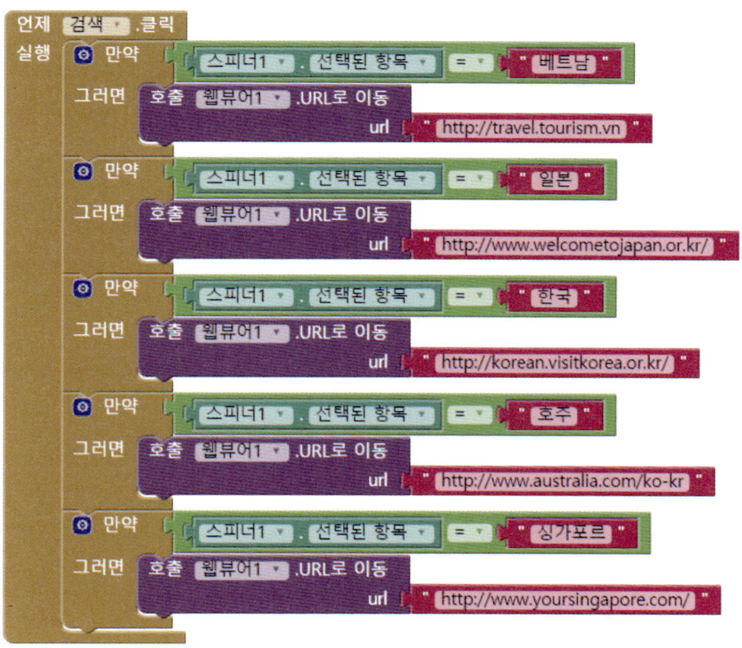

Chapter 5. 정리하기

1 소프트웨어 개발 방법론이란, 소프트웨어 개발의 생산성과 품질 향상을 목적으로 소프트웨어 개발 전 과정에 지속적으로 적용할 수 있는 방법, 절차, 기법 등을 말한다.

2 하나의 소프트웨어를 개발하기 위해서 요구사항을 분석 및 설계하고, 설계된 내용을 개발자들에게 분배하여 개발한 후, 개발된 시스템을 하나의 유기적인 시스템으로 결합하는 과정을 개발 프로세스라고 한다.

3 개발 방법론이란, 개발 프로세스에 조직 구조와 기능들을 정의하여 정리한 것으로, 어떻게 하면 효과적이고 높은 품질의 소프트웨어를 개발하는가에 관심을 가지고 발전해 왔다.

4 소프트웨어 개발방법론의 진화

구분	1970년대	1980년대	1990년대	2000년대
핵심	구조적 기법	정보공학 기법	객체지향 기법	애자일 기법
특징	프로세스 중심	데이터 중심	객체 중심	반복적 개발 중심
종류	폭포수 모델	프로토타이핑 모델	CBD기법	스크럼

5 소프트웨어 개발 방법론이 필요한 이유?
- 소프트웨어 개발의 체계화, 정형화를 통해 지속적으로 동일한 품질을 보장하기 위함
- 소프트웨어 생명주기 : 계획 〉 요구분석 〉 설계 및 구현 〉 테스트 〉 유지보수

6 폭포수 모델 : 소프트웨어 개발 생명주기 이론에 기초하여 소프트웨어 개발 전 과정에 대해 명확하게 단계화하여 나타낸 개발 방법론
- 단계 : 계획 수립 〉 요구분석 〉 설계〉 구현 〉 테스트 〉 인수 설치와 유지보수
- 장점 : 절차가 간편하고 이해하기 쉬우므로 관리하기가 용이하다.
- 단점 : 단계별로 오류없이 명확하게 진행해야만 다음 단계를 진행할 수 있으므로 프로젝트 지연이 발생할 수 있다.

7 이번 장에서 사용한 앱 인벤터의 컴포넌트들
(1) 웹 뷰어 : 원하는 홈페이지를 보여줄 수 있는 컴포넌트
(2) 액티비티 스타터 : 카메라 앱, 특정 검색어가 포함된 웹 페이지 등 새로운 홈페이지를 열 때 사용하는 컴포넌트
(3) 스피너 : 여러 가지 목록을 팝업창으로 보여주는 컴포넌트
(4) 시계 : 스마트 기기 내부의 시계로 정해진 시간이 지나면 알려주는 컴포넌트

Chapter 5. 연습문제

1 소프트웨어 개발방법론에 대한 설명이다. 올바르지 않은 것은?

① 소프트웨어의 생산성 향상을 목적으로 한다.

② 소프트에어의 품질 향상을 목적으로 한다.

③ 각각의 개발자의 특성에 맞게 개발절차를 정하는 과정이다.

④ 비즈니스 특성에 맞는 개발절차를 표준화한 과정이다.

2 소프트웨어 개발 방법론의 진화 과정에 대한 설명이다. 올바르지 않은 것은?

① 1970년대에는 프로세스 중심의 폭포수 모델을 개발하였다.

② 1980년대에는 데이터 중심의 프로토타이핑 모델을 개발하였다.

③ 1990년대에는 객체 중심의 CBD기법을 개발하였다.

④ 2000년대에는 컴포넌트 중심의 스크럼 기법을 개발하였다.

3 소프트웨어 개발 생명주기에 대한 설명이다. 올바르지 않은 것은?

① 계획 〉 설계 〉 구현 〉 요구분석 〉 테스트 〉 유지보수로 구성된다.

② 계획 : 사용자 문제 정의 및 시스템 기능과 성능요건을 파악한다.

③ 설계 : SW 구조와 구성요소를 파악하여 입출력을 정의한다.

④ 구현 : 설계 사양서를 실행 가능한 모습으로 코딩한다.

4 소프트웨어 개발 방법론이 필요한 이유이다. 올바르지 않은 것은?

① 경험 축적 및 재활용을 통한 개발 생산성을 향상하기 위함이다.

② 소프트웨어 개발을 서둘러 부실한 결과를 가져오기 위함이다.

③ 정형화된 절차와 표준용어를 제공함으로써 의사 소통 수단을 제공하기 위함이다.

④ 프로세스 개발 단계별로 산출물을 검토하여 시행착오를 감소하기 위함이다.

5 폭포수 모델에 대한 설명이다. 올바르지 않은 것은?

① 계획 수립 : 문제를 정의한 후 개발 범위를 정의한다.

② 요구분석 : 사용자가 요구하는 기능적 요구사항과 비-기능적 요구사항을 파악한다.

③ 설계 : 단위 프로그램을 통합하여 테스트한다.

④ 유지보수 : 시스템의 결함수정, 기능 보강 등을 처리한다.

6 폭포수 모델의 장점 및 단점에 대한 설명이다. 올바르지 않은 것은?

① 사용자가 중간에 다음 단계의 가시적인 결과를 볼 수 있다.

② 폭포수 모델은 절차가 간결하고 이해하기 쉽다.

③ 소프트웨어 개발 절차가 순차적으로 진행되어 단계별 산출물이 명확하다.

④ 새로운 사용자 경험을 설계에 반영하기 어렵다.

Chapter 6.

SW개발 방법론2 프로토타이핑 모델

6.1 소프트웨어 개발 방법론

소프트웨어 개발의 생선성과 품질을 향상시키기 위해 좀 더 나은 방법, 절차, 기법 등이 진화해 왔다. 그 중 1980년대에 정보공학기법중심의 자료 구조에 중점을 둔 방법론으로 사용하던 모델이 프로토타이핑 모델이다. 이번 장에서는 프로토타이핑 모델에 대해 알아보고 이를 중심으로 팀별 회의를 진행해보고자 한다.

▪ SW개발 방법론의 진화

1970년대	1980년대	1990년대	2000년대
[구조적기법] 기능중심	[정보공학기법] 자료구조중심	[객체지향기법] 객체, 컴포넌트중심	[애자일기법] 방법론중심
〈특징〉 정형화된 분석 절차에 따라 사용자 요구사항을 파악하여 문서화하는 체계적인 분석이론 ***프로세스 중심***	**〈특징〉** 자료를 중심으로 비교적 안정적인 방식 ***데이터 중심***	**〈특징〉** 객체지향 기법을 활용하여 시스템을 구축하는 방식 ***객체중심*** 재사용이 가능한 ***컴포넌트 중심***	**〈특징〉** 개발 프로세스 기간을 작은 단위로 쪼개어 반복적 개발과 피드백을 진행하는 방식 ***반복적 개발 중심***
〈종류〉 폭포수 모델	**〈종류〉** 폭포수 모델 프로토타이핑모델	**〈종류〉** 반복적 개발 CBD기법	**〈종류〉** 익스트림 프로그래밍 스크럼

6.2 프로토타이핑 모델

프로토타이핑 모델은 구조적 방법론이 조직의 전략과 정렬이 부족하다는 점에서 등장하게 되었다. 기업의 전체 또는 특정 부문의 정보시스템의 계획, 분석, 설계, 구현을 위하여 ISP(Information Strategy Planning 정보전략계획)[1]와 같은 정형화된 기술적 방법을 이용하는 *데이터중심*의 개발 방법론이 정보공학 방법론이다.

고객이 소프트웨어 제작을 의뢰할 때, 고객은 스스로도 자신이 원하는 것이 무엇인지 구체적으로 모르거나, 요구사항이 어떻게 바뀔지 모르는 경우가 있다. 그리하여, 개발자는 불완전한 요구사항을 가지고 프로젝트를 진행하게 된다. 이러한 경우 유용하게 사용되는 방법이 프로토타입 모델이다.

프로토타입의 가장 큰 특징은 고객의 요구사항을 *설계*하여 '시제품'으로 *개발*하여 고객이 중간 *평가*함으로서 요구사항에 만족하는지 평가하고, 고객의 요구사항을 다시 반영할 수 있다는 것이다.

1) 조직의 전략적 목표를 지원하는 경영전략 수립. 업무 전반에 걸친 거시적 분석

1 프로토타입 모델의 구성 단계

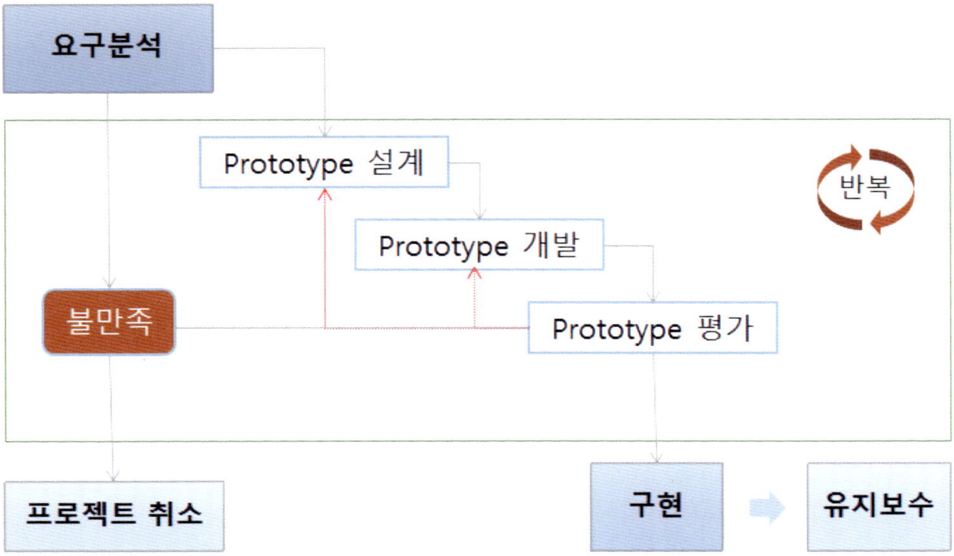

그림1. 프로토타입(Prototype Model) 모델

① 요구사항 수집

: 고객과 개발자가 만나 소프트웨어의 요구사항을 수집한다.

: 소프트웨어의 목적을 정의하고 핵심기능과 구체적으로 정의해야할 영역을 정의한다.

: 커다란 윤곽을 잡는다고 생각하고 작업한 후, 순환반복을 통해 정리해 나간다.

② 프로토타입 설계

: 사용자 인터페이스에 맞춰 설계한다.

: 개발자는 포함하는 기능과 포함하지 못하는 기능을 분류하여 정리해둔다.

③ 프로토타입 개발

: 설계한 프로토타입을 구현한다.

: 고객이 요구하는 기능을 구현하는데 필요한 요소를 파악하는데 중점을 둔다.

: 상호연동이나 오류관리, 데이터 검증 등은 최소화하거나 무시한다.

④ 프로토타입 평가

: 프로토타입 모델에서 가장 중요한 단계

: 고객과 개발자가 함께 평가하여 요구사항을 정제하는 단계이다.

⑤ **구현**

: 표준 코딩 스타일을 지켜 코딩하는 단계

⑥ **유지보수**

: 유지보수(결함 수정, 기능 보강, 예방 등) 단계

2 프로토타입 모델 특징

- 고객이 요구하는 소프트웨어의 요구사항이 무엇인지 식별하여 사용자와 시스템간의 인터페이스에 초점을 맞춰 개발한다.
- 고객으로부터 피드백을 얻은 후에 버리는 경우도 있으나 원하는 시스템 기능 중 중요한 부분만 구현하여 피드백을 얻은 후 계속 발전하여 완제품을 만들어 낼 수 있다.
- 이 모델에서 가장 중요한 점은 프로토타입을 가능한 빨리 개발한 후 고객의 요구를 반영하기 위해 수정하는 데 있다.

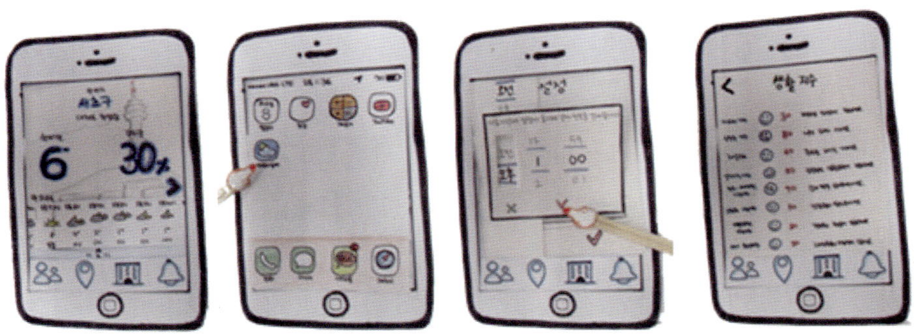

그림2. 종이 프로토타입

(출처:http://blog.naver.com/aeri0122choi/220859073786)

3 프로토타입 모델의 장점과 단점

[프로토타입 모델의 장점]

- 고객의 요구사항이 실현가능성이 있는지 의문을 가질 때 유용하게 사용된다.
- SW개발 과정 중에 가시적인 결과인 프로토타입이 개발자와 사용자 간의 의사소통의 도구로 사용되어 원활하게 대화할 수 있다.
- 사용자는 초기 프로토타입을 사용함으로써 예상치 못한 새로운 요구사항을 발견할 수 있다. 최종적으로, 만족한 소프트웨어를 받음으로서 유지보수에 필요한 노력과 시간을 줄일 수 있다.

[프로토타입 모델의 단점]

- 반복적인 소프트웨어 개발로 인력 투입과 비용 산정이 어렵다.
- 적절하지 않은 시스템의 내부구조를 포함할 가능성이 존재한다.
- 프로토타이핑에 따른 추가 비용이 들 수 있다.

(출처 : http://gisulsa.tistory.com/230)

> i 도서관리 시스템이 대출관리 및 예약관리, 회원 등록 및 삭제, 구입 목록 관리 기능을 담당한다고 할 때, 프로토타입은 대출을 위한 데이터 입력이나 대출 목록 검색 및 출력 기능을 스크린 상에서 수행되도록 구성할 수 있다.
> 기계, 자동차, 전자, 전기, 항공, 토목, 건축, 교육, 의료 산업에서 주로 사용하며, 특히 IT산업에서 활용도가 높다. (네이버 시사상식사전)

4 프로토타입 모델 이해하기

다음은 프로토타입 모델링 이해를 돕기 위한 동영상입니다.

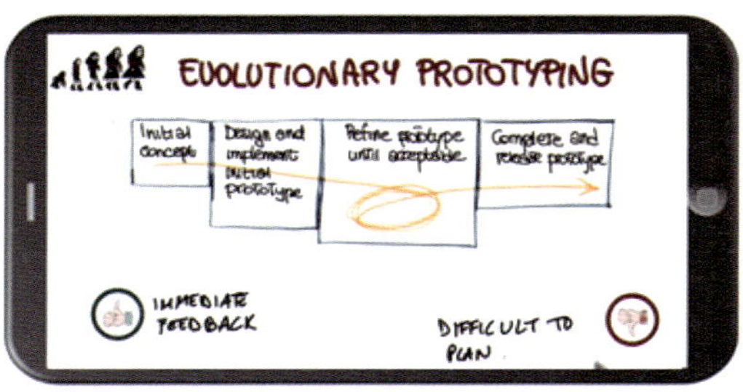

QR code

프로토타입 모델이란

출처: https://www.youtube.com/watch?v=bAEnaGG8Otc (2분)

다음은 간단한 프로토타입 모델에 참고 동영상입니다.

QR code

종이 프로토타입 모델

출처: https://www.youtube.com/watch?v=yafaGNFu8Eg&t=23s (2분51초)

다음은 게임 앱을 만들기 위한 프로토타입 참고 동영상입니다.

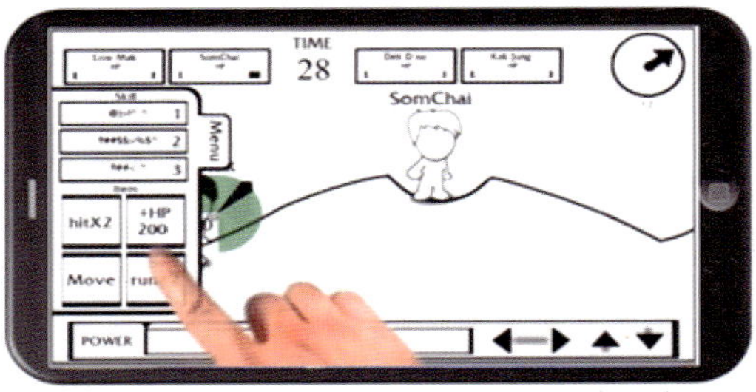

QR code

게임 프로토타입 모델

출처: https://www.youtube.com/watch?v=zxp4ur_3mCw (3분)

이 영상은 계원예대 학생들이 만든 종이 프로토타입 모델입니다.

QR code

종이 프로토타입 모델

출처: https://www.youtube.com/watch?v=bTEQGsgzJiU&t=69s (3분)
https://www.youtube.com/watch?v=JMjozqJS44M&t=2s 종이 프로토타입(7분)
https://www.youtube.com/watch?v=KWGBGTGryFk 디지털 프로토타입(10분)
oven
https://www.youtube.com/watch?v=lusOgox4xMI native 프로토타입(7분)

UA. 팀회의 진행하기

▪ 약을 빼먹지 않고 먹을 방법 찾기

그룹활동 워크시트

주제 : ________________ ________ 분반 ______ 조

<table>
<tr>
<td>

1단계. 계획

문제정의 – 5분

개발범위, 경제적, 기술적, 법적타당성과 일정 계획하기

개인별로 2가지 이상 적으세요.

개발범위 :
경제적 :
기술적 :
법적타당성 :
일정 : 5월 10일까지 완료

인터뷰 1.

</td>
<td>

2단계. 요구분석

요구사항 명세서 – 5분

사용자가 원하는 What에 초점, How는 고려하지 않음

개인별로 2가지 이상 적으세요.

1. 알람 기능을 사용하여 약먹을 시간 알려주기
2. 혹시, 잊어버리는 경우 다시 알리기

역할 바꾸기 & 반복 인터뷰 2.

</td>
</tr>
</table>

1 계획

약을 빼먹지 않고 먹기 위해 어떤 앱을 만들 수 있을까?

- 개발범위 :
- 경제적 :
- 기술적 :
- 법적 타당성 :

2 요구분석

- 요구사항1 :
- 요구사항2 :

2단계. 요구분석 → 빠른설계 → 프로토타입 개발 → 평가(1) ______ 조

분석과 설계 - 5분
요구사항을 분석하고 기능의 제약사항을 고려하여 How의 관점으로 기술

개인별로 2가지 이상 적으세요.

'시계' 기능을 사용하여 약먹을 시간 알리기
'시간선택' 기능으로 시간 선택하도록 하기
잊어버리는 경우를 대비하여 추가 알림 기능 넣기

설계 - 5분
구조설계, 사용자 인터페이스 설계

3 설계

알림 기능을 사용하여 약 먹을 시간을 알려주는 앱을 설계한다.
- "구조설계"에 넣지 못하는 세부적인 사항은 "분석과 설계"에 기술한다.

2단계. 요구분석 → 빠른설계 → 프로토타입 개발 → 평가(2) ______ 조

분석과 설계 - 5분
요구사항을 분석하고 기능의 제약사항을 고려하여 How의 관점으로 기술

개인별로 2가지 이상 적으세요.

'시계' 기능을 사용하여 약먹을 시간 알리기
'시간선택' 기능으로 시간 선택하도록 하기
잊어버리는 경우를 대비하여 추가 알림 기능 넣기

상단 바에 약먹기 기능 항상 알리기
약먹을 시간 리스트로 관리하기

설계 - 5분
구조설계, 사용자 인터페이스 설계

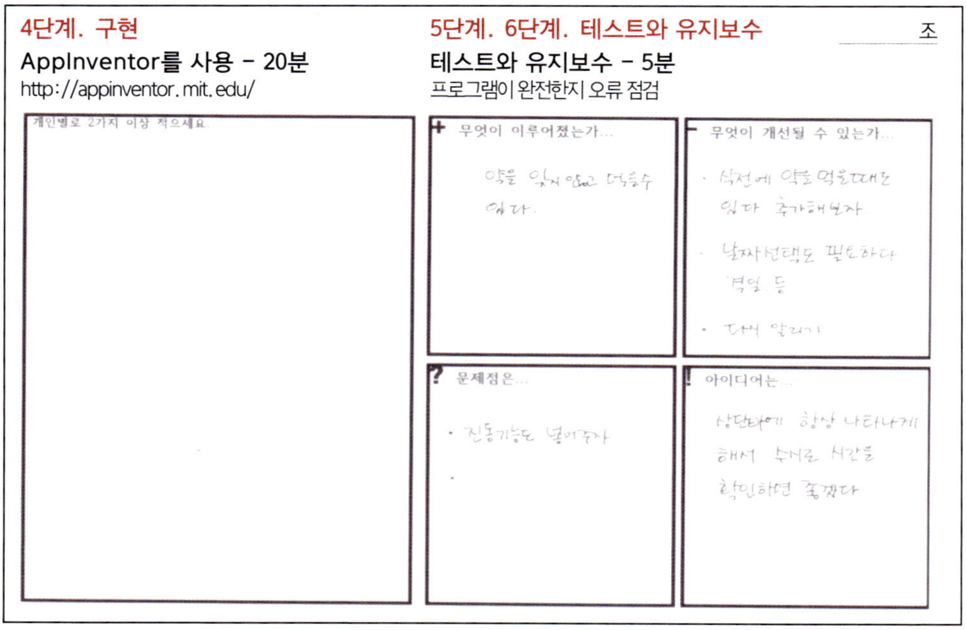
4단계. 구현

AppInventor를 사용 - 20분

http://appinventor.mit.edu/

개인별로 2가지 이상 적으세요

5단계. 6단계. 테스트와 유지보수

조

테스트와 유지보수 - 5분

프로그램이 완전한지 오류 점검

\+ 무엇이 이루어졌는가...

약을 잊지 않고 먹을수 있다.

\- 무엇이 개선될 수 있는가...

· 식전에 약을 먹을때도 있다 추가해보자

· 날짜선택도 필요하다 평일 등

· 다시 알리기

? 문제점은...

· 진동기능도 넣어주자

·

! 아이디어는...

상단바에 항상 나타나게 해서 수시로 시간를 확인하면 좋겠다

4 구현

Appinventor를 이용하여 앱을 구현한다.

5 테스트와 유지보수

Appinventor에서 작성한 앱을 테스트해본다.
문제점과 개선사항에 대한 내용을 적어본다.

AppInventor 실습하기1

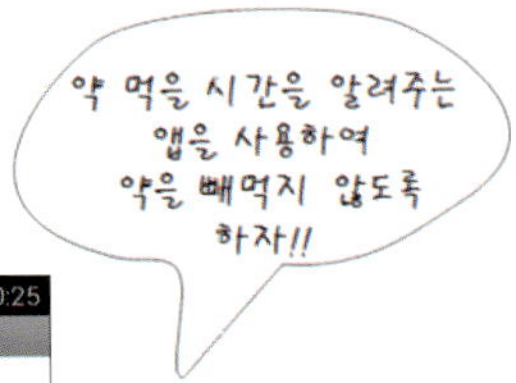

▪ 실습1. 10분 후 알려주기(TimerAlarm.aia)

텍스트 상자에 1분 단위로 입력한 후에 [분 후 알려주기] 버튼을 누르면, 지정한 시간이 지난 후에 알림창과 소리로 알려주는 애플리케이션

▪ 컴포넌트 설명

알림	: 작은 경고창에 알림글을 띄움. 일시적인 알림을 보여주는 컴포넌트
플레이어	: 5초 이상의 소리 재생에 사용. .wav, mp3 등의 소리파일과 연결하거나 진동을 실행하는 컴포넌트
시계	: 핸드폰 내부 시계를 사용하여 정해진 시간을 알려주거나, 지정한 시간에 이벤트를 할 수 있는 컴포넌트

▪ 블록 설명

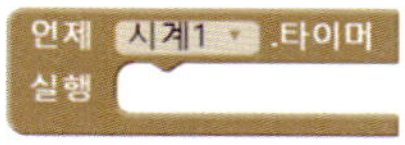

: 시간이 갈 때 실행할 이벤트를 넣어주는 블록

: 알림 블록에 들어오는 내용을 경고창으로 나타내는 블록

: 플레이어에 연결된 소리 파일을 시작하는 블록

: 플레이어에 연결된 소리 파일을 정지하는 블록

: 시계1이 표시하는 시간을 "날짜, 시간" 형식으로 보여주는 블록

: 시계 형식의 "인스턴트" 값으로 사용하며, 현재 시스템의 시간을 말한다.

: 시계 형식의 "pattern"을 설정해 줄 때 사용이 가능하다.

▪ 시계 컴포넌트에서 알아야 할 것

타이머 항상 작동 : 타이머 항상 작동에 체크하면 활성여부에 관계없이 쉬지않고 작동한다.

타이머 활성 여부 : 활성, 비활성의 값을 조절하여 타이머를 작동하게 하거나 멈추게 할 수 있다.

시계는 2개를 넣어 시계1은 현재시간을 보는 용도로 사용하고, 시계2는 타이머의 용도로 사용하는 것이 편리하다. 시간이 눈에 보이지 않으면 작동여부를 확인하는 것이 불확실하기 때문에 현재시간을 보는 것이 좋다.

■ 앱 디자인하기

지정한 시간이 지나면 알람이 울리는 앱을 작성해보자.

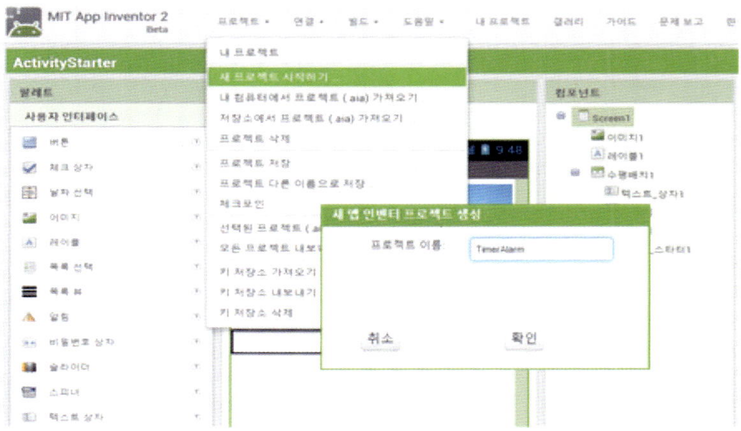

① [프로젝트]-[새 프로젝트 시작하기...]-프로젝트 이름을 "TimerAlarm" -[확인]

② [이미지] 컴포넌트를 넣고, 너비와 높이를 "200"pixels로 변경한다.
사진은 "timer.png"로 선택한다.

③ [레이블] 컴포넌트를 넣고, 컴포넌트 이름과 텍스트를 "현재시간"으로 변경한다.

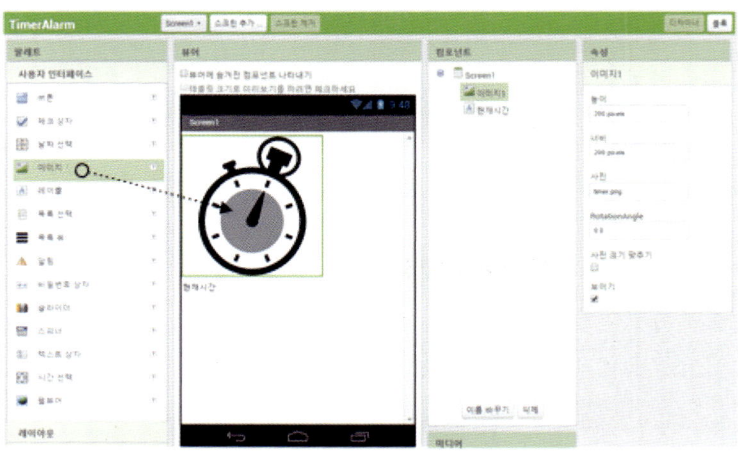

④ [레이아웃] 팔레트에서 [수평배치] 컴포넌트를 넣고 "속성"창에서 너비를 "280" pixels 로 변경한다. 글꼴 크기는 "20"으로 변경한다.

⑤ 이 [수평배치] 컴포넌트 안에 [텍스트 상자] 컴포넌트와 [버튼] 컴포넌트를 넣는다. [텍스트_상자1] 는 너비 "부모에 맞추기"로 선택하고, 힌트를 삭제한다. [버튼1]의 컴포넌트 이름과 텍스트는 "분 후 알리기"로 변경한다.

⑥ [Screen1] 을 선택 후 수평정렬 "중앙"으로 선택하고, 수직정렬 "가운데"로 선택한다.

⑦ 앱 작성에 필요한 요소를 추가한다. [사용자 인터페이스] 팔레트에서 [알림] 컴포넌트를 추가하고, [미디어] 팔레트에서 [플레이어] 컴포넌트를 추가한다.

⑧ 이때, 플레이어 컴포넌트에는 "timerAlarm.mp3"를 연결한다. 소스가 연결되어있지 않으면 실행시 오류가 나타난다. 반복에 체크하면 계속 알린다.

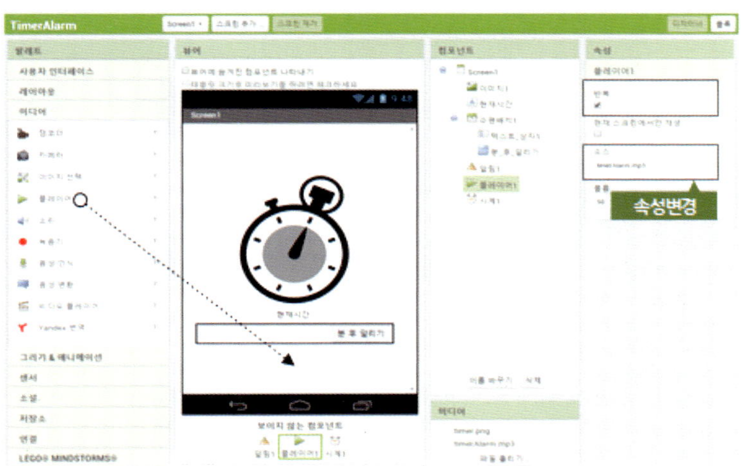

⑨ 다음은 현재시간을 알려주기 위한 시계1 추가와 알람 시간을 체크하기 위한 시계2를 추가한다. 타이머 간격 값은 "1000"=1초 이다. 이 수치는 1초 마다 이벤트를 발생한다는 의미를 가지고 있다. 속성값의 타이머 항상 작동은 체크를 해제한다.

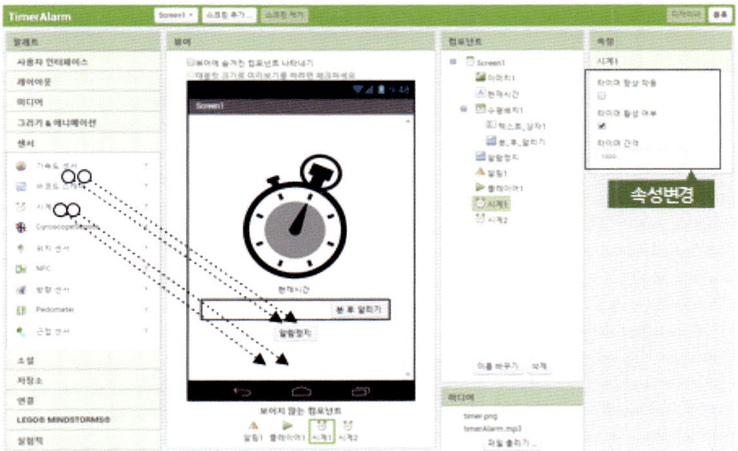

⑩ 알림이 울리면 끄기 위한 버튼을 추가하고, 컴포넌트 이름과 텍스트 이름을 "알람정지"로 변경한다.

▶ 앱의 아이콘에 그림파일을 넣지 않고, 소리파일을 연결 했을 때 나타나는 오류

[빌드] - [앱(.apk 용 QR코드 제공)]을 선택하면 아래 오류가 나타난다.

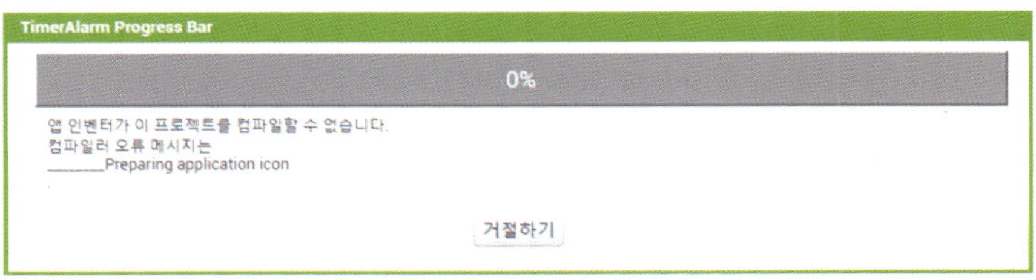

▪ 블록 코딩

다음으로 프로그램을 실행하기 위한 블록 코딩을 해봅시다. 오른쪽 상단의 [블록]버튼을 클릭한다.

우리가 해야 할 일을 정리해보자.

> [시계1]은 단순히 현재 시간을 알려주는 기능으로 사용한다.
> [분 후 알리기] 버튼을 클릭하면 텍스트 상자에 입력된 시간을 사용하여 알람 기능을 시작한다.
> [시계2]는 "알람"과 "스텝" 변수를 사용하여 알람 시간을 체크하고, 알람=스텝이 되면, 플레이어와 알림이 작동한다.
> [알람정지]는 플레이어와 알림을 종료한다.

① 공통블럭 중 [변수]에서 

「전역변수 초기화」 블록을 "뷰어" 창에 두고, 변수의 이름을 "알람"으로 변경한다. 이 변수는 [텍스트 상자1]에서 입력되는 값을 저장하는 변수이다.

「전역변수 초기화」 블록을 하나 더 "뷰어" 창에 두고, 변수의 이름을 "스텝"으로 변경한다. 이 변수는 1초 씩 증가할 때마다 카운트 되는 값을 저장할 변수이다. 두 변수 모두 초기화 값은 "0"으로 채워둔다.

② [시계1]의 타이머를 사용하여 시계가 가지고 있는 기능 중, "날짜 시간 형식"을 [현재시간] 레이블의 텍스트값으로 보여준다. 단순히 시간을 알려주기 위한 용도이다. 이때, *지금* 시간을 *"월/일/년 시간:분:초 오전"*의 패턴으로 사용한다.

③ [분 후 알리기]버튼을 클릭했을 때, [텍스트 상자1]에 입력받은 값을 "알람" 변수에 저장한다.
"1" 이 입력되면 "1 × 60초"를 계산하여 "60" 이라는 값이 "알람" 변수에 저장된다.
그리고, [시계2]의 타이머를 활성화한다.

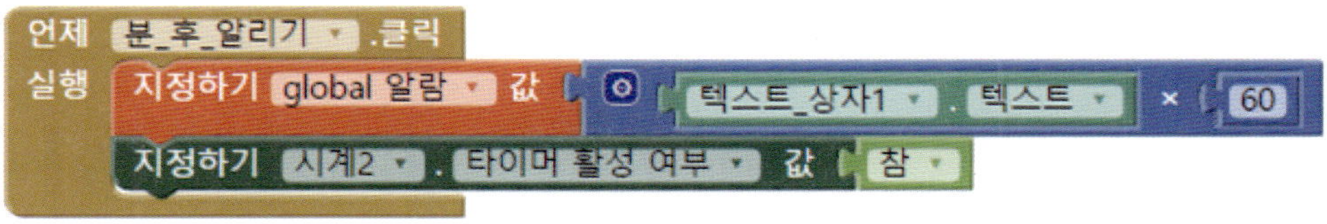

④ [시계1]는 0부터 시작하여 “타이머 간격” 값이 1000이라면, 1초마다 이벤트를 발생한다. 이때 가장 중요한 기능이 “스텝”의 값을 1초마다 1씩 증가시키는 것이다.

그리고 “스텝” 값이 “알람”값과 같아진다면, 플레이어와 알림을 실행한다.

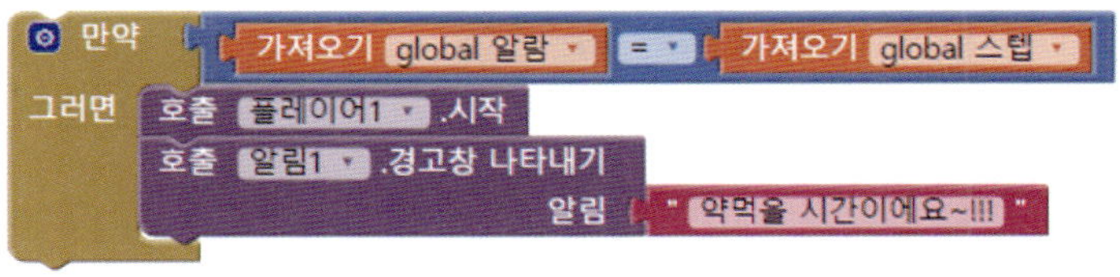

⑤ [알람정지]를 클릭하면, 플레이어와 알림을 정지하고, [시계2]의 타이머 활성 여부를 “거짓”으로 하여 멈추도록 한다. 코드는 아래 완성된 코드를 참고한다.

완성된 코드는 다음과 같다.

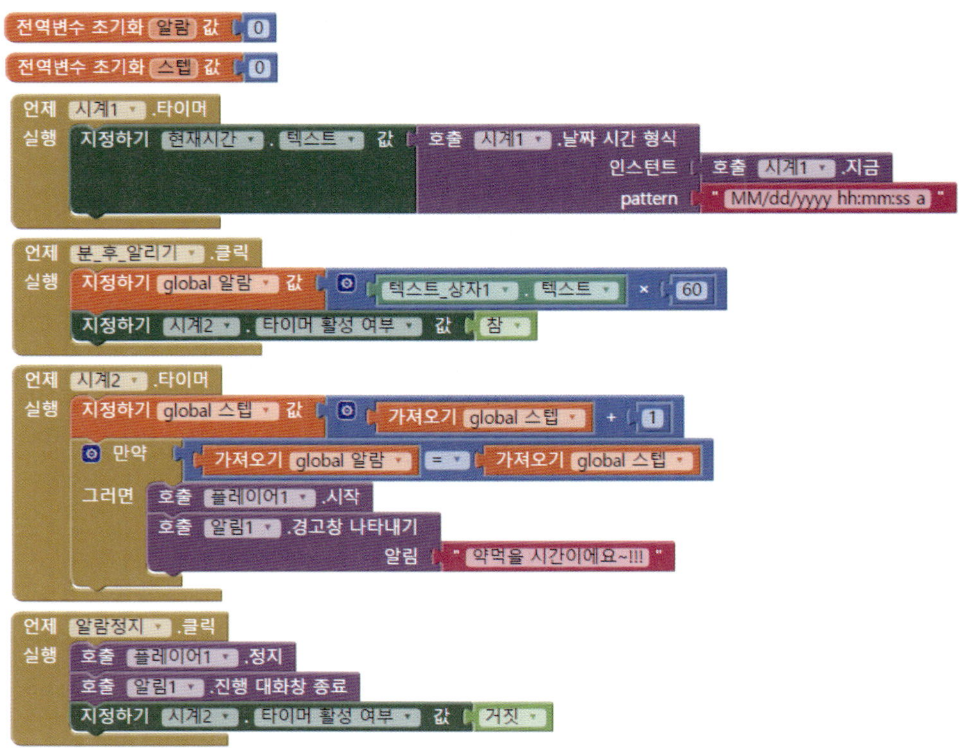

▶ 플레이어의 소스를 지정하는 방법은 2가지 이다.

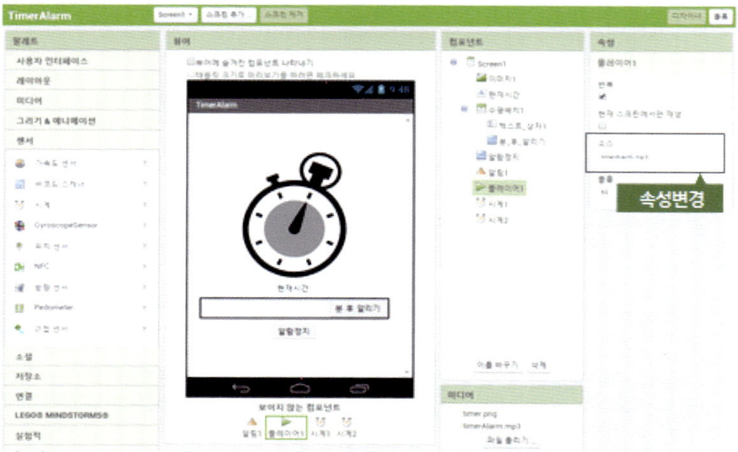

1) [플레이어] 선택 후 소스를 업로드하고, 속성창 “소스”를 선택하는 방법

2) 블록 코딩 화면에서  「지정하기 플레이어1. 소스」 블록을 선택하여 직접 파일 이름을 지정한 후 플레이어를 실행하는 방법

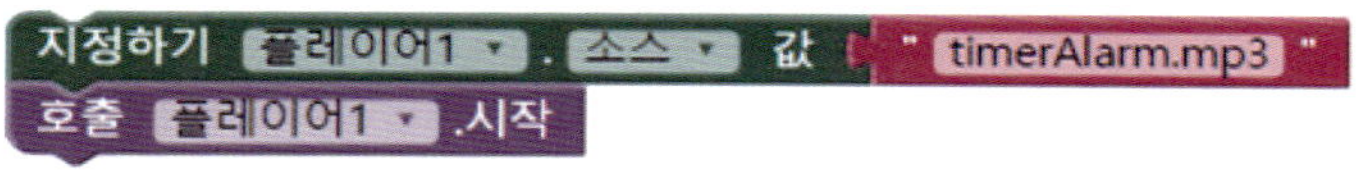

두 번째 방법은 실행할 파일이 많을 때 파일을 변경하여 플레이할 수 있다는 장점이 있다. 그러나, 오타가 있는 경우 파일을 찾을 수 없어 다음과 같은 오류가 발생하기 쉬우므로 주의해야한다.

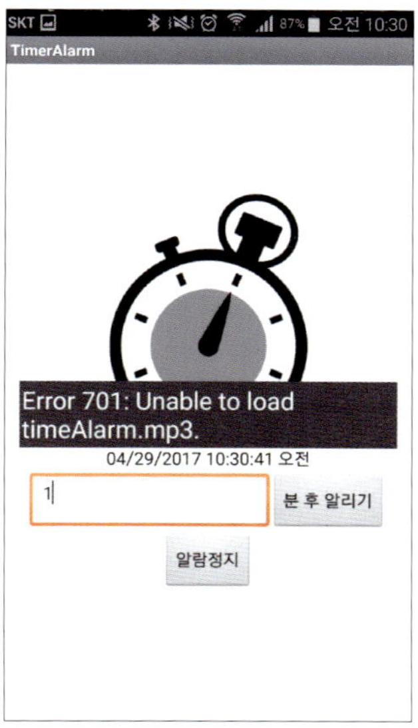

AppInventor 실습하기2

약 먹을 시간을 알려주는 앱을 사용하여 약을 빼먹지 않도록 하자!!

▪ 실습2. 선택한 시간에 알려주기(SelectAlarm.aia)

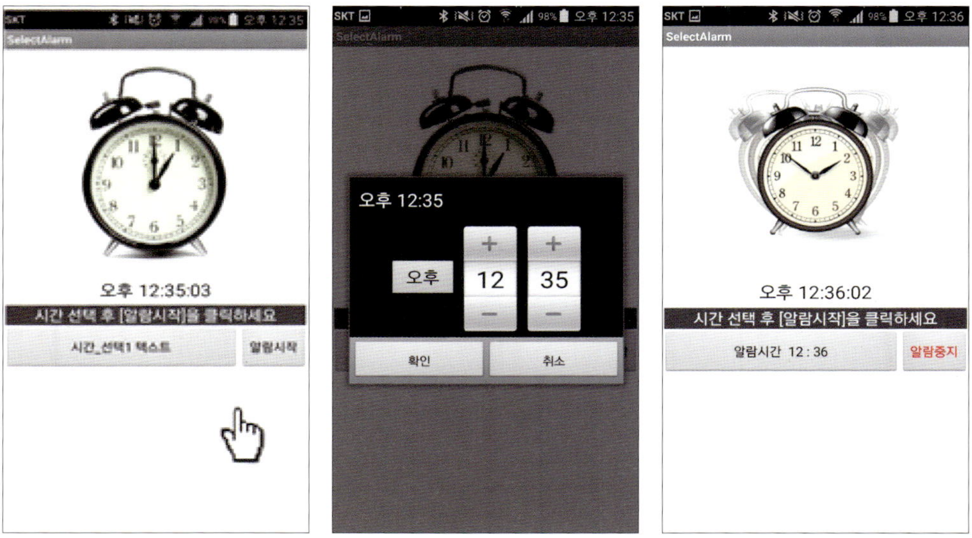

[시간선택] 컴포넌트를 사용하여 알람이 울릴 시간을 선택하고, “선택한 시간”과 “현재 시간”이 같으면 알람을 울리도록 한다.

▪ 컴포넌트 설명

시간 선택 : 시간과 분을 선택할 수 있도록 대화창을 보여주는 컴포넌트

▪ 블록 설명

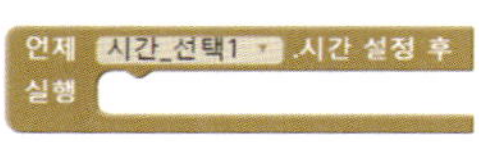

: 시간을 선택하는 대화창에서 시간과 분을 설정한 후에 실행할 내용을 넣어주는 블록

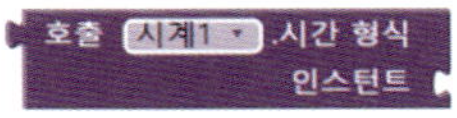

: 시계1이 표시하는 시간을 "시간" 형식으로 보여주는 블록

: 논리적으로 두 가지의 조건을 만족해야 하는 경우 사용하는 블록

: 논리값 "참" 또는 "거짓"을 저장하기 위한 변수

▪ 앱 디자인하기

선택한 시간이 현재시간과 일치하면 알람이 울리는 앱을 작성해보자.

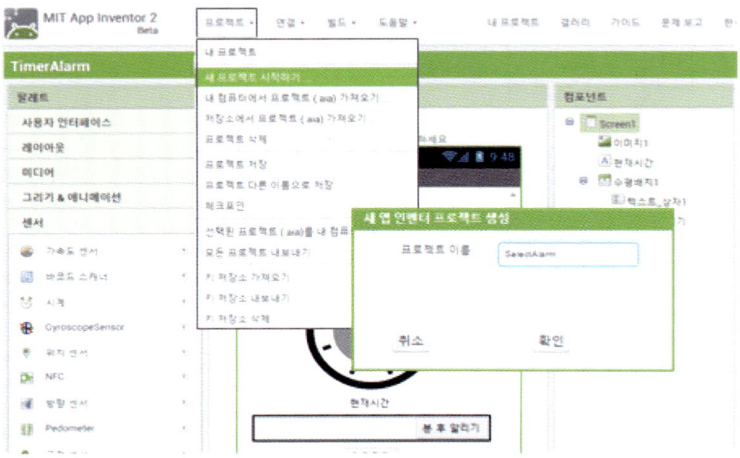

① [프로젝트]-[새 프로젝트 시작하기...]-프로젝트 이름을 "SelectAlarm" -[확인]

② [이미지] 컴포넌트를 넣고, 너비와 높이를 "250"pixels로 변경한다.
사진은 "clock1.jpg"로 선택한다.

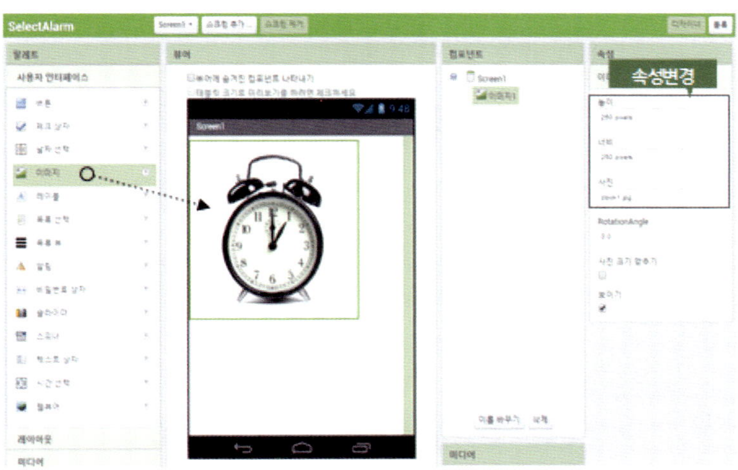

③ [레이블] 컴포넌트를 넣고, 컴포넌트이름과 텍스트를 “현재시간”으로 변경한다. 글꼴 크기는 “20”으로 변경한다.

④ [레이블] 컴포넌트를 넣고, 텍스트를 “시간 선택 후 [알람시작]을 클릭하세요”를 입력한다. 배경색 “어두운 회색”, 텍스트 색상 “흰색”, 글꼴크기 “17”, 너비 “부모에 맞추기”, 텍스트 정렬 “가운데”를 선택한다.

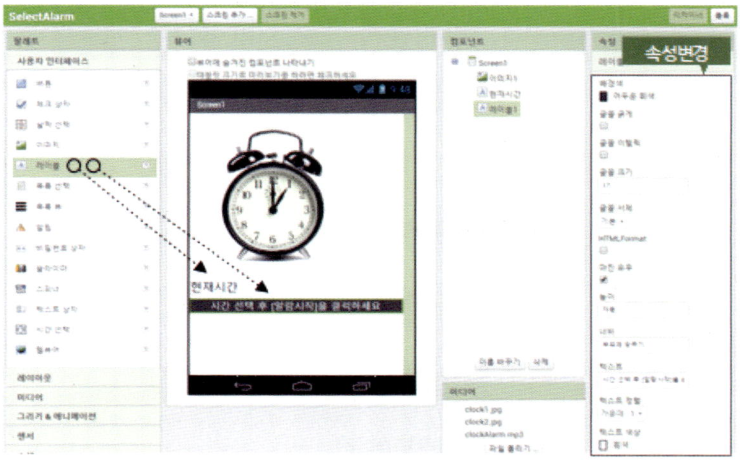

⑤ [레이아웃] 팔레트에서 [수평배치] 컴포넌트를 넣고 “속성” 창에서 너비 “부모에 맞추기”로 변경한다.

이 [수평배치] 컴포넌트 안에 [사용자 인터페이스] 팔레트에서 [시간 선택] 컴포넌트와 [버튼] 컴포넌트를 넣는다.

[시간선택] 컴포넌트는 너비 “부모에 맞추기”로 선택하고, [버튼] 컴포넌트의 컴포넌트 이름과 텍스트는 “알람시작” 으로 변경한다.

⑥ 컴포넌트 창에서 “Screen1”을 선택하고 수평정렬은 “가운데”를 선택한다.
제목은 “SelectAlarm”, 아이콘은 “clock1.jpg”를 선택한다.

⑦ [미디어] 팔레트에서 [플레이어] 컴포넌트를 넣고, 소스를 “clock1.mp3”를 선택한다.
그리고, 반복에 체크하여 [알람중지]를 누를 때까지 소리가 반복되도록 한다.

⑧ [센서] 팔레트에서 [시계] 컴포넌트를 2개 넣어준다. 시계는 모두 타이머 항상 작동에 체크를 해제한다.

⑨ [컴포넌트] 패널에서 Screen1을 선택하고, 수평정렬 “중앙”, 제목은 “SelectAlarm”, 아이콘은 “clock1.jpg”로 변경한다.

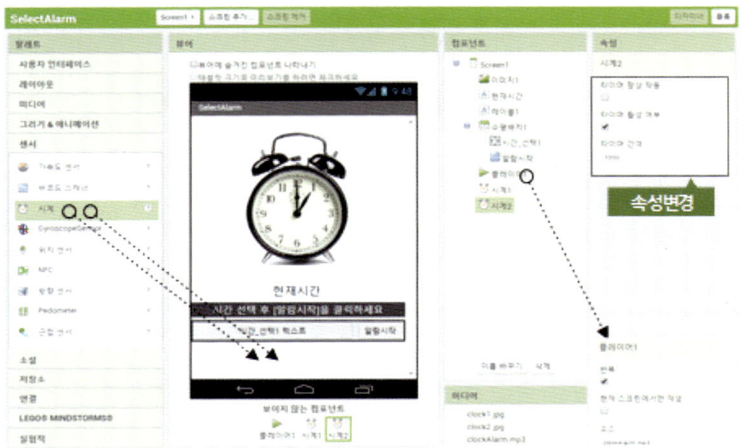

▪ 블록 코딩

오른쪽 상단의 **[블록]**버튼을 클릭하여, 코딩을 해보자.

우리가 해야 할 일을 정리해보자.

[시계1]은 단순히 현재 시간을 알려주는 기능으로 사용한다.
[시간_선택1] 버튼은, 클릭하면 대화상자가 나타나고 시간과 분을 선택할 수 있다.
시간은 “시간”변수에 저장해야하고, 분은 “분”변수에 저장해야 한다.
> [시간_선택1]에서 시간, 분을 선택한 후, 이 버튼의 텍스트에 선택한 시간을 표시한다.
[알람시작] 버튼을 클릭하면 알람시작버튼의 텍스트가 =“알람시작” 라면,
활성화 = 참, 텍스트를 “알람중지”로 변경
그렇지 않으면,
활성화 = 거짓, 텍스트를 “알람시작”으로 변경
[시계2]는 “저장된 시간=시계2의 시간” 그리고 “저장된 분=시계2의 분”
그리고 “활성화=참“ 일 때, 울린다.

① 공통블럭 중 [변수]에서  「전역변수 초기화」 블록을 "뷰어" 창에 두고, 변수의 이름을 "시간"으로 변경한다. 이 변수는 [시간_선택1] 컴포넌트에서 선택하는 시간 값을 저장하는 변수이다.

「전역변수 초기화」 블록을 하나 더 "뷰어" 창에 두고, 변수의 이름을 "분"으로 변경한다. 이 변수는 [시간_선택1] 컴포넌트에서 선택하는 분 값을 저장하는 변수이다.

「전역변수 초기화」 블록을 하나 더 "뷰어" 창에 두고, 변수의 이름을 "활성화"로 변경한다. 이 변수는 "참"과 "거짓"값을 가지며 [알람시작]버튼을 눌러 "참"일 때 시계2의 사용을 제어하기 위한 변수이다.

② [시계1]의 타이머를 사용하여 시계가 가지고 있는 기능 중, "시계1. 시간 형식"을 [현재시간] 레이블의 텍스트값으로 보여준다. 단순히 시간을 알려주기 위한 용도이다. 이때, *지금* 시간을 시간형식이 가진 기본 패턴인 *"오후 3:50:25"*으로 표시한다.

③ [시간_선택1] 컴포넌트 클릭 후 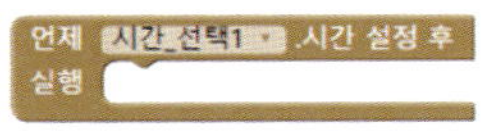 「시간_선택1. 시간 설정 후」 버튼을 "뷰어" 창에 둔다. [시간_선택1]에서 선택한 시간을 "시간" 변수에 저장하고, [시간_선택1]에서 선택한 분을 "분" 변수에 저장한다.
그리고, [시간_선택1]의 텍스트에 *"알람시간 시간 : 분"*과 같은 형식으로 지정한다. 이 시간은 사용자 의를 위한 것이며 를 이용하여 작성할 수 있다.

④ 이제 [알람시작]버튼을 클릭하면 알람이 작동된다. 알람 기능이 시작되는 것은 “[알람시작] 버튼의 텍스트”로 조절할 것이다.

[알람시작] 버튼의 텍스트가 “알람시작”이라면,

[활성화] 변수를 “참”, [알람시작] 버튼의 텍스트를 “알람중지”, 색상을 “빨강”으로 한다.

그렇지 않으면,

[활성화] 변수를 “거짓”, [알람시작] 버튼의 텍스트를 “알람시작”, 색상을 “검정”으로 한다.

활성화 값은 [알람시작] 버튼을 클릭하여 “참”값인 동안만 시계2의 알람 기능을 사용할 때 이용하고자 한다.

⑤ [시계2]는 다음 3가지 기능을 만족할 때, 플레이어를 시작하고, 사진을 “clock2.jpg” 변경한다. 그렇지 않으면, 플레이어를 정지하고, 사진을 “clock1.jpg”로 변경한다.

첫째, “분” 변수의 값=시계2의 지금 시간 중 *분*의 값

둘째, “시간” 변수의 값=시계2의 지금 시간 중 *시간*의 값

셋째, “활성화” 변수 = *참*

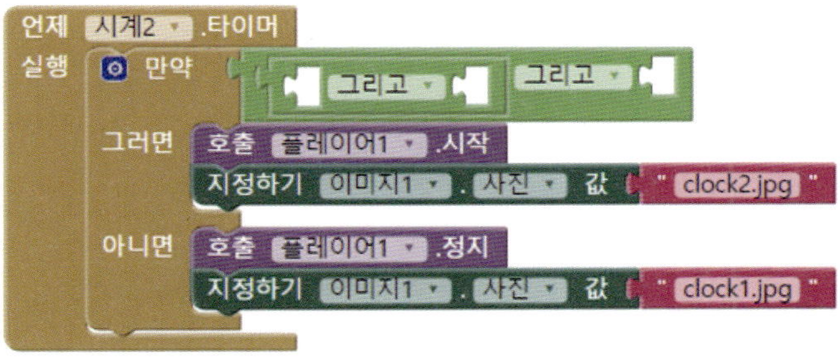

완성된 코드는 다음과 같다.

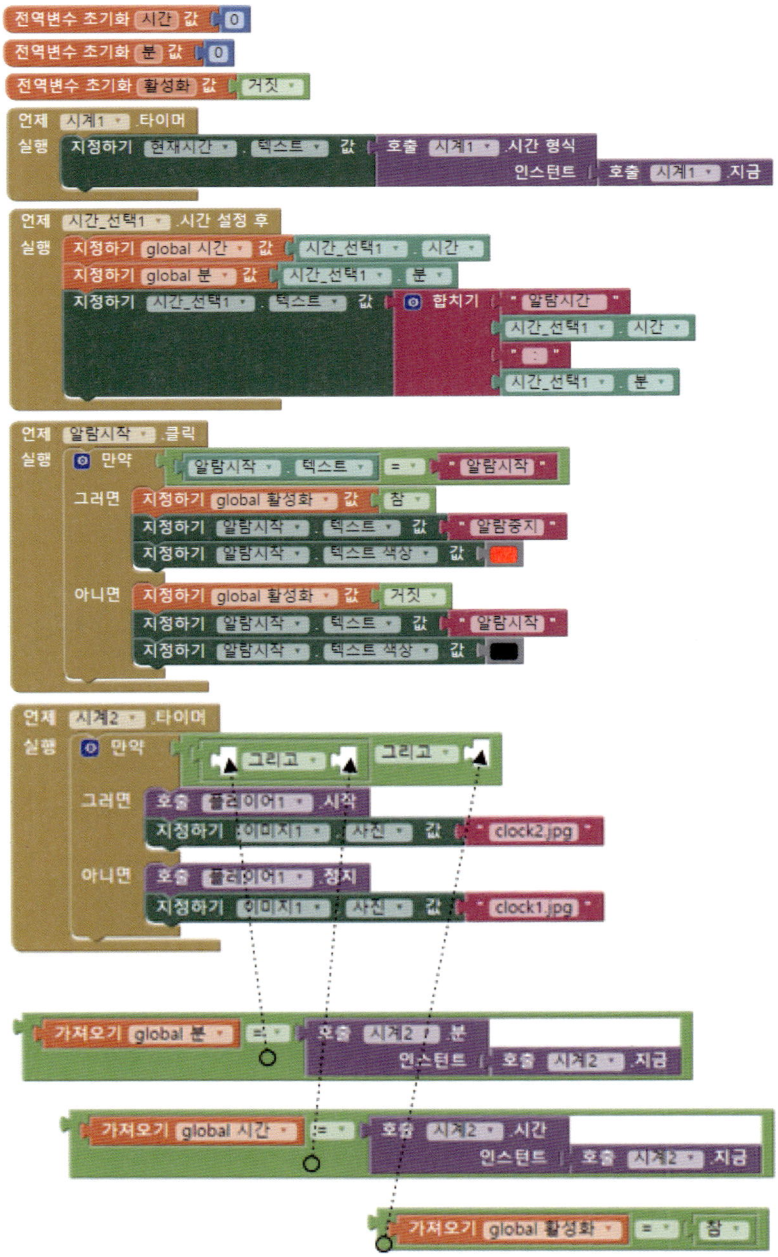

Chapter 6. 정리하기

1 1980년대 데이터 중심의 프로토타이핑 개발 방법론이 제안되었다. 이 방법은 구조적 방법론이 조직의 전략과 정렬이 부족하다는 단점을 보완하기 위해서 등장하였다.

2 프로토타이핑 기법은 정보전략계획(ISP: Information Strategy Planning)과 같이 정형화된 기술적 방법을 이용한다.

3 프로토타이핑 기법은 요구분석 〉 (1)프로토타입 설계 〉 (2)프로토타입 개발 〉 (3)프로토타입 평가 〉 구현 〉 유지보수로 구성된다. 이때 프로토타이핑 기법은 사용자의 요구사항을 만족할 때까지 반복적으로 설계하고자 노력한다.

4 프로토타이핑 기법의 장점과 단점

(1) 장점 : 소프트웨어 개발 과정 중에 가시적인 결과인 프로토타입이 개발자와 사용자 사이에 의사소통의 도구로 사용되어 원활하게 대화할 수 있다. 프로토타입을 사전에 개발해 봄으로써 소프트웨어를 개발하는 과정에서 유지보수에 필요한 노력과 시간을 줄일 수 있다.

(2) 단점 : 소비자가 원하는 소프트에어 결과물을 얻기 전에 프로토타입을 반복적으로 개발함으로써 반복적인 인력 투입과 비용 산저의 어려움이 발생할 수 있고, 적절하지 않은 시스템의 내부 구조를 포함할 가능성이 있다.

5 이번 장에서 사용된 컴포넌트들

(1) 알림 : 작은 경고창을 사용해서 일시적인 알림을 보여주는 컴포넌트

(2) 플레이어 : wav, mp3 소리 파일을 연결해서 5초 이상 소리를 재생할 수 있는 컴포넌트

(3) 시계 : 정해진 시간에 시간을 알려주거나 지정된 이벤트를 수행하는 컴포넌트

(4) 시간 선택 : 시와 분을 구분해서 선택할 수 있도록 나타내는 대화창을 보여줌

Chapter 6. 연습문제

1 소프트웨어 개발 방법론 중에서 프로토타입 기법에 대한 설명이다. 올바르지 않은 것은?

① 요구분석 〉 프로토타입 설계 〉 프로토타입 개발 〉 프로토타입 평가 〉 구현 〉 유지보수로 구성된다.

② 사용자가 만족할 때까지 프로토타입 설계 및 개발, 평가 과정을 반복적으로 수행한다.

③ 프로토타입 설계 과정에서 사용자가 포함할 기능을 분류한다.

④ 고객이 원하는 기능을 구현하는데 집중한다.

2 프로토타입 기법의 자세한 절차에 대한 설명이다. 올바르지 않은 것은?

① 프로토타입 설계 : 사용자는 포함할 기능과 포함하지 않을 기능을 분류한다.

② 프로토타입 개발 : 상호연동이나 오류관리, 데이터 검증 등은 최소화한다.

③ 프로토타입 평가 : 고객과 개발자가 함께 평가하여 요구사항을 정제한다.

④ 프로토타입 설계 〉 개발 〉 평가는 고객이 만족할때까지 반복적으로 실시한다.

3 프로토타입 기법의 장점과 단점에 대한 설명이다. 올바르지 않은 것은?

① 고객의 요구사항이 실현 가능한지 여부에 의문스러울 때 유용하다.

② 소프트웨어 개발 과정 중에 사용자와 개발자간에 의사소통에 무리가 따른다.

③ 반복적인 소프트웨어 개발 인력 투입의 단점이 있다.

④ 반복적인 프로토타입 개발에 따른 추가 비용이 소비된다.

4 이번 장에서 사용된 컴포넌트들에 대한 설명이다. 올바르지 않은 것은?

① 알림 : 일시적인 알림을 작은 경고창에 알려 줌

② 플레이어 : wav, mp3 소리 파일을 5초 이상 재생함

③ 시계 : 시와 분을 구분해서 알려줌

④ 시간 선택 : 시와 분을 선택할 수 있도록 대화창을 보여줌

Chapter 7.

SW개발 방법론3 애자일 모델

7.1 소프트웨어 개발 방법론

이번 장에서는 소프트웨어 개발 방법론 중 2000년대부터 사용하게 된 애자일 모델에 대해 알아보고 이를 중심으로 팀별 회의를 진행해보고자 한다.

▪ SW개발 방법론의 진화

1970년대	1980년대	1990년대	2000년대
[구조적기법] 기능중심	[정보공학기법] 자료구조중심	[객체지향기법] 객체, 컴포넌트중심	[애자일기법] 방법론중심
〈특징〉 정형화된 분석 절차에 따라 사용자 요구사항을 파악하여 문서화하는 체계적인 분석이론 ***프로세스 중심***	〈특징〉 자료를 중심으로 비교적 안정적인 방식 ***데이터 중심***	〈특징〉 객체지향 기법을 활용하여 시스템을 구축하는 방식 ***객체중심*** 재사용이 가능한 ***컴포넌트 중심***	〈특징〉 개발 프로세스 기간을 작은 단위로 쪼개어 반복적 개발과 피드백을 진행하는 방식 ***반복적 개발 중심***
〈종류〉 폭포수 모델	〈종류〉 폭포수 모델 프로토타이핑모델	〈종류〉 반복적 개발 CBD기법	〈종류〉 익스트림 프로그래밍 스크럼

7.2 애자일(Agile) 모델

애자일 방법론은 소프트웨어 개발 방법에 있어서 설계, 계획 그리고 문서작업에 집중하던 개발 방식에서 벗어나 실질적인 프로그램 코딩에 집중하는 개발 방법론이다. Agile의 의미는 '날렵한', '민첩한'이란 뜻을 가진 형용사로, 정해진 계획만 따르기보다 개발 주기를 가지고 끊임없이 프로토타입을 만들어 내고 그때그때 필요한 요구를 더하고 수정하여 하나의 커다란 소프트웨어를 개발해 나가는 방식을 뜻한다.

애자일 모델은 개발 환경을 고려해 고객과 개발자를 중심에 두고 고객이 개발 프로세스에 적극 참여해 작업의 우선순위를 정하고 개발 과정을 평가한다. 그리고 관리 보다는 협업을 중시한다. 대표적인 애자일 개발 프로세스의 방법으로는 익스트림 프로그래밍(XP: eXtreme Programming), 스크럼(Scrum), 크리스털 패밀리, Adaptive Software Development, 익스트림 모델링 등이 있다.

〈애자일의 원칙〉

- 최우선적인 목표는 고객을 만족시키기 위해 가치 있는 소프트웨어를 빨리, 지속적으로 제공하는 것이다.
- 개발 후반에 새로 추가되는 요구 사항도 기꺼이 받아들인다. 애자일 프로세스는 고객의 경쟁력을 위해 요구 사항의 변경을 받아들인다.
- 동작 가능한 소프트웨어를 짧으면 2주, 길면 2개월 간격으로 자주 고객에게 전달한다. 이때 간격은 짧을수록 좋다.
- 프로젝트가 진행되는 동안에 업무 담당자와 개발자는 매일 서로 의견을 주고받으며 함께 참여한다.
- 정보 전달을 위한 전화, 팩스, 인터넷 등 많은 매체 수단이 있으나 가장 효과적인 의사소통 방법은 역시 직접 만나 얼굴을 보면서 대화하는 것이다.
- 진척 사항의 척도를 나타내는 방법은 여러 도구로 표현할 수 있으나, 가장 좋은 방법은 실행 가능한 소프트웨어를 보여주는 것이다.
- 자율적 사고와 자유로운 분위기의 프로젝트 팀에서 최고의 아키텍처, 요구 사항, 설계가 나온다.
- 프로젝트의 효율성을 향상시키기 위해 개발 팀 스스로 정기적인 미팅을 진행하여 자신들의 행동을 되돌아보고 조율 및 수정한다.

참고 : 애자일 연합. 한빛아카데미 "쉽게 배우는 소프트웨어 공학"

1 CBD모델의 개발 프로세스와 개발 단계

애자일 개발은 가장 기본이 되는 1차 요구사항을 분석하여 개발한다. 문서로 말하면 문서의 작성, 저장기능, 불러오기 기능 등의 기본적인 개발을 한다. 사용자는 이러한 기본 기능이 만들어지면 빠르게 확인할 수 있다. 그 동안 개발자는 2차 개발을 진행할 수 있다. 애자일은 반복적인 개발을 통해 잦은 출시를 목표로 한다. 실행 가능한 프로토타입을 만들어 사용자에게 확인받고 좀 더 빠른 시간에 소프트웨어를 사용할 수 있게 하는 것을 중요하게 생각한다.

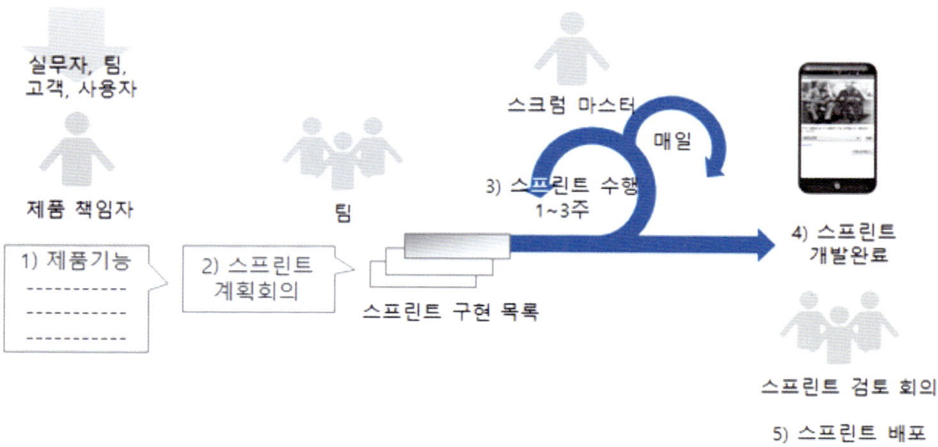

그림. 애자일 Scrum 모델

① 기능 목록(Product backlog) 작성

사용자가 요구하는 제품의 기능을 우선순위를 생각하여 목록으로 정의한다.
고객 측 제품 책임자(product owner)가 결정한다.

<u>〈사용자 스토리(user story) 작성〉</u>

- 사용자 관점에서의 제품 기능을 문서화하는 것
- 가치를 평가받을 수 있도록 기능을 표현하는 것
- 사용자와 충분히 대화하여 세부사항을 구체적으로 서술
- 추정 및 측정이 가능해야 함
- 테스트가 가능해야 좋은 사용자 스토리임

출처 : 네이버

<u>〈스토리 포인트(user ppoint) 작성〉</u>

- 사용자 스토리에서 작성한 내용을 바탕으로우선순위를 정하고 업무량을 파악하여 개발 기간 산정
- 개발자들이 산정한다.

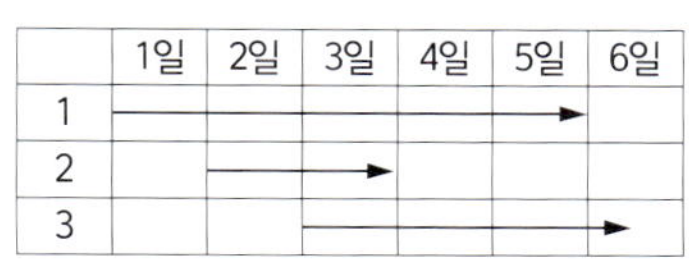

<u>〈소멸차트(burndown chart) 작성〉</u>

- 시간이 지남에 따라 소멸되고 남은 것을 표현
- 계획 대비 남은 작업량(스토리 포인트)을 표현
- 가로축(날짜), 세로축(스토리 포인트)
- 실선(계획 그래프), 굵은 선(실제 작업 그래프)

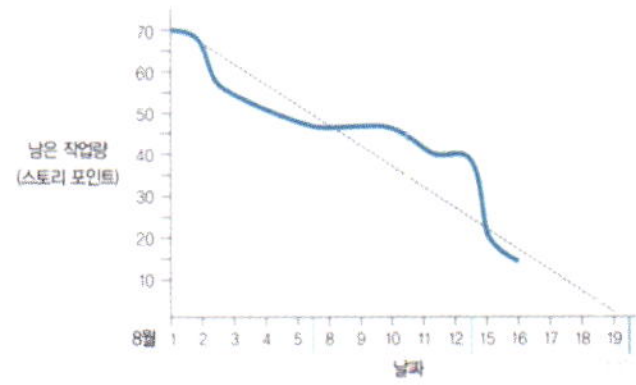

② **스프린트(Sprint)**

'전력질주'의 의미로 집중하여 개발에 집중한다는 뜻이다.
소프트웨어 요구사항별로 '구현 목록'을 분류, 결정한다.

③ **스프린트 수행과 구현 목록 작성(Sprint backlog)**

스크럼 마스터는 스프린트 구현 목록의 진행 상황을 파악한다. 하나가 개발 완료되던 스프린트 주기 하나가 완성된다. 한 단계의 스프린트 수행에 1~3주 정도 소요된다.
일일 스크럼 회의(daily scrum meeting) : 스프린트 기간에 매일 진행하는 회의로 스크럼 회의 후 스크럼 마스터는 개발자 개개인이 진행하는 일의 진행상황을 확인하고, 소멸차트에 그 날의 남은 작업량을 수정한다. 또한, 팀원들이 개발하는데 방해가 되는 요소를 찾아 문제를 해결한다.

<u>〈매일 스크럼 회의(daily scrum meeting) 의 특징〉</u>

- 매일한다. 서서한다. 약속된 시간에 짧게(15분) 한다.
- 모든 팀원이 참석한다. 진행상황만 점검한다.
- 한 사람씩 어제 한 일을 얘기한다.

④ **스프린트 개발완료(finished work), 스프린트 검토회의(sprint review)**

모든 스프린트 주기가 끝나면 제품이 완성된다. 이 제품을 모든 관계자들에게 시연한다. 스크럼 마스터는 잘된 점, 아쉬운 점, 개선 점 등을 검토한다.

<u>〈검토 회의(daily scrum meeting)〉</u>

- 고객에게 시연 후 요구사항에 부합하는지 검토
- 개선할 점에 대한 피드백

⑤ **배포 목록(release backlog)**

- 제품 기능 목록 중 배포본에 포함할 내용을 결정 후 사용자에게 제품을 제공하는 것
- 배포본의 기능 내역과 시기, 스프린트 주기, 배포일정 등을 결정

2 애자일 모델의 특징

애자일 방법론은 문서보다는 소프트웨어 코딩에 집중하는 개발 방법이다. 애자일 소프

트웨어 개발은 반복점진적(iterative and incremental) 개발을 기본 스타일로 가진다. 이러한 개발 방식을 위해 자기조직화(self-organizing)나 교차기능팀(cross-functional teams) 등의 기법을 활용하고 있다.

3 프로토타입 모델의 장점과 단점

[장점]

- □ 스프린트 주기마다 생산되는 제품을 사용자가 실행해볼 수 있음
- □ 일일 회의를 통해 업무에 집중할 수 있고, 팀원들 간에 신속한 협조와 조율이 가능
- □ 다른 개발 방법론들에 비해 단순하고 실천 지향적임
- □ 프로젝트의 진행 현황 기록함으로서, 변화에 능동적이며 목표와 결과 추정이 가능함

[단점]

- ■ 스프린트 주기가 끝날 때마나 추가 작업 시간이 필요
- ■ 일일 스크럼 회의가 길어져서 작업에 방해를 받을 수 있음
- ■ 효율성을 판단하기 어렵고 프로세스 품질 평가가 힘듦

i

[애자일 선언문]

- 절차와 도구를 넘어선 개성과 화합
- 종합적인 문서화를 넘어선 동작하는 소프트웨어
- 계약과 협상을 넘어선 고객과의 협력
- 계획 준수를 넘어서 변화에의 대응

-애자일 연합

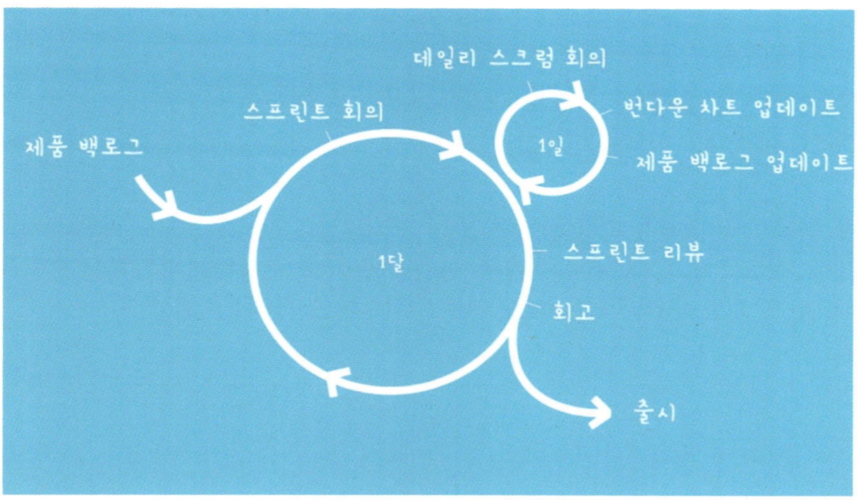

https://www.slideshare.net/einsub/ss-14963659

4 애자일 모델 이해하기

다음은 프로토타입 모델링 이해를 돕기 위한 동영상입니다

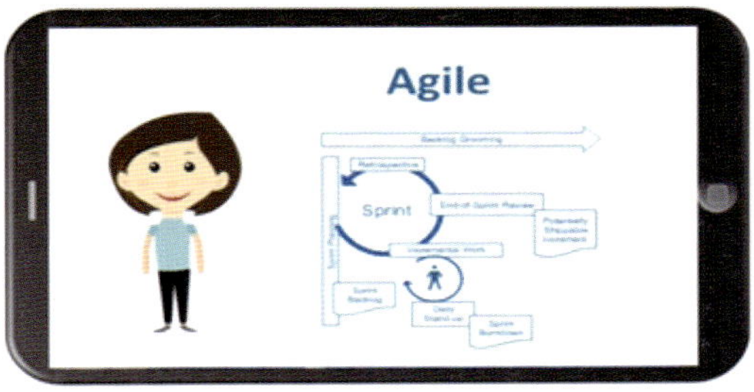

QR code

애자일 모델이란
8분 34초

출처: https://www.youtube.com/watch?v=OJfIDE6OaSc&index=3&list=PL_yrrvo1eWzuZafAmaHnruH8UJGt1WL9X (2분)

다음은 애자일 모델(Scrum)과 폭포수 모델의 차이점을 알려주는 동영상입니다.

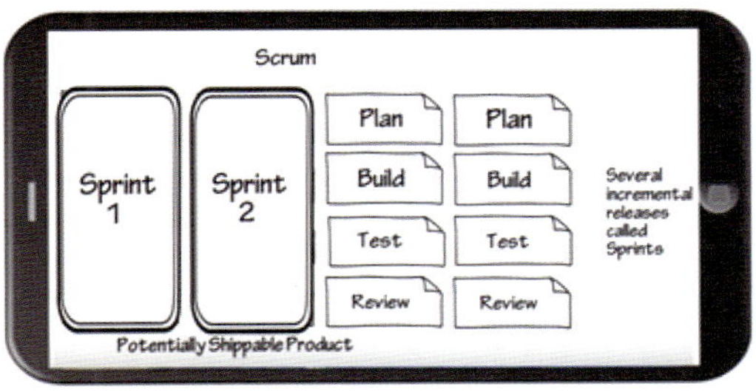

QR code

애자일과 폭포수 모델 차이점
7분51초

https://www.youtube.com/watch?v=9TycLR0TqFA 애자일(Scrum)과 폭포수모델 비교
https://www.youtube.com/watch?v=Z9QbYZh1YXY 애자일이란?

UA. 팀회의 진행하기

▪ 퀴즈 앱 만들기

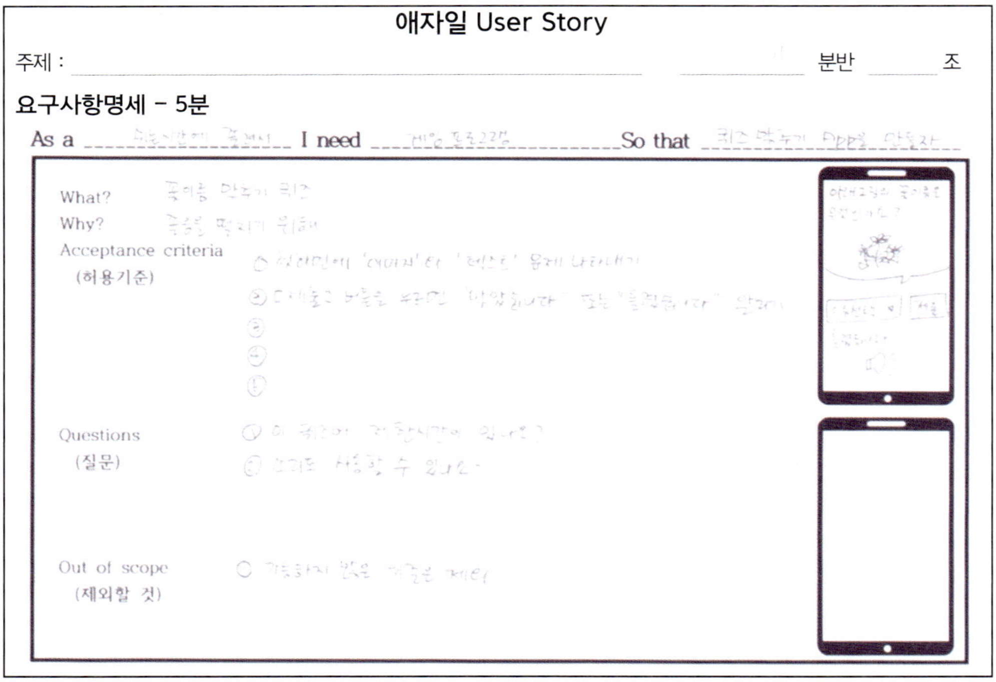
애자일 User Story

주제 : ______ 분반 ______ 조

요구사항명세 – 5분

As a ______ I need ______ So that ______

What?

Why?

Acceptance criteria
(허용기준)

Questions
(질문)

Out of scope
(제외할 것)

1 기능 목록(Product backlog) 작성

-〉 User Story를 요약해보자.

As a

I need

So that

- What (무엇을 하려고 하는가?) :
- Why (왜 하려고 하는가?)
- Acceptance criteria (허용 기준은 무엇인가?)

- Questions (질문할 것이 있는가?)
- Out of scope (제외해야 할 것이 있는가?)

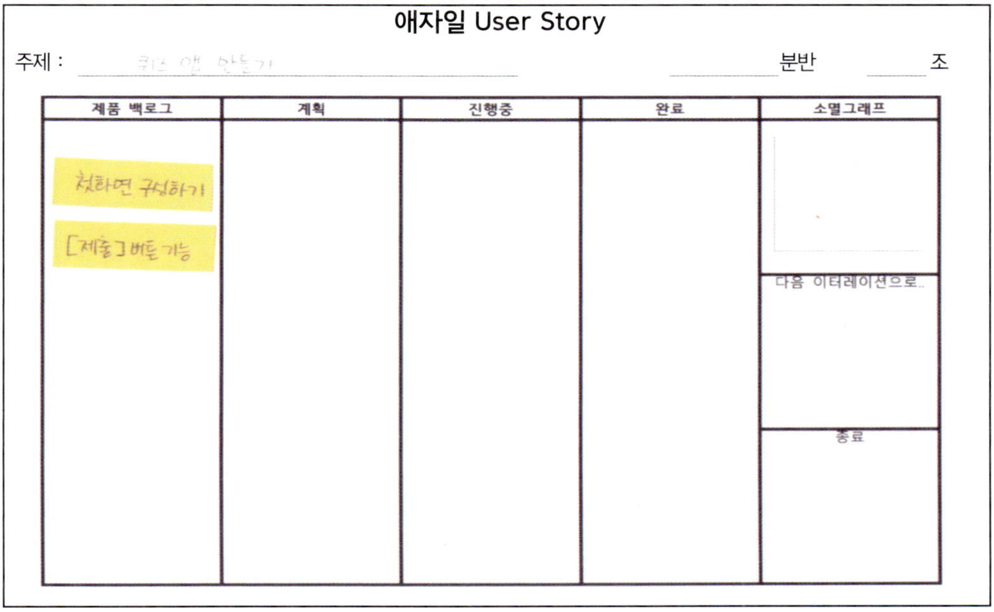

2 - 3 스프린트 수행과 개발

- 제품 백로그(Sprint backlog) : 스프린트 구현 목록을 작성한다.
- 목록의 진행 상황에 따라 제품 백로그를 옮겨 붙인다
  [계획] - [진행중] - [완료] 현황판 사용.
- 작업이 끝난 스프린트는 [종료] 현황판에 붙이고 [소멸그래프]를 변경한다.
- 모든 스프린트를 마칠 때까지 계속한다.

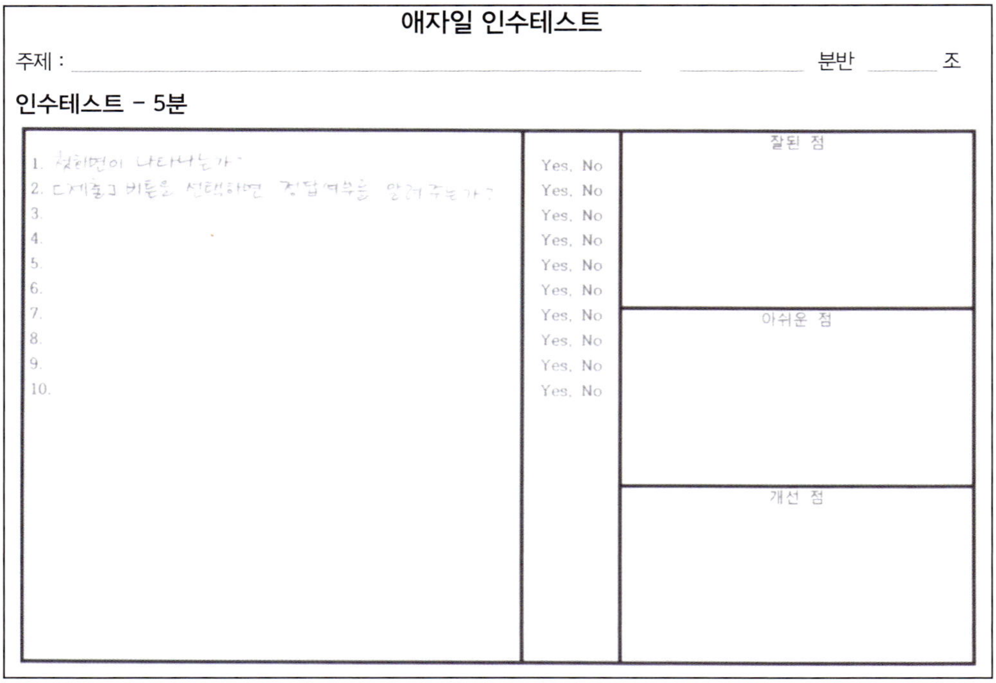

애자일 인수테스트

주제 : ______________________ ________ 분반 ______ 조

인수테스트 - 5분

		잘된 점
1. 첫화면이 나타나는가?	Yes, No	
2. [제출] 버튼을 선택하면 정답여부를 알려주는가?	Yes, No	
3.	Yes, No	
4.	Yes, No	
5.	Yes, No	
6.	Yes, No	아쉬운 점
7.	Yes, No	
8.	Yes, No	
9.	Yes, No	
10.	Yes, No	
		개선 점

4 배포를 위한 인수 테스트

User Story에서 작성한 제품의 기능이 모두 완성되었는가? 에 대해 Yes/No 로 답하여 판단한다.

5 배포

배포본의 기능을 나열하여 제품 제공

AppInventor 실습하기1

▪ 실습1. Quiz 앱 만들기(FlowerQuiz.aia)

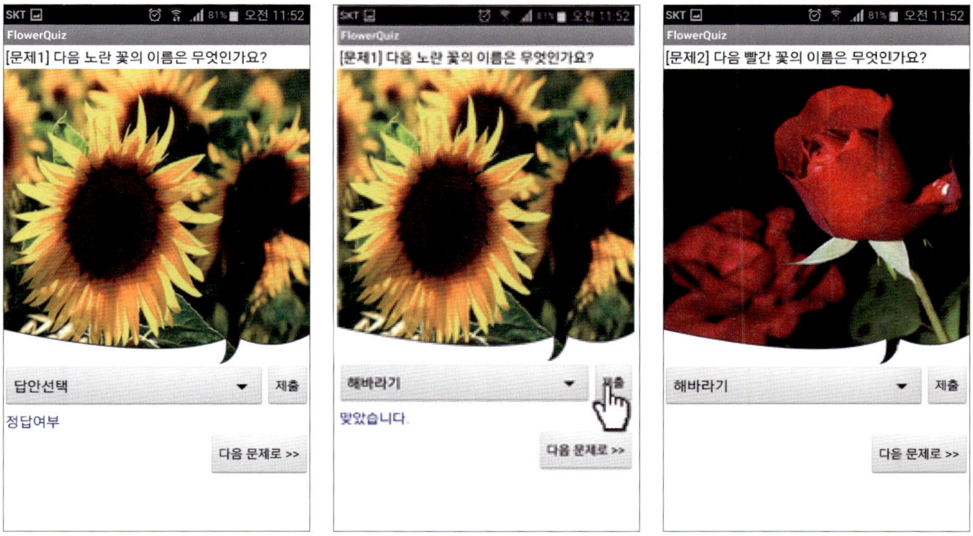

첫 화면에 사진과 텍스트로 퀴즈를 낸다. 정답이 맞으면 “맞았습니다” 틀리면 “틀렸습니다” 라는 텍스트를 보여준다.
[다음문제로] 버튼을 누르면 두 번째 문제를 보여준다.

▪ 컴포넌트 설명

스피너 : 목록 문자열을 팝업 창에 보여주고 선택할 수 있도록 하는 컴포넌트

▪ 블록 설명

: 텍스트나 파일명을 목록으로 만들어주는 블록

: 특정 '리스트' 중에 위치 번째 항목을 선택하는 블록

: 논리적으로 같은 값을 판별하는 블록

: 수치 자료를 비교하여 '크다', '작다', '같다', '같지 않다' 등을 판별할 수 있는 블록

: 만약 홈의 자료를 논리적으로 판단하여 실행하는 블록
참이면 '그러면' 홈에 있는 코드를 실행
그렇지 않으면 '아니면' 홈에 있는 코드를 실행

▪ 앱 디자인하기

퀴즈 앱을 만들어보자

① [프로젝트] - [새 프로젝트 시작하기. . .] - 프로젝트 이름을 "FlowerQuiz" - [확인]

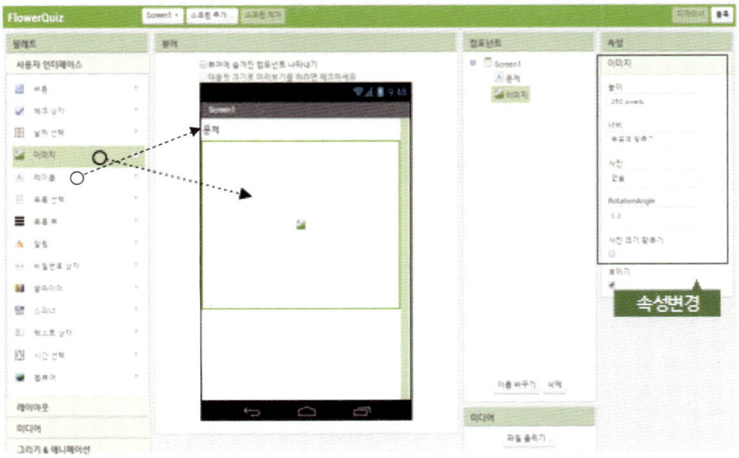

② [레이블] 컴포넌트를 넣고, 컴포넌트 이름과 텍스트를 "문제"로 변경하고, 너비는 "부모에 맞추기"로 변경한다. 글꼴크기는 "16"으로 변경한다.

③ [이미지] 컴포넌트를 넣고, 컴포넌트 이름과 텍스트를 "이미지"로 변경한다. 너비는 "부모에 맞추기"로 하고 높이는 "280"pixels로 변경한다. 사진크기 맞추기에 체크한다.

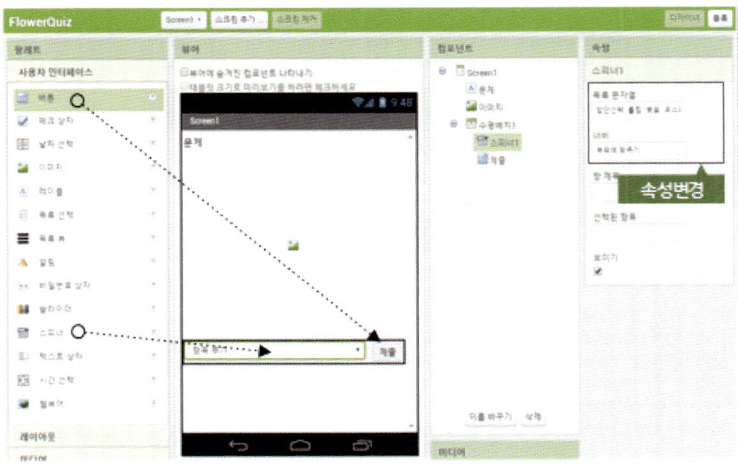

④ [레이아웃] 팔레트에서 [수평배치] 컴포넌트를 넣고 "속성"창에서 너비를 "부모에 맞추기"로 변경한다.

⑤ 이 [수평배치] 컴포넌트 안에 [사용자인터페이스] 팔레트 안의 [스피너] 컴포넌트와 [버튼] 컴포넌트를 넣는다.
[스피너]는 너비 "부모에 맞추기"로 선택하고, 힌트를 삭제하고, 속성창의 목록 문자열의 내용을 "답안선택, 튤립, 벚꽃, 코스모스, 장미, 진달래, 해바라기"로 입력한다.

[버튼1]의 컴포넌트 이름과 텍스트는 “제출”로 변경한다.

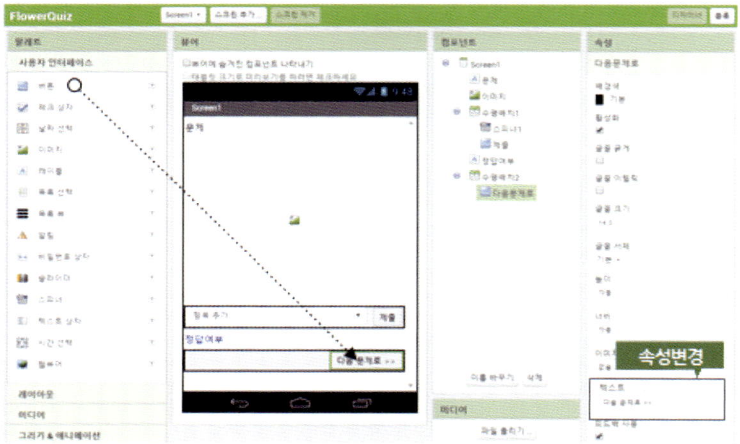

⑥ [레이블]을 추가한 후 컴포넌트 이름과 텍스트는 “정답여부”로 변경하고, 글꼴 크기는 “16”, 텍스트 색상은 “파랑”으로 변경한다.

⑦ [레이아웃] 팔레트에서 [수평배치] 컴포넌트를 넣고 “속성”창에서 너비를 “부모에 맞추기”로 변경한다. 수평 정렬을 “오른쪽”으로 변경한다.

⑧ 이 [수평배치] 컴포넌트 안에 [버튼] 컴포넌트를 넣고, 컴포넌트 이름은 “다음문제로”로 변경하고 텍스트는 “다음 문제로 〉〉”로 변경한다.

⑨ 앱 작성에 필요한 미디어 “quiz.png. flower1.png, flower2.png, flower3.png, flower4.png”를 업로드 한다.

[Screen1] 선택 후 아이콘은 “quiz.png”로 선택하고, 제목을 “FlowerQuiz”로 변경한다.

▪ 블록 코딩

다음으로 프로그램을 실행하기 위한 블록 코딩을 위해 오른쪽 상단의 **[블록]**버튼을 클릭한다.

우리가 해야 할 일을 정리해보자.

> '문제'와 '이미지' 그리고 '정답'은 리스트를 사용하여 작성한다.
> "색인" 변수를 사용하여 각 리스트 순서를 가리키도록 한다.
> [초기화면]에는 문제리스트의 첫 번째 문제와 이미지리스트의 첫 번째 문제가 나타나도록 한다.
> [제출] 버튼을 눌렀을 때, '스피너의 선택된 항목'과 '정답의 색인'번째 답이 같을 때 "맞았습니다."를 출력하고 그렇지 않으면 "틀렸습니다."를 출력한다.
> [다음문제로] 버튼을 눌렀을 때, '색인' 값을 1 증가하여 다음 문제를 가리키도록 한다.
> [문제리스트]의 개수가 4개인 경우 5라는 숫자가 나타나면 프로그램 오류가 된다. 색인값이 리스트 개수보다 크다면 다시 1로 돌아가도록 한다.

[코딩 전 이해하기]

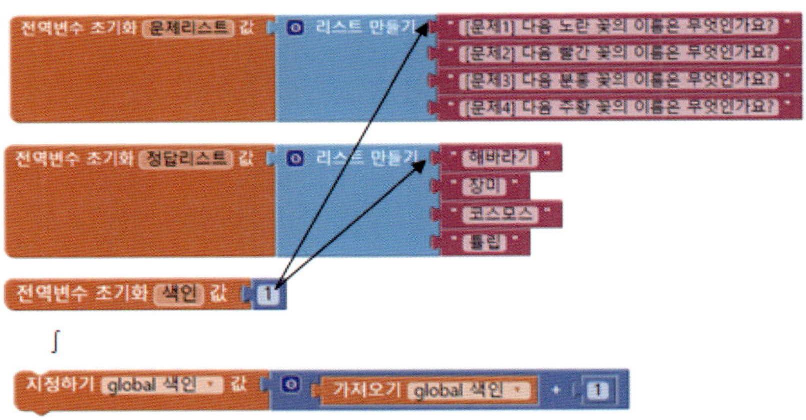

작성한 "문제리스트"와 "이미지리스트" 그리고 "정답리스트"를 가리키는 변수로 "색인" 변수를 사용한다. 1씩 증가하면서 다음 문제를 가리킬 수 있다.

① 공통블럭 중 [변수]에서  「전역변수 초기화」 블록을 "뷰어" 창에 두고, 변수의 이름을 "문제리스트"로 변경한다. 리스트를 만들어야 하므로 [리스트 블록]에서  블록을 넣고 [텍스트 블록]에서  「빈 텍스트」 블록을 넣고 문제를 입력한다. 문제가 총 4개 이므로 항목을 2개 더 추가하여 "문제리

스트"를 완성한다.

"이미지리스트"도 같은 방법으로 작성 한 후 「빈 텍스트」의 내용에 "flower1.png" ~ "flower4.png"의 파일 이름을 입력한다.

"정답리스트"를 작성 한 후 「빈 텍스트」의 내용에 "해바라기", "장미", "코스코스", "튤립"을 입력한다.

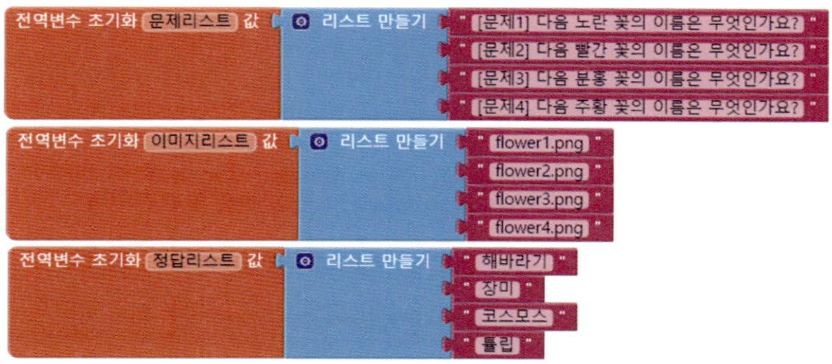

② [변수] 블록에서  「전역변수 초기화」 블록을 "뷰어" 창에 두고 변수의 이름을 "색인"으로 변경한다. [수학] 블록에서  「숫자 0」을 가지고 와서 초기화 값을 "1"로 변경한다.

③ [Screen1] 블록을 선택한 후,  「Screen1이 초기화 될 때」 블록을 "뷰어"창에 두고, 첫 번째 화면이 나타날 때 실행할 작업을 넣어준다.

첫 화면이 나타나면 [문제] 컴포넌트에 "문제리스트"의 1번째 문제가 나타나고, [이미지] 컴포넌트에 "이미지리스트"의 1번째 이미지가 나타나도록 한다.

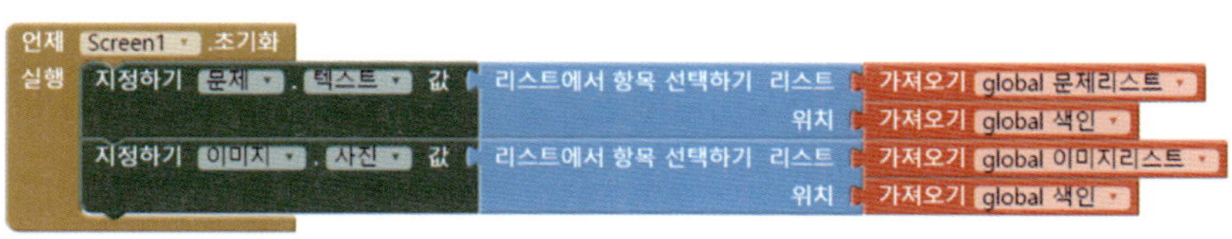

이처럼 첫 번째 문제가 나타나면 사용자가 스피너에서 정답을 선택한 후 "정답여부"를 보기 위해 [제출] 버튼을 누르게 된다.

④ [제출] 블록에서 

「제출을 클릭할 때」 블록을 "뷰어"창에 두고 이 버튼을 클릭했을 때 실행해야 할 작업을 코딩한다.

제출을 클릭했을 때, 만약 "스피너에서 선택된 항목"과 정답리스트의 1번째 값"이 같으면 [정답여부] 컴포넌트의 텍스트에 "맞았습니다" 그렇지 않으면 "틀렸습니다"를 출력하도록 코딩한다.

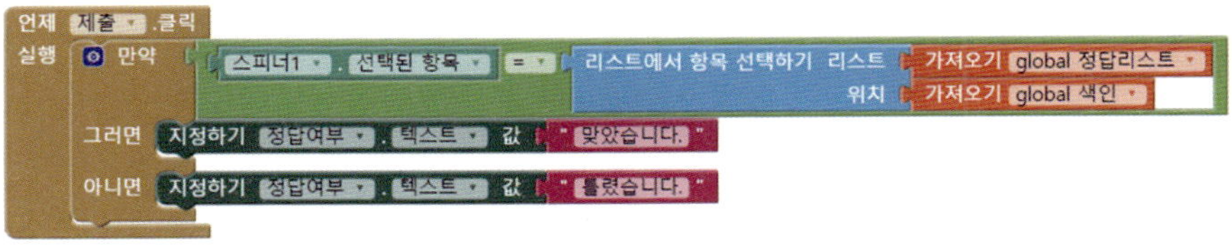

첫 번째 문제는 잘 풀었고, 다음 문제를 풀기위한 작업을 준비해보자.

⑤ [다음문제로] 블록에서 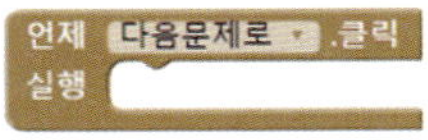

「다음문제로를 클릭할 때」 블록을 "뷰어"창에 두고 이 버튼을 클릭할 때, 색인값을 "1" 증가하고, 이 색인값이 가리키는 위치의 [문제리스트]의 텍스트와 [이미지리스트]의 사진이 보이도록 코딩한다. [정답여부]의 텍스트는 빈 공백으로 둔다.

이렇게 문제를 작성해도 프로그램은 실행되지만, [다음문제로]를 누를 때 리스트 길이가 "4"인 경우에 "5"라는 값이 인식되면 다음과 같은 오류가 나타난다.

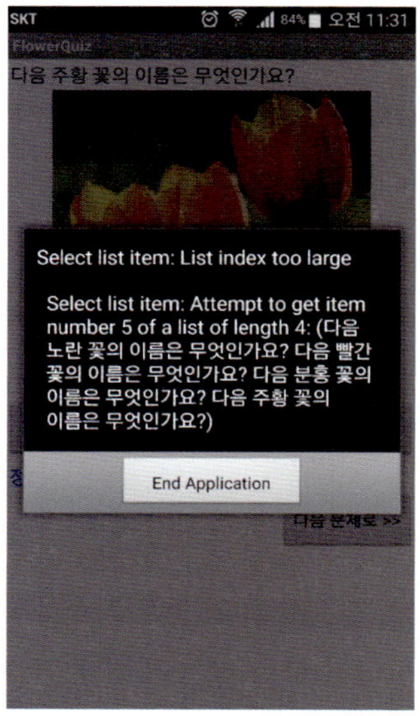

이 오류를 방지하기 위해,

만약, 색인값이 [문제리스트]의 길이 보다 크다면, 색인값에 1을 지정하는 코드를 넣어준다.

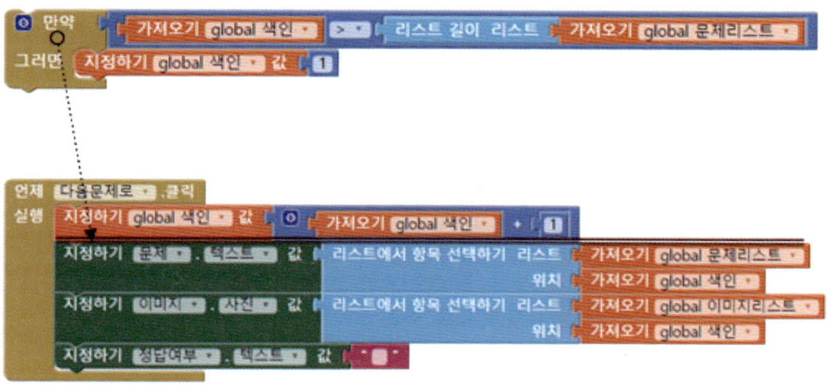

문제와 이미지를 지정하기 전에 비교를 먼저 해야 하므로 색인 값 증가 후 바로 비교를 실시한다.

완성된 코드는 다음과 같다.

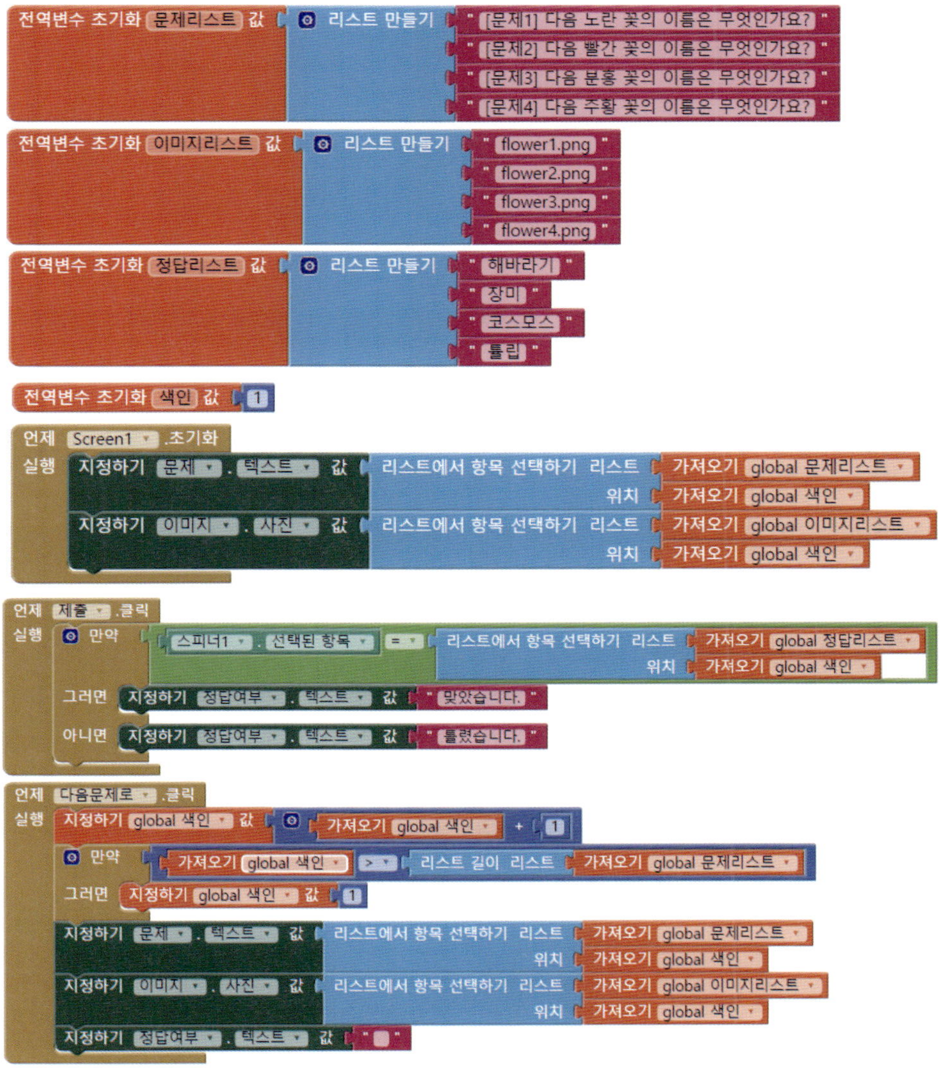

AppInventor 실습하기2

▪ 실습2. 친구관리 앱 만들기(FriendDB.aia)

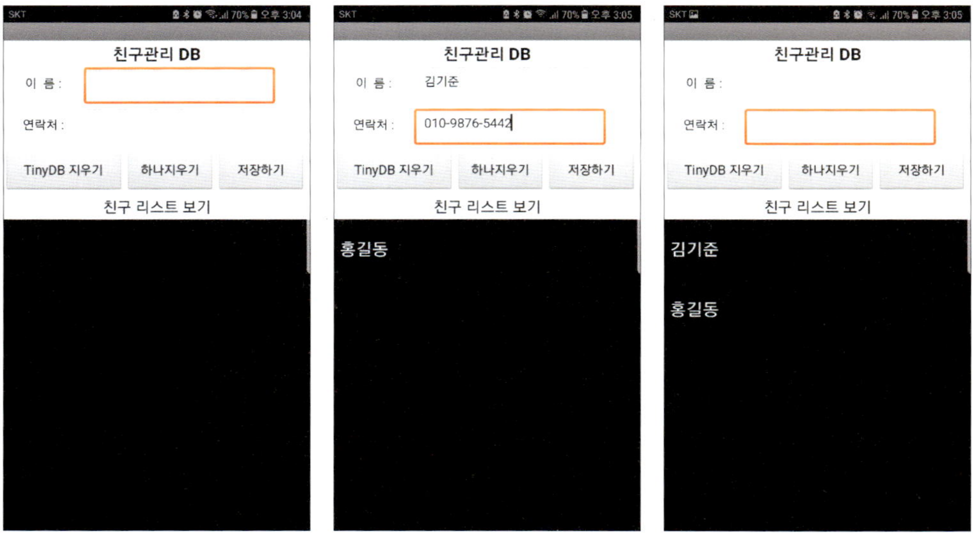

첫 화면을 구성하고 아래 이름과 연락처를 입력하면 '친구리스트 보기' 아래에 나타나도록 한다. 리스트는 목록뷰 요소로 만든다.
[저장하기] 버튼을 누르면 리스트와 TinyDB에 저장하고, 화면에 표시한다.
[하나지우기] 버튼을 누르면 목록뷰에서 선택한 요소 하나가 삭제된다.

▪ 컴포넌트 설명

TinyDB : 스마트폰의 메모리에 저장하는 방식으로 쉽게 저장하고 즉시 결과 확인이 가능

▪ 블록 설명

: TinyDB1에 '태그' 값에 해당하는 레이블에 값을 저장
'태그'는 name, tel, birth 등과 같은 대표이름 사용

: TinyDB1의 태그 리스트 가져오기

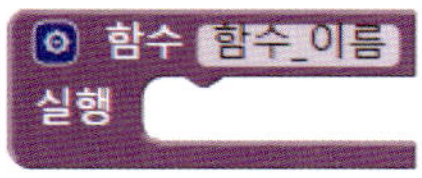

: 하나의 저장 단위로, 실행할 내용을 묶어 한 번에 실행할 수 있는 블록

: 위에서 만든 함수를 호출하여 실행시키는 블록

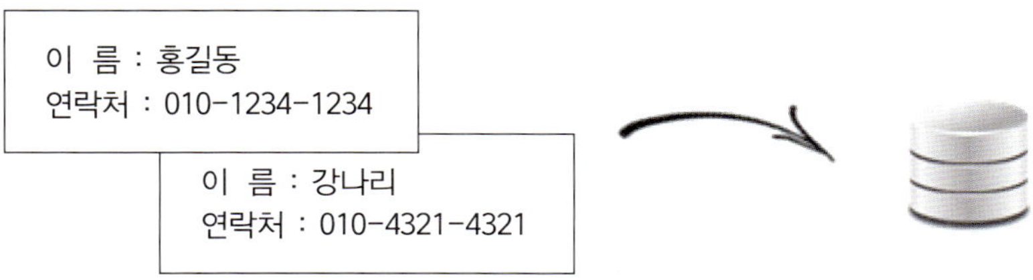

앱 실행 후 자료를 입력하고 [저장하기]버튼을 누르면 DB에 저장할 것이다. 이때 저장의 기준이 되는 것이 *태그* 이다. 태그로서 이름을 사용한다.

▪ 화면 디자인

퀴즈 앱을 만들어보자

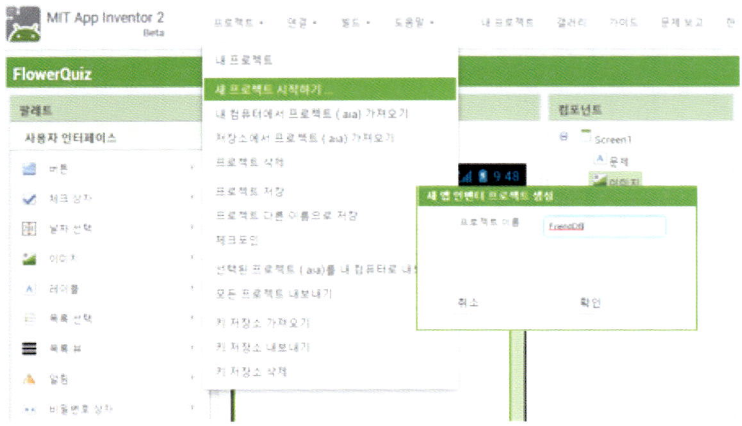

① [프로젝트]-[새 프로젝트 시작하기...]-프로젝트 이름을 "FreindDB" -[확인]

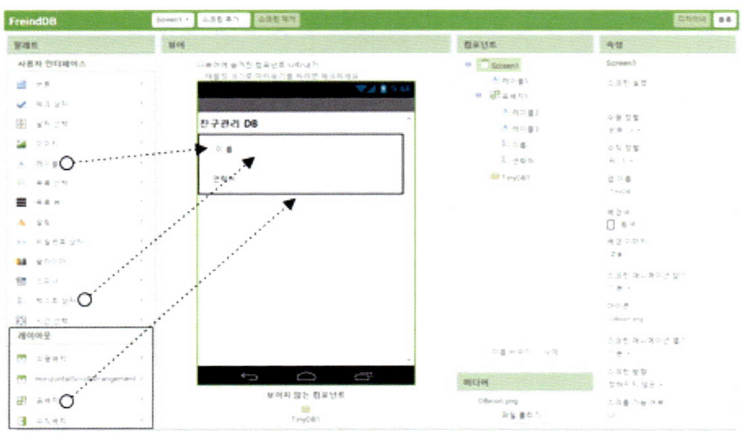

② [레이블] 컴포넌트를 넣고 텍스트를 "친구관리 DB"로 변경하고, 글꼴크기 "18"로 수정한다.

③ [레이아웃] 팔레트에서 [표 배치] 컴포넌트를 넣고 속성창에서 너비를 "부모에 맞추기"로 변경한다. 행의 개수를 "2"으로 변경한다.

[레이블] 컴포넌트를 넣고 너비는 "100"pixels로, 텍스트를 "이 름 : "으로 변경한다.

[레이블] 컴포넌트를 넣고 너비는 "100"pixels로, 텍스트를 "연락처 : "로 변경한다.

④ [텍스트 상자] 컴포넌트를 넣고 컴포넌트 이름을 "이름"으로 변경, 속성창에서 힌트를 삭제한다. 높이를 "45"pixels로, 너비를 "200"pixels로 변경한다.

[텍스트 상자] 컴포넌트를 넣고 컴포넌트 이름을 "연락처"로 변경, 속성창에서 힌트를 삭제한다. 높이를 "45"pixels로, 너비를 "200"pixels로 변경한다.

⑤ [레이아웃] 팔레트에서 [수평배치]를 추가하고, 너비를 "부모에 맞추기"로 변경한다. 그 안에 [사용자 인터페이스] 팔레트의 [버튼] 컴포넌트를 3개 넣는다.
버튼1의 컴포넌트 이름과 텍스트를 [TinyDB지우기], 너비 "40"percent로 변경한다.
버튼2의 컴포넌트 이름과 텍스트를 [하나지우기], 너비 "30"percent로 변경한다.
버튼3의 컴포넌트 이름과 텍스트를 [저장하기], 너비 "30"percent로 변경한다.

⑥ [레이블] 컴포넌트를 추가하고 텍스트를 "친구 리스트 보기"로 변경하고, 글꼴 크기 "17"pixels로 변경한다.

⑦ [목록뷰] 를 추가한 후 너비와 높이를 "부모에 맞추기"로 변경하고, 텍스트 크기 "50"으로 변경한다.

⑧ [저장소] 팔레트에서 [TinyDB]를 뷰어창에 추가한다.

⑨ [Screen1]을 선택한 후, 수평 정렬 "중앙"으로 선택한다.

▪ 블록 코딩

다음으로 프로그램을 실행하기 위한 블록 코딩을 위해 오른쪽 상단의 [블록]버튼을 클릭한다.

우리가 해야 할 일을 정리해보자.

[초기화] 될 때 TinyDB를 검색하여 태그 리스트가 목록뷰에 나타나도록 한다.
[저장하기] 버튼을 눌렀을 때 [이름]과 [연락처]텍스트 상자에 입력한 텍스트를 "태그"와 "저장할 값"으로 구분하여 TinyDB에 저장한다. 그 후 [이름]과 [연락처]텍스트 상자는 비워둔다.
[목록 뷰]의 태그 이름 중 하나를 선택하면 [이름]과 [연락처]를 텍스트 상자에 보이도록 한다.
[하나지우기]버튼을 클릭하면 현재 선택되어있는 태그를 삭제한다. 그리고 TinyDB의 태그 리스트를 다시 목록뷰로 불러온다.
[TinyDB지우기]를 클릭하면 TinyDB의 모든 태그를 지우고, 목록뷰에도 다시 불러온다.

[저장하기]

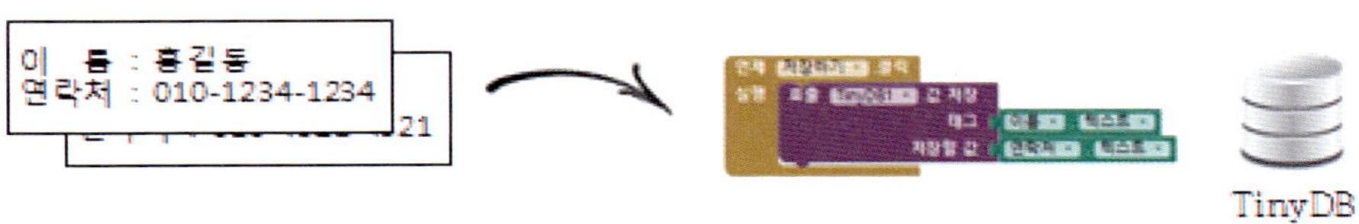

[목록 뷰]의 항목을 클릭할 때

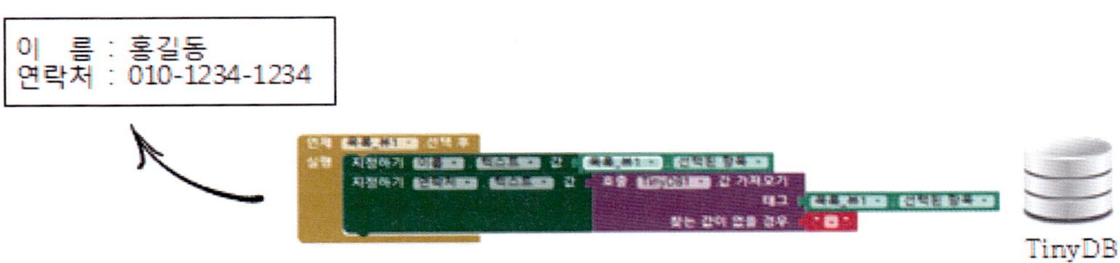

① 우선, 화면이 초기화될 때  「스크린 초기화」블록을 "뷰어"창에 두고, TinyDB의 태그 리스트를 [목록 뷰]의 요소의 값으로 가져온다. 처음 실행한다면 내용이 없는 것이 정상이다.

② 이름 [텍스트 상자] 와 연락처 [텍스트 상자]에 내용을 입력후  「저장하기 버튼을 클릭」할 때  와  를 TinyDB에 저장한다. 그리고, 각 텍스트 상자는 다음 내용 입력을 위해 비워둔다.

추가로 TinyDB의 저장된 태그 리스트를  [목록 뷰]로 호출하여 보여준다.

③ [목록 뷰]의 이름 중 하나를 선택하면  이름 [텍스트 상자]와 연락처 [텍스트 상자]로 내용을 보여준다.

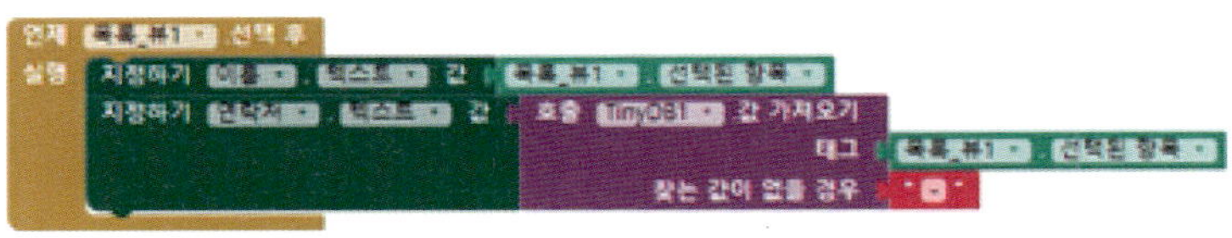

④ 현재 선택되어있는 하나의 태그 내용을 삭제하려면  「하나지우기 버튼을 클릭」할 때, 현재 목록뷰에서 선택된 항목을 지우기 하면 된다. 이후 확인하기 위해 TinyDB 의 태그 리스트를 가져와서 보여준다.

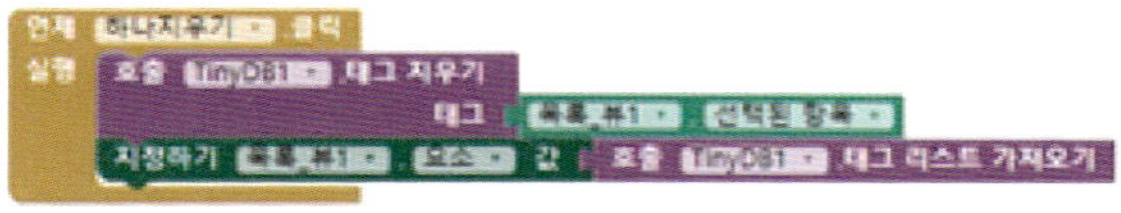

⑤ TinyDB의 모든 내용을 지우기 위해  「TinyDB 지우기 버튼을 클릭」할 때,  TinyDB를 모두 지우고,  태그 리스트를 호출하여 지워진 내용을 확인한다.

그리고 각 텍스트 상자의 내용도 깨끗하게 지운다.

완성된 코드는 다음과 같다.

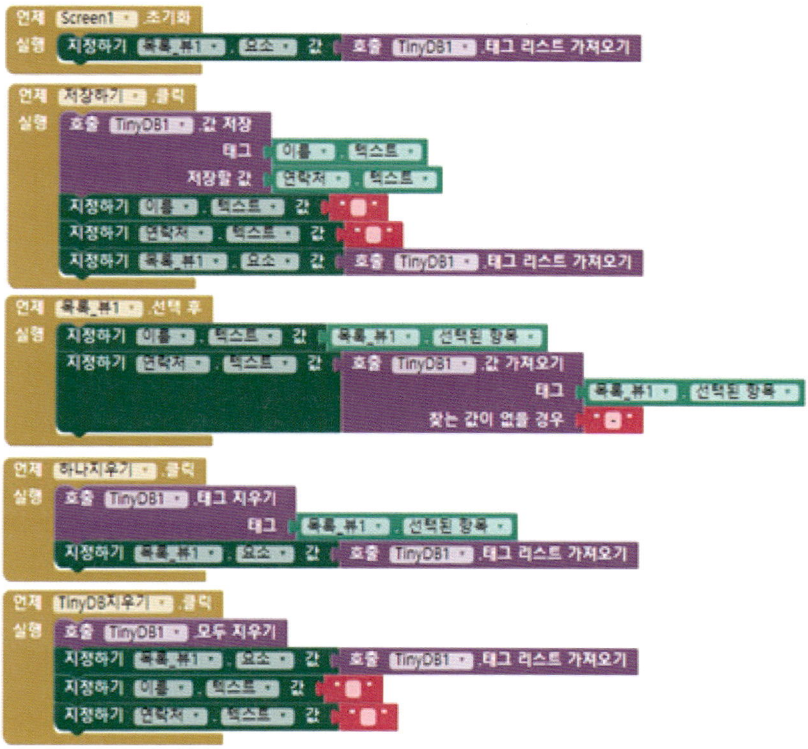

▪ 앱 결과 확인하기

① 안드로이드 폰으로 확인하기.

[빌드]-[앱(.apk용 QR 코드 제공)] 선택/ 이 QR코드는 2시간만 사용할 수 있다.

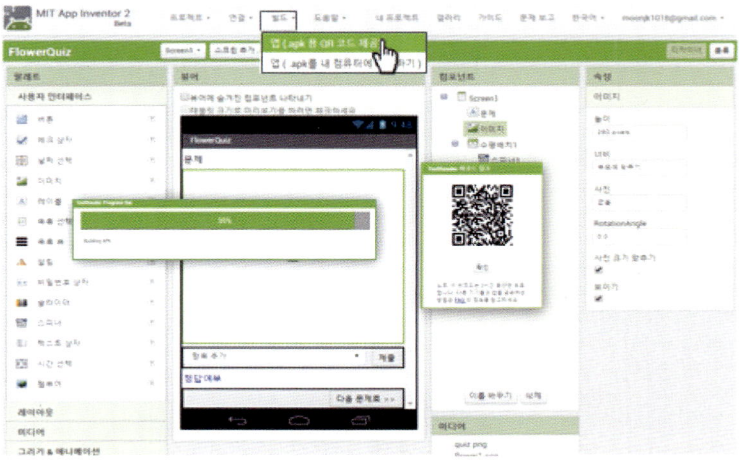

② 애뮬레이터로 확인하기.

i) aiStarter 실행(업그레이드가 필요하면 실행)

ii) **[연결]-[애뮬레이터]** 선택

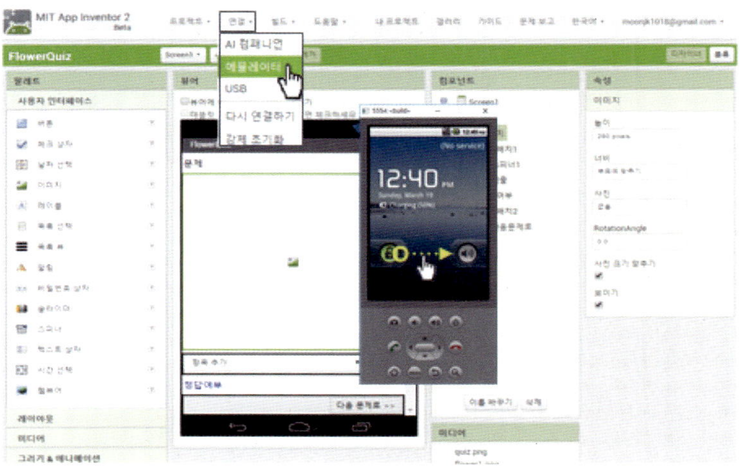

Chapter 7. 정리하기

1 2000년대 개발 프로세스 시간을 작은 단위로 나누어 반복적 개발과 피드백을 진행하는 개발 방법론으로 스크럼 기법이 제안되었다.

2 애자일 기법은 사용자 요구사항을 분석해서 1차 문서를 작성한다. 사용자가 1차 문서를 검토하고 확인하는 동안 개발자는 사전 개발을 실시한다. 그리고 사용자의 1차 문서 검토 결과를 2차 개발에 적용하여 좀 더 빠른 시간에 원하는 소프트웨어를 얻을 수 있다.

3 애자일 기법의 장점과 단점

(1) 장점 : 스프린트 주기마다 생산되는 제품을 사용자가 실행해 봄으로써 사용자 만족도 높음

- 개발자가 업무에 집중할 수 있고, 팀원들 사이의 신속한 협조와 조율이 가능함
- 변화에 능동적이고 실천 지향적인 개발 기법임

(2) 단점 : 스프린트 주기마다 추가 문서 작업 노력이 필요함

- 일일 스크럼 회의가 지연되어 작업에 방해를 받을 수 있음
- 효율성을 판단하기 어렵고 프로세스 품질 평가가 힘듦

4 애자일 기법과 폭포수 모델의 비교

- 폭포수 모델을 한 방향으로 절차적인 처리만 가능함
- 애자일 기법은 양방향으로 반복적인 처리가 가능함
- 애자일 기법은 단계마다 스프린트 과정을 수행함으로써 개발 업무에 집중력을 높일 수 있고, 스크럼 마다 주기적인 개발자와 사용자의 토론 및 협조가 가능하나, 폭포수 모델을 초기에 사용자의 요구사항을 한번 수집한 후 지속적인 개발 및 테스트를 수행함

5 애자일 기법의 실습 과정

(1) 사용자 스토리 요약

- As a :
- I need :
- So that :

(2) 기능 목록 작성

- What?
- Why?
- 허용 기준 :
- 질문 :
- 제외 사항 :

6 이번 장에서 사용된 컴포넌트들

(1) 스피너 : 목록 문자열을 팝업창으로 보여주고 선택할 수 있는 컴포넌트

(2) TinyDB : 스마트 메모리에 데이터베이스를 저장할 수 있는 컴포넌트

Chapter 7. 연습문제

1 애자일 기법에 대한 설명이다. 올바르지 않은 것은?

① 사용자 요구사항을 분석해 1차 문서를 작성한다.

② 사용자가 1차 문서를 검토할 동안 개발자는 사전 개발을 실시한다.

③ 1차 문서 검토 결과를 2차 개발에 적용할 수 있다.

④ 기존 방법보다 개발 지연이 발생할 수 있다.

2 애자일 기법의 장점과 단점에 대한 설명이다. 올바르지 않은 것은?

① 스프린트 주기마다 사용자가 원하는 사양을 접목함으로서 사용자 만족도 상승시킬 수 있다.

② 반복적인 업무가 여러 번 적용되어 팀원들 사이 신속한 협조가 어렵다.

③ 변화에 능동적이고 실천 지향적인 개발 기법이다.

④ 일일 스크럼 회의가 지연되어 작업에 방해를 받을 수 있다.

3 애자일 기법과 폭포수 모델에 대한 비교 설명이다. 올바르지 않은 것은?

① 폭포수 모델을 한 방향으로 절차적인 처리가 가능하다.

② 애자일 기법은 양 방향으로 반복적인 처리가 가능하다.

③ 애자일 기법은 업무 집중력이 낮다.

④ 스크럼마다 주기적인 개발자와 사용자의 협조가 가능하다.

Chapter 8.

UI/UX의 정의

8.1 UI의 정의

1 UI의 정의

이 장에서는 여러 가지 소프트웨어 개발 방법론 중 폭포수 모델, 프로토타이핑 모델, CBD 기법을 경험해보고자 한다.

2 UI의 배경

컴퓨터의 발달로 사용자와 컴퓨터 사이의 상호정보교환의 문제점을 인식하게 되었을 때, 빌 모글리지는 '컴퓨터 소프트웨어의 사용성에 대한 연구'에서 '인터렉션 디자인' 이라는 단어를 처음 사용하면서부터 UI(User Interface)가 사용되었다.

그림1. UI의 용어를 처음 사용한 빌 모글리지

3 UI의 발전 과정

UI(User Interface)는 GUI(Graphic User Interface)에서 유래 되었으며 UI(User Interface)를 판단하는 기준으로는 사용성(Usability)을 들고 있다.

첫 번째로 컴퓨터 소프트웨어 초창기에는 CLI(Command Line Interface)였다. CLI(Command Line Interface)는 텍스트를 기본으로 하여 명령어를 조작하는 사용자 인터페이스였다. 따라서 매우 제한적인 인터페이스 수준에서 작업을 효율을 높이고 실수를 줄이는 것이 중요하였다.

두 번째로는 GUI(Graphic User Interface)이다. GUI는 그래픽 환경을 기반으로 마우스를 이용하였다. 그래픽 환경의 발전과정을 살펴보면 컴퓨터의 발달, IT의 발달, 웹 2.0 시대로 발전하며 블로그, UCC등 대표되는 콘텐츠 생산의 주체가 바뀌었다. 정보의 전달이나 구성방식이 단방향 교류에서 쌍방향의 교류로 변화되었다. 또한 스마트폰의 등장 이후에는 새로운 스마트폰 환경이 급성장하였고 사회 현상에 따라 서비스나 애플리케이션의 개념이 탄생하여 트위터나 페이스북과 같은 SNS를 통한 사용자 상호작용 형태는 새로운 요구들을 제시하기 시작하였다.

세 번째로는 NUI(Natural User Interface)이다. NUI는 사람의 말과 행동으로 기기를 조작하는 특징이 있다. 멀티터치, 햅틱, 3D모션 인식같은 자기 신체를 활용한 NUI로 발전하였다.

네 번째로는 OUI(Organic User Interface)이다. OUI는 모든 자연 상태에서 발견할 수 있는 다양한 형태, 변형, 진화 등의 특성을 반영한 UI를 의미한다. 예를 들어 콜라 캔 포장지에 콜라 캔 자체의 상품정보, 광고, 동영상 정보를 담고 있는 콜라제품을 예로 들 수 있다.

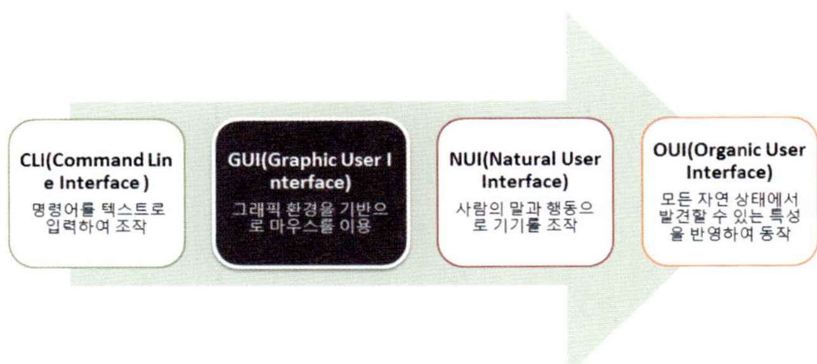

그림2. UI의 발전과정

따라서 UI(User Interface)판단기준이 되는 사용성(Usability)은 사용자의 환경에서 사용자가 얼마나 효율적으로 주어진 작업을 쉽고 빠르게 사용 가능한 지에 대한 척도이다. 제이콥 닐슨은 사용성의 평가 속성으로써 용이성(Learnability), 효율성(efficiency), 기억성(Memorability), 오류성(Errors), 만족성(Satisfaction)을 제안하였다.

· **용이성** : UI를 처음 사용하는 사용자가 시스템을 얼마나 빨리 익숙해 질수 있는 지 여부의 정도를 말한다.
· **효율성** : 시스템이 익숙해 졌다면, 고급기능을 얼마나 빠른 시간에 사용가능한지를 나타낸다.
· **기억성** : 사용자가 시스템에 오랜 시간 사용하지 않았을 시에도, 재사용 시 얼마나 빨리 재사용에 익숙한지 여부를 평가한다.
· **오류성** : 사용자가 작업을 하는 도중에 최소의 오류가 발생 하였는지 여부를 평가한다.
· **만족성** : 사용자 개인의 특성을 고려하여 개인의 만족도를 평가할 수 있도록 한다.

8.2 UX의 정의

1 UX의 정의

UX(User Experience)는 사용하거나 사용하려는 제품, 시스템, 서비스에 대해 사용자의 경험을 바탕으로 기능적, 감성적으로 만족할 수 있도록 만드는 것이다. 예를 들어 상품에 대한 사용자들의 진정한 가치는 만드는 사람보다 사용하는 사람의 생각과 감정을 잘 연구해서 만들어야만 상품의 가치가 상승된다. 따라서 사용자의 경험을 바탕으로 무엇을 필요로 하고 무엇을 원하는지에 대해 분석할 필요가 있게 되었다.

2 성공하는 UX의 특징

성공하는 UX의 가장 큰 특징은 사용자의 요구를 만족 시켜야한다. 사용자에게 사용하기 편리한 사용성 뿐만 아니라, 사용자의 **생각, 감정, 행동**들이 복합되어져야만 사용하려는 제품의 가치가 상승하기 되기 때문이다.

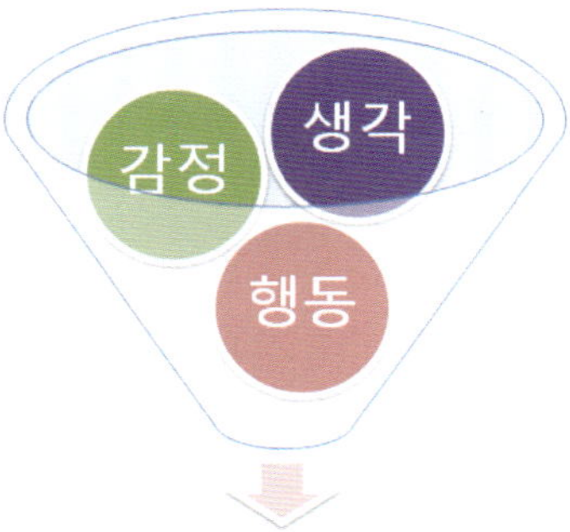

그림3. 성공하는 UX의 특징

3 UX디자인의 정의

UX(User Experience) 디자인은 사용하려는 제품을 사용자 입장에서 환경 및 고객의 요구에 맞는 제품과 서비스를 만들어 내는 하나의 방법론이다.

4 UX디자인의 프로세스

UX디자인 프로세스는 문제발견, 리서치, 프로토타이핑, 테스트 4개의 단계로 설명 할 수 있다.

- **문제 발견(Find Problem)** : 사용하려는 제품, 서비스, 시스템에 관련된 시장을 분석한다.
- **리서치(Research)** : 필드리서치, 데스크 리서치 하여 사용자의 환경에 맞는 제품을 개발을 위한 모델링을 한다.
- **프로토타이핑(Prototyping)** : 제품이나 서비스, 시스템 개발을 위해 미리 만들어 본다.
- **테스트(test)** : 프로토타이핑 된 제품을 테스트한다.

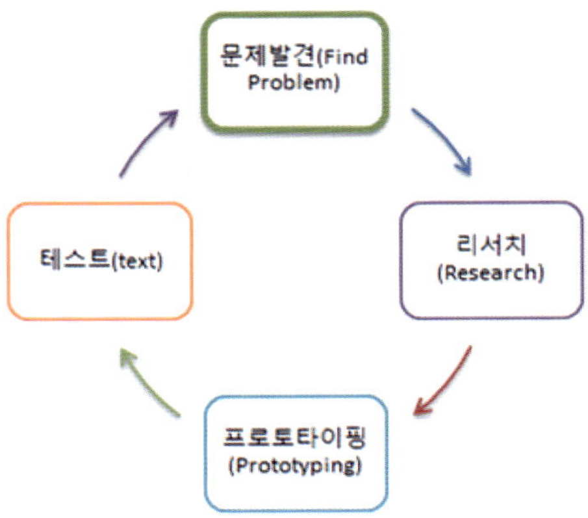

그림4. UX디자인 프로세스

5 UX디자인 개발 방법

UX디자인 개발 방법에는 대표적으로 애자일 프로세스방법 ,린 프로세스 방법이 있다.

- **애자일 프로세스** : 제품을 빠르게 출시 후 점진적으로 개선해 나가는 프로세스 방식이다.
- **린 프로세스** : 모든 구성원이 서로의 관점을 이해하고, 어떤 경험을 만들 것 인가에 대한 공동의 목표를 갖는 협업방식이다.

8.3 UI와 UX의 차이점

1 UI 디자인

UI 디자인은 UX 디자인을 통해서 생성된 결과물을 아트(art)로 진화시키는 작업이다. UX 프로세스는 사용자가 앱의 페이지나 탐색 흐름 안에서 상호 작용하는 작업들을 의미하는 반면 UI 프로세스는 이러한 페이지 및 탐색 흐름이 사용자에게 어떻게 보이고 느껴지는 지를 정의한다.

UI 디자인은 그래픽, 색상, 애니메이션, 폰트, 버튼 스타일, 제스처 기반 탐색 도구 등 모바일앱을 아름답고 재미있게 만드는 모든 측면에 초점을 맞춘다. 모바일 앱에서 사용되는 이러한 UI 구성 요소들은 그 모바일 앱에 대한 전반적인 미적 감각을 제공하게 된다.

UI 디자이너는 모바일 앱을 탐색 할 때 사용자가 특정 요소를 느낄 수 있게 함으로써 UX 디자인을 보다 더 진화시킨다. 이것은 단순히 평평하고 물질적인 디자인과 예쁜 그림의 결합만을 의미하는 것은 아니다. UI 디자이너는 사용자가 모바일 앱을 100% 편안하고 자신있게 느끼는 상태로 만들어야 한다.

예를 들어, UX 디자이너가 버튼을 눌러 사용자를 다른 페이지로 이동하는 시나리오를 설계하면 UI 디자이너는 이 시나리오에 사용자에게 다른 페이지로 연결되는 시각적 신호를 추가한다. 이것은 사용자가 버튼을 누를 경우 다음 페이지가 로드되는 동안 버튼의 색상을 변경하여 사용자로 하여금 다음 화면이 현재 로딩 중인 것을 알려주는 등의 방식을 통해서 구현할 수 있다.

2 UX 디자인

모바일 앱의 UX 디자이너는 앱 화면에서의 정보 배치 방식 및 사용자가 이 앱과 어떻게 상호 작용하는지를 디자인 한다.

UX 디자이너는 사용자가 원하는 작업을 완료 할 수 있도록 하는 데 가장 큰 중점을 둔다. 이전 절에서 언급했던 문제발견, 리서치, 프로토타이핑, 테스트 등의 단계를 통해 사용자가 직관적이고 매끄러운 방식으로 앱이 제공하는 기능을 사용하여 원하는 작업을 완료 할 수 있도록 설계해야 한다.

따라서, UX 디자이너는 사용자의 앱 사용이 논리적인 단계로 흘러가도록 디자인 해야한다. 즉, 사용자를 위한 직관적이고 올바른 경험을 구축하는 것이 가장 큰 책임이다. 사용자가 깊게 생각할 필요없이 몇몇 화면들을 거쳐서 원하는 작업을 쉽게 완료할 수 있을 때 이러한 직관적인 경험이 완성되는 것이다.

아래 그림은 스마트워치의 메인 화면을 대상으로 한 UI 디자인(왼쪽) 및 UX 디자인(오른쪽) 결과물의 일반적인 차이점을 잘 나타내고 있다.

그림5. UI 디자인 및 UX 디자인의 결과물

① UI 디자인 결과물

- 메인 화면에 사용자의 하루평균 심박도를 표시
- 메인 화면에 심박도 측정 앱이 가장 최근에 측정한 심박도를 별도로 표시
- 버튼 형태의 아이콘을 누르면 사용자의 현재 심박도를 측정하여 보여주도록 할 것

② UX 디자인 결과물

- 메인화면의 색상은 검은색으로 설정
- 심박도 버튼 모양 디자인
- 심박도 숫자의 색상은 흰색으로 설정
- 하루 동안의 평균 심박도 숫자를 가장 크게 표기
- 현재 화면의 위치를 나타내는 표시자와 심박도 표시 영역 사이에 흰색 바 형태의 구분자를 위치시킴

UA. 팀회의 진행하기

▪ 팀 회의1. 'MP3플레이어 제작하기'

'MP3플레이어 제작하기' 주제로 사용자 입장에서 고객의 요구를 만족 할 수 있는 UI/UX 디자인 특징을 분석하여 본다. 첫 번째로 UX디자인으로써 사용자가 즐겨 사용하는 재생버튼, 정지버튼, 볼륨조절 슬라이더를 포함시킨다. 두 번째로 UI디자인으로써 앱 안의 배경 색상을 흰색으로 설정한다. 또한 재생버튼은 사용자가 가장 즐겨 사용하는 버튼이므로 모든 버튼 중에 가장 크게 원형으로 디자인하고 버튼 안에 ▶기호를 삽입하며, 버튼 배경색을 흰색으로 설정하고, 화면 하단중앙에 배치하는 특징이 있다.

UX/UI 그룹활동 워크시트 ________ 분반 _____ 조 (조원:)

주제 :MP3 플레이어 만들기

1. UI 디자인 특징

- 앱의 배경 색상은 흰색으로 설정한다.
- 재생버튼은 사용자가 자장 즐겨 사용하는 버튼이므로 모든 버튼중에서 가장크게 디자인하고 버튼안에 이미지를 삽입한다.
- 버튼은 앱 화면 하단 중앙에 배치한다.

2. UX 디자인 특징

- 사용자가 즐겨 사용하는 재생, 정지, 일시정지 볼륨조절 슬라이더를 화면에 포함한다.
- 볼륨조절 슬라이더를 조절하면 볼륨을 조절할수 있다.

그림6. UI/UX워크시트1

분석된 특징을 바탕으로 프로토타입을 설계한다. 앞에서 결정한 UI/UX 디자인의 특징이 잘 반영될 수 있도록 설계한다.

3. 프로토타입

그림7. UI/UX워크시트2

5장에서 배운 프로토타입 방법을 이용한 설계방법과 UI/UX를 적용한 프로토타입 설계시의 좋은점, 느낀점, 개선점을 작성하여 본다.

4. UI/UX를 적용한 프로토타입의 장점
해결 방법을 공유하고 의견을 적는다.

UI/UX를 적용하여 프로토타입 설계시 좋은점, 느낀점 및 개선점을 생각해 봅시다.

좋은점	느낀점	개선점

그림8. UI/UX워크시트 3

AppInventor 실습하기

▪ 실습1. 단순 mp3플레이어 제작하기(mp3.aia)

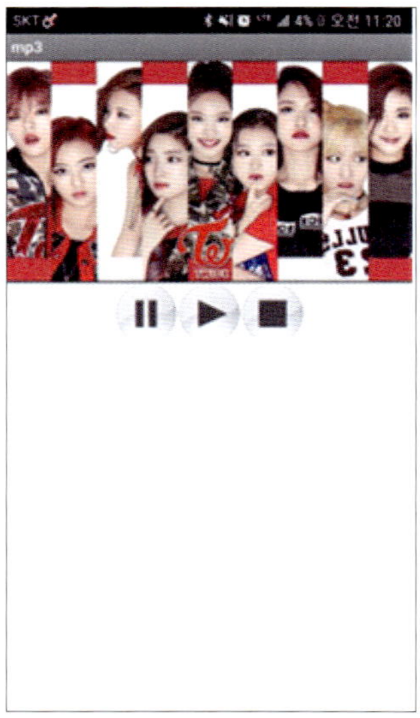

1개의 mp3파일과 이미지를 업로드 하고 버튼을 누르면 업로드한 mp3파일을 재생, 일시정지, 정지 기능의 앱

▪ 컴포넌트 설명

컴포넌트	설명
버튼	: 클릭 할 수 있는 버튼을 만든다.
이미지	: 이미지를 보여 준다.
수평배치	: 사용하는 블록들을 가로로 정렬되도록 칸을 만들 수 있다.
플레이어1	: 음악을 재생하고 기기를 진동 시킬 수 있다.

▪ 블록 설명

	: 음악 재생을 일시정지 한다.
	: 음악 재생을 시작한다.
	: 음악 재생을 정지한다.

▪ 앱 디자인하기

① [프로젝트] - [새 프로젝트 시작하기...] - 프로젝트 이름을 “mp3”로 입력한 후 - [확인] 버튼을 누른다.

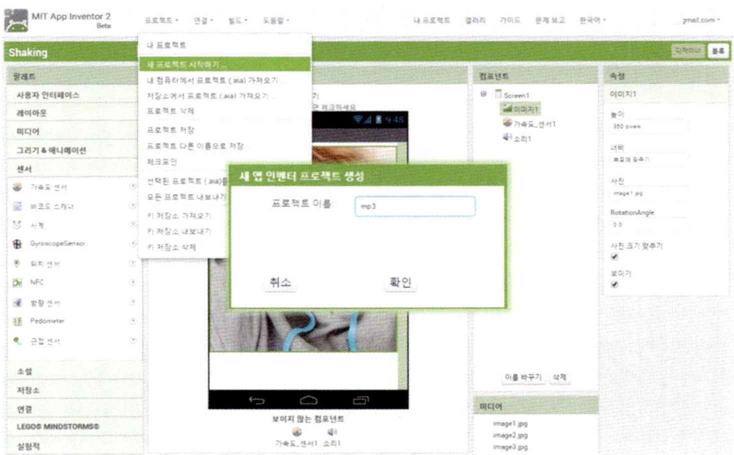

② 미디어창에서 미디어 파일 Twice.png, bunpause.png, bunPlay.png, bunstop.png, Twice_cheerup.mp3 파일을 업로드 한다.

③ [이미지] 컴포넌트를 뷰어창에 드래그하며, 속성창에서 높이를 150 pixels, 너비를 부모에 맞추기로 설정한다. 이미지를 지정하기 위해 속성 창에서 [이미지] 상자를 클릭하여 나타나는 미디어 파일 중 “Twice.png” – [확인] 버튼을 누른다.

④ [수평배치] 컴포넌트를 뷰어 창에 드래그 한다.

⑤ [버튼] 컴포넌트 3개를 [수평배치]로 드래그하며, 버튼의 이름을 Pause, Play, Stop로 버튼의 이름을 변경하며, 버튼속성의 텍스트를 삭제, 버튼의 높이를 50 pixels, 너비를 50 pixels, 버튼의 이미지를 각각 bunpause.png, bunPlay.png, bunstop.png로 설정한다.

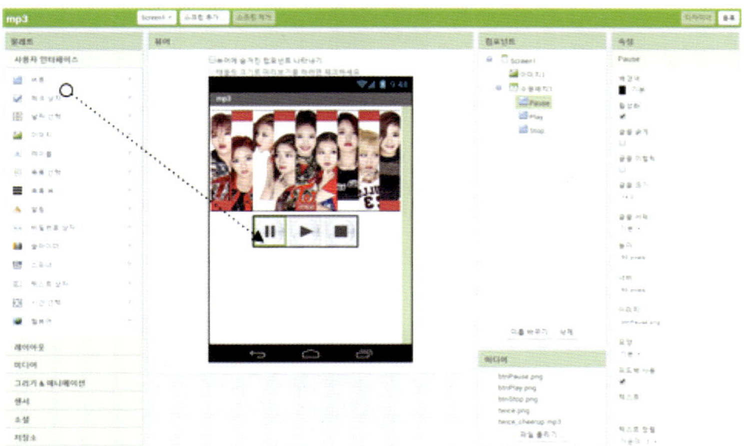

⑥ [플레이어] 컴포넌트를 뷰어창에 드래그하면, 보이지 않는 컴포넌트 영역에 보이게 된다. 속성창의 소스에서 “Twice_cheerup.mp3”를 설정한다.

⑦ 컴포넌트 창에서 Screen1을 선택하고 창에서 수평정렬을 중앙으로, 수직정렬을 가운데로 설정한다.

▪ 블록 코딩하기

오른쪽 상단의 [블록] 버튼을 클릭하여 블록코딩을 실시한다.

① “블록” 창의 Screen1 항목의 [Pause] 컴포넌트를 클릭하고, 블록이 나타나면 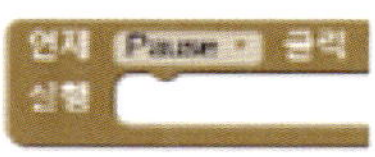

「클릭할 때 실행」블록을 드래그하여 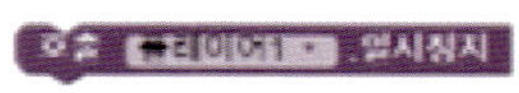

블록을 실행 내용에 끼워준다.

② “블록” 창의 Screen1 항목의 [Play] 컴포넌트를 클릭하고, 블록이 나타나면 

「클릭할 때 실행」블록을 드래그하여 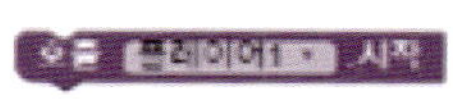

블록 실행 내용에 끼워준다.

③ “블록” 창의 Screen1 항목의 [Stop] 컴포넌트를 클릭하고, 블록이 나타나면 

「클릭할 때 실행」블록을 드래그하여 

블록 실행 내용에 끼워준다.

완성된 코드는 다음과 같다.

▪ 안드로이드 폰으로 확인하기

① [빌드]-[앱(.apk용 QR 코드 제공)]을 선택하면 빌딩 화면이 나타나고 QR코드가 만들어진다. 이 QR코드는 2시간만 사용할 수 있다.

② 네이버 앱의 QR코드 리더기를 사용하여 확인한다.
네이버 앱을 실행한 후 검색창 우측의 마이크를 클릭한 후 나타나는 QR코드 리더기를 선택한다. PC 모니터에 만들어진 QR코드를 읽어 들인다.

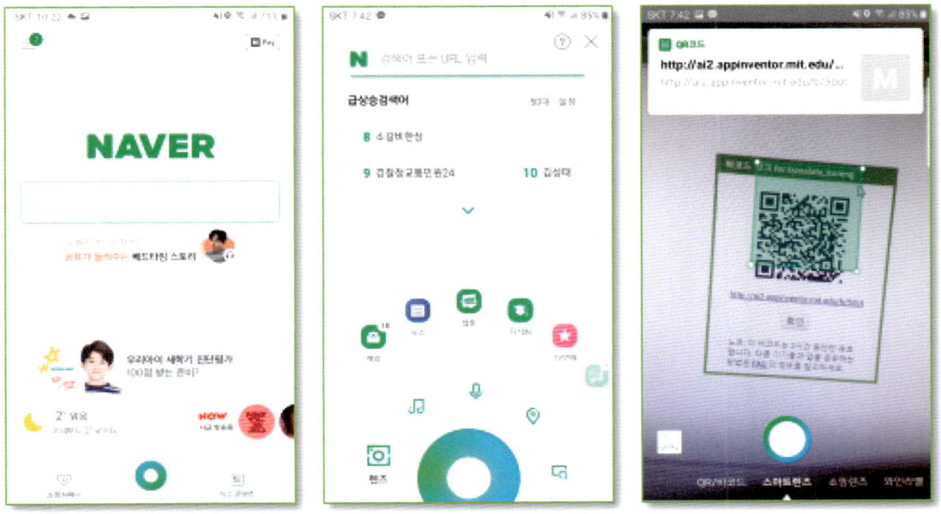

③ '상단바'를 열어 다운로드 완료된 "mp3.apk"를 클릭한다.
'출처를 알 수 없는 앱'에 체크 한 뒤 [확인]을 선택한다.

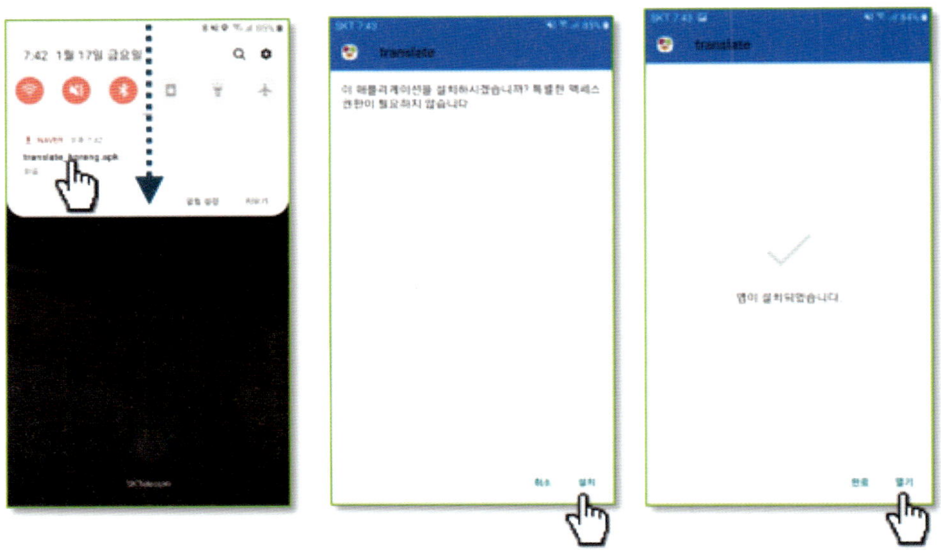

▪ 실습2. mp3플레이어 제작하기(mp3Player.aia)

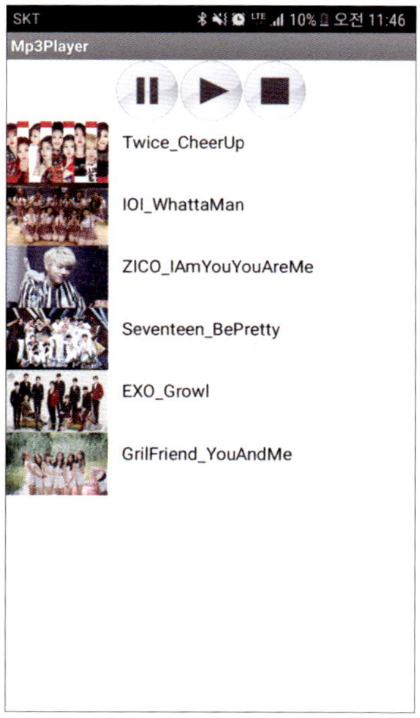

여러 개의 mp3파일과 이미지를 업로드 하고, 선택한 mp3 파일을 일시정지, 시작, 정지하는 앱

▪ 컴포넌트 설명

버튼	: 클릭 할 수 있는 버튼을 만든다.
이미지	: 이미지를 보여 준다.
수평배치	: 사용하는 블록들을 가로로 정렬되도록 칸을 만들 수 있다.
표배치	: 사용하는 테이블 모양으로 정렬되로록 칸을 만든다.
플레이어1	: 음악을 재생하고 기기를 진동 시킬 수 있다.
알림	: 경고창, 알림, 일시적인 알림을 보여주거나 안드로이드 로그 엔트리를 만든다.

▪ 블록 설명

: 음악 재생을 일시정지 한다.

: 음악 재생을 시작한다.

: 음악 재생을 정지한다.

: 플레이어 1 소스 값을 변경하여, 지정된 음악을 선택할수 있다.

▪ 앱 디자인하기

① [프로젝트] - [선택한 프로젝트 (.aia)를 내 컴퓨터로 내보내기]를 선택한다.

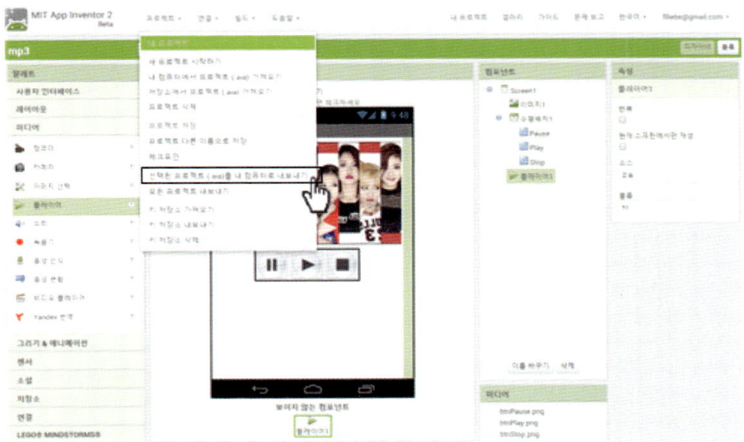

② 다운로드 폴더로 이동하여 다운로드 된 “mp3.aia” 파일의 이름을 “mp3player.aia”로 변경한다. [프로젝트] - [내컴퓨터에서 프로젝트 가져오기]를 클릭한다. [파일선택]버튼을 누른 후 다운로드 폴더의 mp3Player.aia 파일을 선택하고 [열기] - [확인]을 클릭한다.

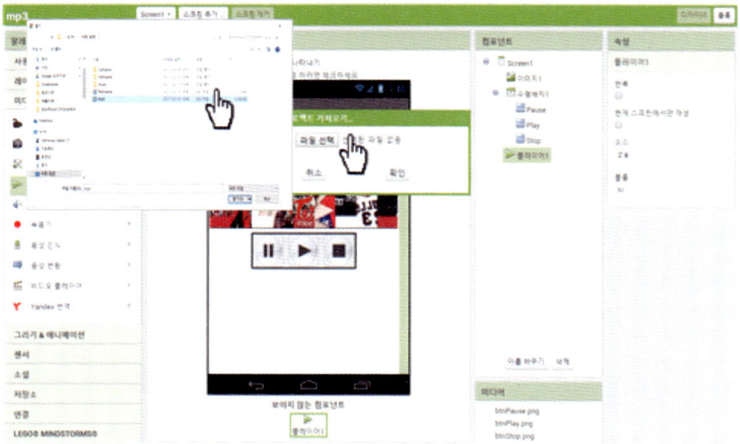

③ 컴포넌트 창에서 [이미지], [수평배치], [플레이어] 컴포넌트는 삭제한다. 삭제시 나타나는 대화상자에서 [확인] 버튼을 클릭한다.

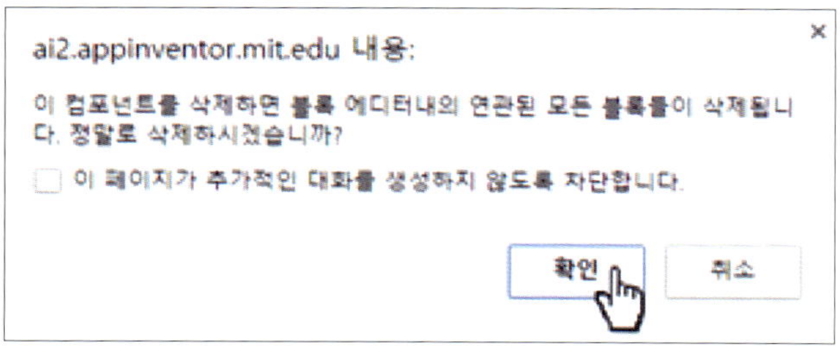

④ [수평배치] 컴포넌트를 뷰어 창에 드래그 한다.

⑤ [버튼] 컴포넌트 3개를 [수평배치]로 드래그하며, 버튼의 이름을 일시정지, 재생, 정지로 버튼의 이름을 변경하며, 버튼속성의 텍스트를 삭제, 버튼의 높이를 50 pixels, 너비를 50 pixels, 버튼의 이미지를 각각 bunpause.png, bunPlay.png, bunstop.png로 설정한다.

⑥ [표배치] 컴포넌트를 뷰어 창에 드래그 한다. 속성을 2열 6행으로 설정한다.

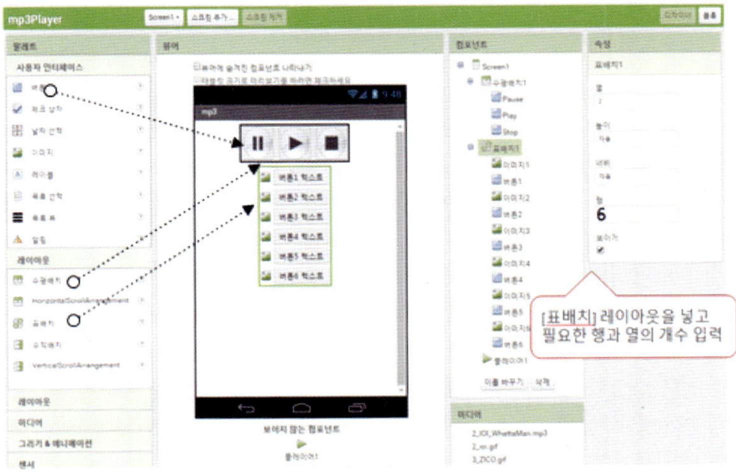

⑦ 미디어창에서 미디어 파일 Twice.png, bunpause.png, bunPlay.png, bunstop.png, Twice_cheerup.mp3등을 업로드 합니다.

⑧ 표안에 [이미지] , [버튼] 컴포넌트를 드래그하며, 이미지 컴포넌트 속성창에서 각각 사진을 선택한다. [버튼]의 이름들도 바꾸고 버튼의 텍스트를 변경한다.

⑨ [플레이어] 컴포넌트를 뷰어창에 드래그하면, 보이지 않는 컴포넌트영역에 보이게 된다. 속성창의 소스에서 “Twice_cheerup.mp3”를 설정한다.

⑩ 컴포넌트 창에서 Screen1을 선택하고 창에서 수평정렬을 중앙, 수직정렬을 가운데로 설정한다.

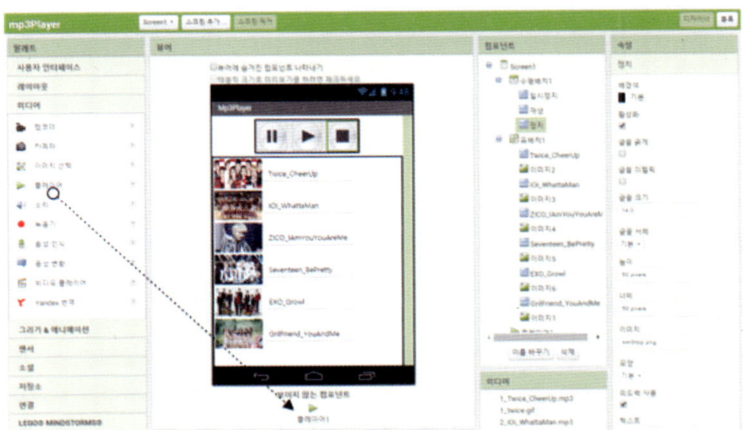

▪ 블록 코딩하기

오른쪽 상단의 [블록]버튼을 클릭하여 블록코딩을 실시한다.

① “블록” 창의 Screen1 항목의 [일시정지] 컴포넌트를 클릭하고, 블록이 나타나면 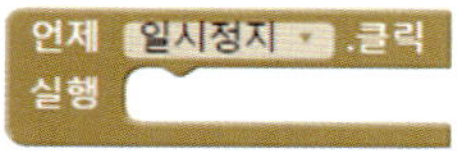

「클릭할 때 실행」블록을 드래그하여 

블록을 실행 내용에 끼워준다.

② “블록” 창의 Screen1 항목의 [재생] 컴포넌트를 클릭하고, 블록이 나타나면 

「클릭할 때 실행」블록을 드래그하여 

블록 실행 내용에 끼워준다.

③ “블록” 창의 Screen1 항목의 [정지] 컴포넌트를 클릭하고, 블록이 나타나면 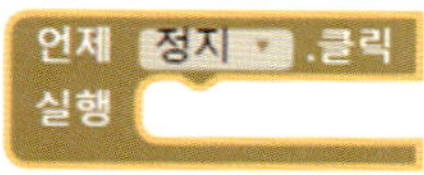

「클릭할 때 실행」 블록을 드래그하여 

블록 실행 내용에 끼워준다.

④ “블록” 창의 Screen1 항목의 [Twice_cheerup] 컴포넌트를 클릭하고, 블록이 나타나면  블록을 화면뷰어창에 드래그하며, [플레이어] 컴포넌트를 클릭해 

블록을 실행 내용에 끼워준다. 텍스트 공통블록을 클릭 후 빈칸에 텍스트 문자열을 입력후 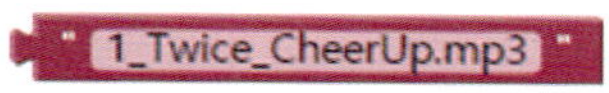

끼워 준다.

⑤ “블록” 창의 Screen1 표 항목의 [IOI Whataman], [ZICO_IAmYouAreMe], [Seventeen_BePretty], [EXO_Grow], [GriFriend_YouAndMe] 버튼 컴포넌트를 클릭하고, 블록이 나타나면 각각의 블록을 드래그하고, [플레이어] 컴포넌트를 클릭 

블록을 실행 내용에 끼워준다. 텍스트 공통블록을 클릭 후 각각 실행할 파일의 이름을 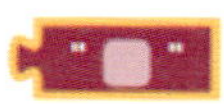 작성하여 끼워 준다.

완성된 코드는 아래와 같다.

▪ 실습3. CarGame 제작하기(CarGame.aia)

> 캔버스에서 공 이미지 스프라이트를 플링하여 자동차 스프라이트가 서로 충돌하면 활동을 정지시키는 앱

▪ 컴포넌트 설명

캔버스 : 그림을 그리거나 스프라이트를 움직일 수 있는 터치가 가능한 사각 평면 공간이다.
이미지 스프라이트 : 캔버스 위에서 터치나 드래그되며 다른 스프라이트와 상호 작용하는 스프라이트이다. 모양은 사용자가 정할 수 있다.
시계 : 스마트 기기의 내부 시계를 사용하여 정해진 시간이 지날 때마다 이를 알려준다.

▪ 블록 설명

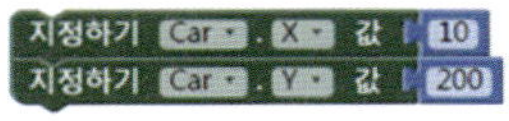

: 개체의 X, Y 값을 이용하여 원하는 위치로 이동한다.

: 자동차와 충돌했을 때 활동을 정지 시키기 위한 값이다.

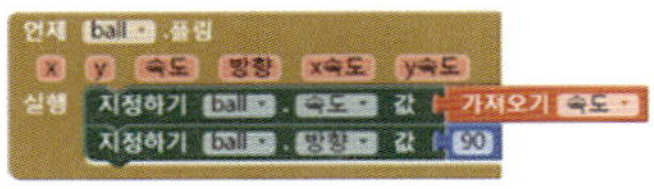

: 플링했을 때 속도와 방향을 조절하기 위한 코드이다.

: 모서리에 충돌할 때 튕기기 위한 값이다.

: 충돌 후, 또는 플링했을 때 움직이는 속도 값을 조정한다.

▪ 앱 디자인하기

① [프로젝트] - [새 프로젝트 시작하기...] - 프로젝트 이름을 "CarGame"로 입력한 후 - [확인] 버튼을 누른다. 스크린 속성 창에서 스크린 방향을 가로로 변경한다.

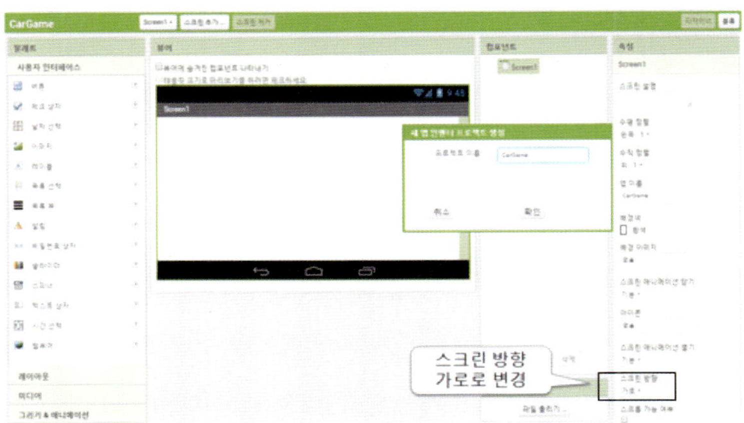

② 미디어창에서 미디어 파일 background.jpg, ball.png, icon.png, car.png, 파일을 업로드 한다.

③ [캔버스] 컴포넌트를 뷰어창에 드래그하며, 속성창에서 높이, 너비를 부모에 맞추기로 설정한다. 배경이미지를 지정하기 위해 속성 창에서 미디어 파일 중 "background.jpg" - [확인] 버튼을 누른다.

④ [이미지 스프라이트] 컴포넌트 3개를 뷰어창에 있는 [캔버스] 컴포넌트 안에 드래그 하고, Car, ball, 다시시작 버튼으로 이름을 변경하고, [이미지스프라이트] 컴포넌트 속성에서 이미지를 변경한다.

⑤ [시계] 컴포넌트를 뷰어창에 삽입하고 속성의 타이머 간격을 3000으로 변경한다.
타이머간격 1000=1초를 나타낸다. 3000을 입력하면 3초마다 자동차가 움직인다.

▪ 블록 코딩하기

자동차는 왼쪽 하단에 위치시킨후 오른쪽으로만 이동시킨다. 공을 플링해서 위, 아래로만 움직이며, 모서리에 닿으면 튕기게 한다. 자동차를 피하지 못하고 공과 충돌하면 모두 비활성화하며, 다시 시작을 터치하면 다시시작할수 있도록 하게 코딩한다.

오른쪽 상단의 [블록] 버튼을 클릭하여 블록코딩을 실시한다.

① 앱을 실행시키면 자동차와 공의 위치를 지정하기 위해 [Screen1] 클릭하여 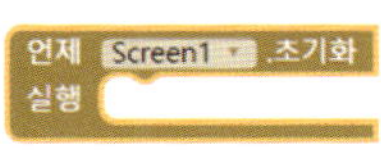

블록을 뷰어창에 드래그 하고, 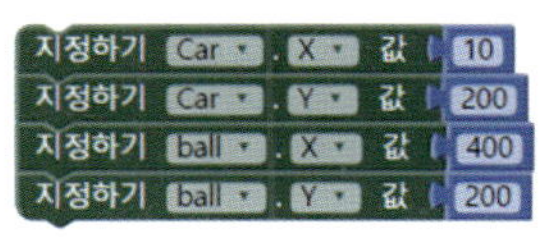

블록을 끼워 넣어, 자동차와 공의 위치를 지정한다.

② [시계1] 컴포넌트를 클릭해 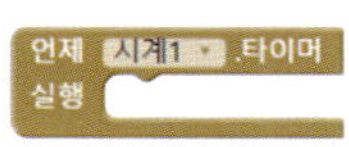

블록을 뷰어창에 드래그한다.

자동차의 X, Y, 방향, 속도 값을 지정하여, 3초마다 자동차가 움직일 수 있도록 한다.

③ [ball] 컴포넌트를 클릭하여 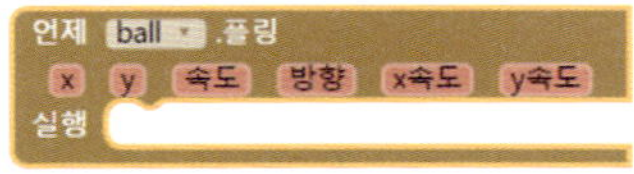

블록을 뷰어창에 드래그 한다.

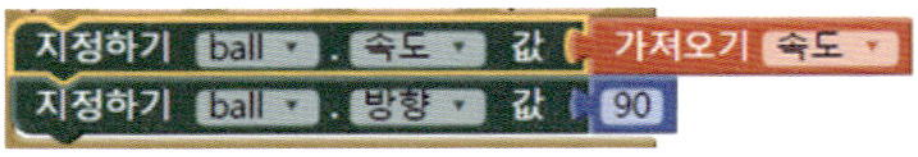

블록을 끼워 넣어, 손가락을 사용하여 지정된 방향과 속도로 플링한다.

④ [ball] 컴포넌트를 클릭하여 

블록을 뷰어창에 드래그 한다.

블록을 끼워 넣어, 모서리에 닿으면 튕기며, 볼의 속도값을 지정한다.

⑤ [ball] 컴포넌트를 클릭하여 

블록을 뷰어창에 드래그 한다.

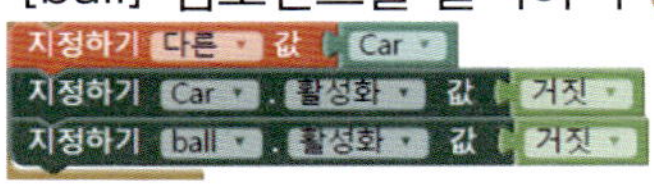

블록을 끼워 넣어, 볼과 자동차가 충돌하면 자동차와 볼이 비활성화 된다.

⑥[다시시작]컴포넌트를 클릭하여 

블록을 뷰어창으로 드래그 한다.

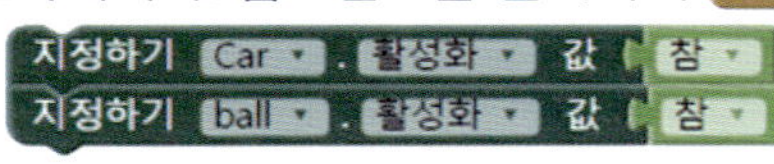

블록을 끼워넣어, 다시 시작을 터치하면 자동차와 볼이 활성화 되어 다시 시작 할수 있게 된다.

완성된 코드는 아래와 같다.

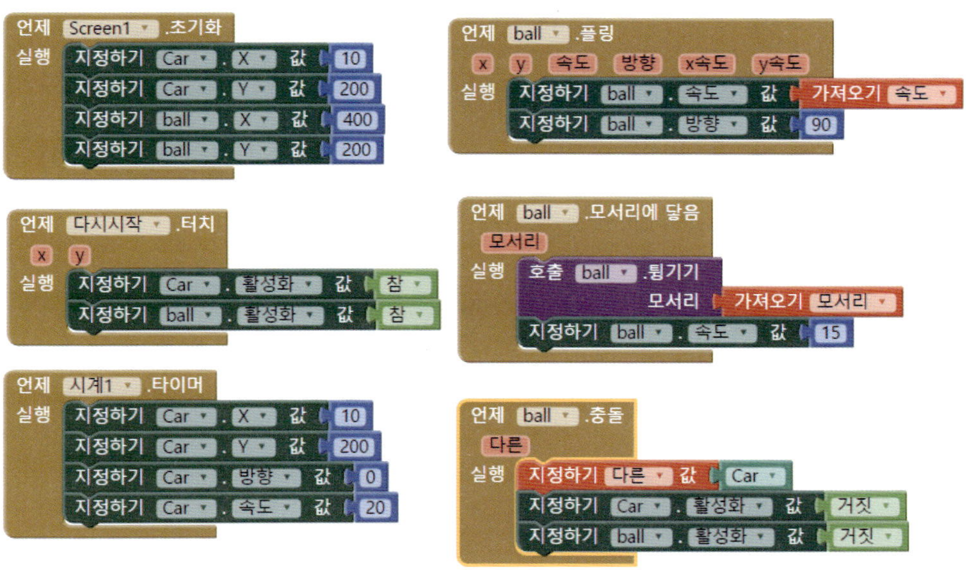

Chapter 8. 정리하기

1 사용자 인터페이스(UI: User Interface)는 빌 모글리지에 의해서 처음 제안되었다. 컴퓨터 소프트웨어의 사용성을 높이고자 하는 노력으로부터 비롯되었다. 이는 사용자와 컴퓨터 상호 정보교환에서 편리성을 높이는 방향으로 발전하고 있다.

2 UI의 발전과정

CLI 〉 GUI 〉 NUI 〉 OUI

(1) CLI(Command Line Interface) : 텍스트를 기본으로 사용자가 명령어를 입력해서 컴퓨터를 조작하는 인터페이스

(2) GUI(Graphic User Interface) : 그래픽 환경을 기본으로 마우스로 명령어를 입력하여 컴퓨터를 조작하는 인터페이스

(3) NUI(Natural User Interface) : 사람의 말과 행동으로 기기를 조작하는 인터페이스

(4) OUI(Organic User Interface) : 모든 자연상태에서 발견할 수 있는 다양한 형태의 특성을 반영한 인터페이스

3 제이콥 닐슨의 5가지 사용성 평가 속성

(1) 용이성 : 사용자가 UI에 얼마나 빨리 익숙해질 수 있는지 여부

(2) 효율성 : 사용자가 고급 기능을 얼마나 빨리 사용 가능한지 아닌지 여부

(3) 기억성 : 오랫동안 사용하지 않다가 다시 사용했을 때 얼마나 빨리 익숙해지는지 여부

(4) 오류성 : 사용자가 작업 도중 얼마나 높은 오류를 발생하는지 여부

(5) 만족성 : 사용자 인터페이스에 대한 개인 만족도

4 UX(User Experience)는 사용자의 경험을 바탕으로 사용자가 필요로 하는 것이 무엇인지, 무엇을 원하는지 분석하여 만들어진 상품이 가치가 높다는 점을 고려하여 제품, 시스템, 서비스를 개발하고자 하는 노력이다.

5 UI는 사용자의 사용성을 집중으로 파악하고 분석하여 사용자 만족도를 높이고자 하는 노력이라면, UX는 사용자의 생각, 감정, 행동들에 대한 복합적인 분석방법이다.

6 UX 디자인 프로세스

문제발견 〉 리서치 〉 프로토타이핑 〉 테스트

(1) 문제 발견 : 사용하려는 제품, 서비스, 시스템에 대한 시장 분석

(2) 리서치 : 사용자 환경에 맞는 제품을 개발하고자 필드 리서치 및 데스크 리서치를 실시

(3) 프로토타이핑 : 제품이나 서비스, 시스템에 대한 시-제작품을 개발

(4) 테스트 : 프로토타입을 시험 및 유지 보수

Chapter 8. 연습문제

1 다음은 UI에 대한 설명이다. 괄호에 알맞는 용어는 무엇인가?

빌 모글리에 의해서 처음 제안된 UI는 사용자가 컴퓨터 소프트웨어의 (　　　　　)을 높이고자 한 노력이었다. 이를 통해서 사용자와 컴퓨터 상호 정보 교환에 편리성을 높일 수 있다.

2 UI발전 과정에 대한 설명이다. 올바르지 않은 것은?

① CLI 〉 NUI 〉 GUI 〉 OUI 순으로 발전하였다.

② CLI : 텍스트 기반으로 사용자가 명령어를 입력하여 컴퓨터를 조작

③ NUI : 사용자의 모든 말과 행동으로 컴퓨터를 조작

④ GUI : 사용자가 마우스로 명령어를 입력하여 컴퓨터를 조작

3 UI에 대한 제이콥 닐슨의 평가 속성에 대한 설명이다. 올바르지 않은 것은?

① 사용자가 얼마나 UI에 빨리 익숙해질 수 있는지 여부를 용이성이라 한다.

② 사용자가 고급 기능을 얼마나 빨리 사용 가능한지 여부를 기억성이라 한다.

③ 사용자가 작업 도중 에러를 최소한 발생하는지 여부를 오류성이라 한다.

④ 사용자가 인터페이스에 대해 얼마나 만족하는지 여부를 만족성이라 한다.

4 다음은 무엇에 대한 설명인가?

사용자의 경험을 바탕으로 제품, 서비스, 시스템을 개발하고자 하는 노력

① GX　　② GI

③ UX　　④ UI

5 UX 디자인 프로세스에 대한 설명이다. 올바르지 않은 것은?

① 문제 발견 : 사용하려는 제품, 서비스, 시스템에 대한 시장 분석

② 리서치 : 사용자 환경에 맞는 제품을 개발하고자 필드 및 데스크 리서치

③ 프로토타이핑 : 시스템에 대한 시-제작품 개발

④ 인수 설치 : 프로토타입 시험 및 유지보수

Chapter 9.

모바일 UX 디자인

모바일 UX 디자인

UA. 팀 회의 진행하기

AppInventor 실습하기

1 모바일 UX 디자인 정의

성공적인 모바일 앱의 개발을 위해서는 다양한 조건들을 만족해야 하지만 그 중에서도 모바일 환경에 적합한 UX 설계는 필수적인 요소 중 하나이다. 일반적으로 시장에서 성공하는 모바일 앱들은 그에 걸맞는 훌륭한 모바일 UX를 제공하는 경우가 많다.

훌륭한 모바일 UX를 설계하기 위해서는 기존에 제작된 앱들의 모범 사례를 참조하는 것이 효과적인 방법이다. 사용자가 익숙해져있는 기존 앱들을 참조하면 앱 사용자의 행동을 유도하는 가장 효과적인 방법을 파악하여 적용 할 수 있다.

기존 앱 사용자들의 행동 패턴 및 선호도에 대한 구체적인 이해가 없으면 사용자들을 만족시키기 위한 필수적인 요소들을 놓칠 가능성이 높으며 이는 곧 긍정적이지 않은 사용자 경험으로 귀결된다.

훌륭한 모바일 UX를 디자인하기 위해 사용되는 다양한 전략들을 소개한다. 다음에 나오는 내용들을 염두하여 UX를 디자인할 경우 보다 성공적인 산출물을 만들어 낼 수 있을 것이다.

2 모바일 UX 디자인 전략

- 사용자 인터페이스 (UI) 디자인

앱의 모바일 UX를 제작하는 데에 있어서 가장 큰 요소는 UI이다. 모바일 앱 UI의 요소에는 대상 모바일 기기가 사용하는 다양한 크기의 화면부터 필요할 때마다 팝업되는 가상 키보드에 이르기까지 모든 것이 포함될 수 있다.

iOS 와 Android 두 주요 모바일 플랫폼들은 계속해서 UI 디자인을 변경하여 이를 사용하는 앱과 사용자들에게 영향을 미치고 있다. 이러한 변경은 기존 UI의 개선 뿐 아니라 새로운 형태의 UI 추가도 포함된다. 모바일 앱 개발자는 변경 사항을 지속적으로 확인하고 새로운 기능을 활용하는 앱을 개발하여 이점을 누려야 한다. 개발자는 이러한 행동을 통하여 끊임없이 변화하는 모바일 환경에서 경쟁력을 유지할 수 있다.

- 색상 선택 : 심리적 관점

UX 디자인시 색상 선정은 심리적인 관점에서 모바일 앱에 영향을 준다. 색상이 사용자의 특정 행동을 유도할 수 있기 때문이다.

색상은 현실 세계에서와 마찬가지로 사람들에게 특정 감정을 심어 줄 수 있으며 특정 색상은 사람들을 특정 방식으로 반응시킨다. 예를 들어 빨강색이나 초록색 버튼은 사용자로 하여금 클릭을 유도하는 것으로 알려져 있다.

다른 한 가지의 예를 더 들어보면 중국 시장에 출시된 앱들의 상당수는 빨강 색상을 사용하고 있다. 빨간색은 중국의 웹 사이트 들에서도 주로 사용되고 있으며 이 색은 전통적으로 중국인들에게 행복을 의미하는 색상으로 알려져 있다.

- 간결한 UI 디자인

지난 몇 년 동안의 UX 디자인의 트렌드는 최대한 간결한 UI를 사용하는 것이었다. 이 관점은 모바일 앱이 단순히 미적으로 보기 좋은 것 보다는 훌륭한 기능을 제공하는 것에 중점을 두는 것으로 최근 몇 년간 UX 디자인의 대세론으로 여겨지고 있다.

이 접근법의 핵심 원리는 사용자가 반드시 알아야 하는 것들 만을 제시하는 것이다. 사용자가 불필요하게 암기해야만 하는 정보 역시 최대한 줄여야 한다. 이는 사용자에게 앱을 소개하는 데 있어서 심리적으로 효과적인 방법으로 알려져 있으며 사용자에게 탁월한 모바일 UX 제공하기 위한 기본 지침이 되고 있다.

대표적인 예로 Walmart 앱의 경우 모바일 물품 구매시 불필요한 정보를 입력함에 따른 사용자의 불만을 방지하기 위해 모바일 구매 과정을 최대한 간소화 시켰다.

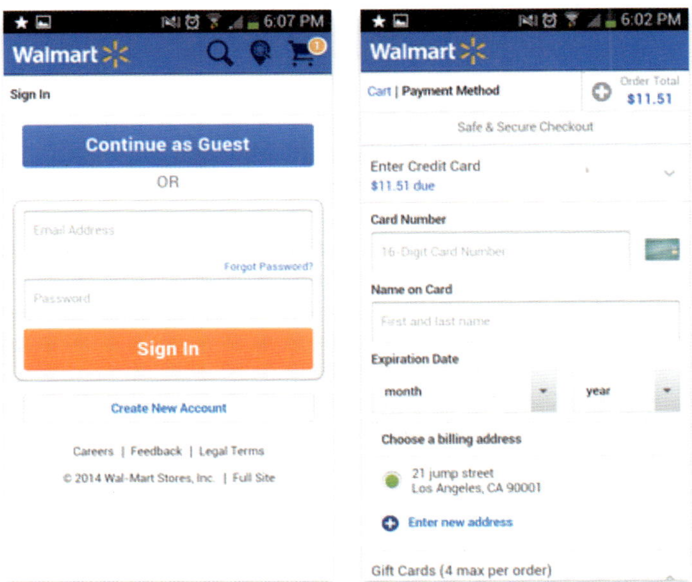

그림1. Walmart 앱의 로그인 및 물품구매 화면

또한 Walmart 앱은 guest로 로그인을 통한 구매 옵션을 제공하므로 물품 구매를 위해 별도로 로그인을 할 필요가 없다. 그리고 이 앱의 UI는 전반적으로 넓은 여백 과 버튼을 많이 사용하고 있다. 결과적으로 이 앱은 Walmart의 매출 증가에 큰 역할을 하게 되었다.

항상 사용자의 입장에서 생각하는 것을 잊지 말아야 한다. 사용자가 처음 모바일 앱을 설치하여 실행 했을 때에 한 달 안에 사용자가 세면용품에 얼마나 많은 돈을 쓸지와 같은 질문을 하는 것은 당신에게만 좋은 일이며 힘들게 벌어들인 현금을 지출하는 고객에게는 전혀 가치없는 질문이다.

간결화된 UI 디자인은 로그인 화면에도 적용될 수 있다. 로그인 화면에서는 사용자가 앱을 사용하기 위해 절대적으로 필요로하는 데이터만을 수집하고 불필요한 내용은 요구하지 않도록 해야한다. 이러한 시도로 사용자가 앱을 설치 후 로그인도 하지 않고 바로 삭제해버리는 비극을 막을 수 있다.

그림2. ONE store 앱의 로그인 화면

ONE store 앱은 사용자에게 다양한 로그인 방식을 제공한다. 사용자는 별도의 계정 생성이 필요없이 기존에 사용하던 google 계정이나 소셜계정 및 휴대전화번호 등을 통해서 손쉽게 이 앱에 로그인 할 수 있다.

- 모바일 onboarding UX

모바일 UX의 맥락에서 볼 때 처음 앱을 접하는 사용자에게 그 앱의 사용방법을 안내하는 onboarding UX를 제공하는 것은 사용자 유치 및 유지를 위해 큰 도움이 될 것이다.

onboarding UX를 앱 고속도로로 진입하는 진입로로 생각한다면 이후의 UX들은 해당 고속도로의 경치로 볼수 있다.

온 보딩의 목표는 사용자가 원하는 것을 신속하고 효율적으로 달성하는 방법을 보여줌으로써 사용자에게 앱의 가치를 보여주는 것이다. 이 단계에서 모바일 UX를 극대화하기 위해 구현할 수있는 많은 전략이 있으며 대표적인 전략 중 하나는 점진적 onboarding 이다. 이 onboarding 프로세스는 대화식으로 진행되며 실제로 앱을 사용할 때 지침을 사용자에게 제공한다. 앱에 복잡한 워크 플로우나 여러 섹션, 숨겨진 기능 및 제스처(손동작) 기반 상호작용이 있는 경우 이러한 점진적 onboarding이 효과적이다.

Twitter 앱은 이러한 점진적 onboarding UX를 적용하여 사용자에게 다음 단계로 넘어가기 위해서 해야 할 일을 안내한다.

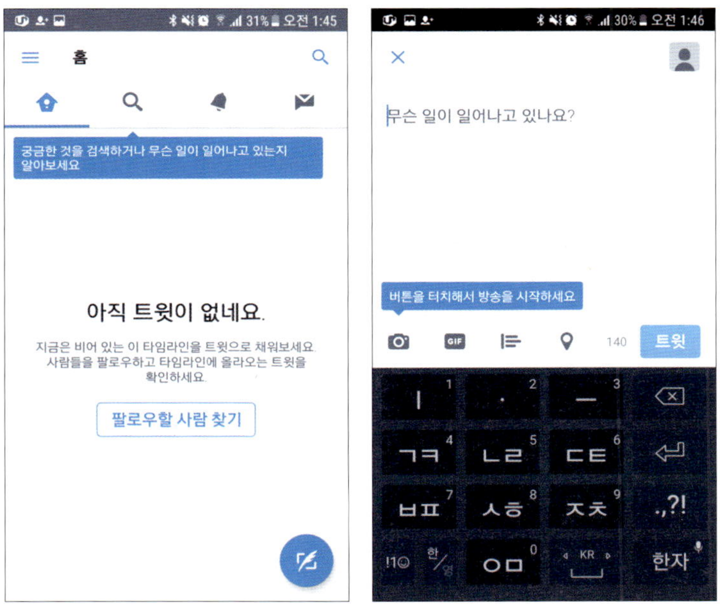

그림3. Twitter 앱에서 적용한 점진적인 onboarding UX

- Customization(사용자 정의)에서 personalization(개인화)로의 전환

기존의 PC용 웹사이트는 사용자의 선호도에 따라 사용자가 화면을 직접 customization 하는 것이 가능하도록 하기 위해 다양한 기술을 활용했다. 예를 들어서 사용자는 자신의 취향에 따라서 웹사이트의 특정 아이콘을 다른 위치로 옮긴다던지 새로운 메뉴를 추가한다던지 등의 동작이 가능했다. 그러나 이러한 customization은 화면 크기가 매우 다양한 모바일 플랫폼에서는 적용이 쉽지 않게 되었다.

이러한 cutomization의 개념은 모바일 시대로 진화하면서 자연스럽게 personalization으로 전환되었다. 모바일 앱을 사용하는 사용자의 행동은 앱에 의해 원격 서버에 기록되고 이렇게 형성된 Big Data를 통해 모바일 UX를 개선 할 수 있다. 예를 들어 사용자가 매달 초에 특정 유형의 유아용품을 앱을 통해 구매할 경우 이 맞춤형 앱은 매월 말에 해당 유형의 제품에 대한 특별 딜을 제공한다. 이와 같이 앱 제공 업체는 맞춤형 추천을 사용자에게 제공하여 수익 증대를 실현할 수 있다.

Personalization의 또 다른 예는 여러가지 앱들에서 활용하고 있는 푸시 알림이다.

Starbucks의 모바일 앱은 고객이 보유하고 있는 포인트를 추적하여 현재 포인트로 제공받을수 있는 프로모션을 알리는 푸시 알림을 보낸다. 항공권 특가 알림 앱인 플레이윙즈 앱은 구매 시점에 따라 가격 변동이 심한 각종 항공권 프로모션 정보 가운데 사용자가 등록한 관심 지역과 여행 일정에 따른 항공권 특가 소식만을 모아 실시간 푸시 알림으로 제공한다.

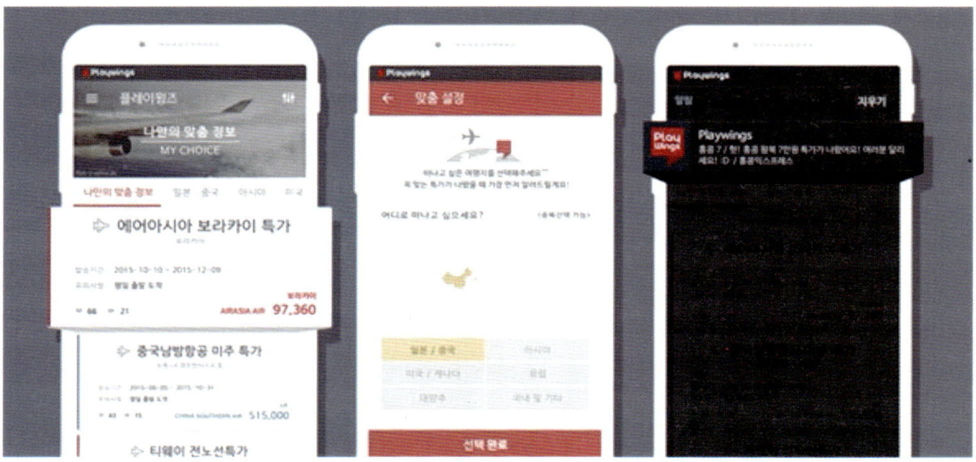

그림4. 플레이윙즈 앱의 맞춤설정 및 푸시알림

위에서 제시한 사례들에서 알수 있듯이 모바일 앱에 효과적인 personalization UX를 적용할 경우 지속적인 수익 창출에 긍정적인 효과를 가져오게 된다.

- Gesture

터치를 통한 pinching, swiping, scrolling 동작은 최근 모바일 기기에서 사용하고 있는 gesture의 대표적인 예이다. swiping이나 pinching 등의 기능이 거의 없었던 과거의 모바일 기기에서는 gesture 동작이 매우 제한되었다. 그러나 최근 이러한 기능들이 추가되면서 UX 디자이너는 UI 디자인에서 gesture에 매우 중점을 두게되었다. 공유 및 삭제와 같은 작업을 위해 swiping 동작을 사용하는 것이 대표적인 예이다.

또한 제작하는 앱과 유사한 기능을 하는 다른 앱들에서 사용하는 gesture를 참조하는 것도 중요하다. 이러한 gesture 동작을 앱에서 동일하게 적용할 경우 기존 사용자가 처음부터 앱에 익숙해지는 효과를 가져올 수 있게 될 것이다.

Google 및 NAVER TV와 같은 앱은 공간을 절약하기 위해 사이드 swipe 메뉴를 사용한다. 이것은 탁자 위에서 빈 공간을 만들고 싶을 때에는 탁자위의 물건들을 걷어낼 것이다. swipe 메뉴는 이러한 인간의 심리를 적절히 활용한 UI의 한 예라고 볼 수 있다.

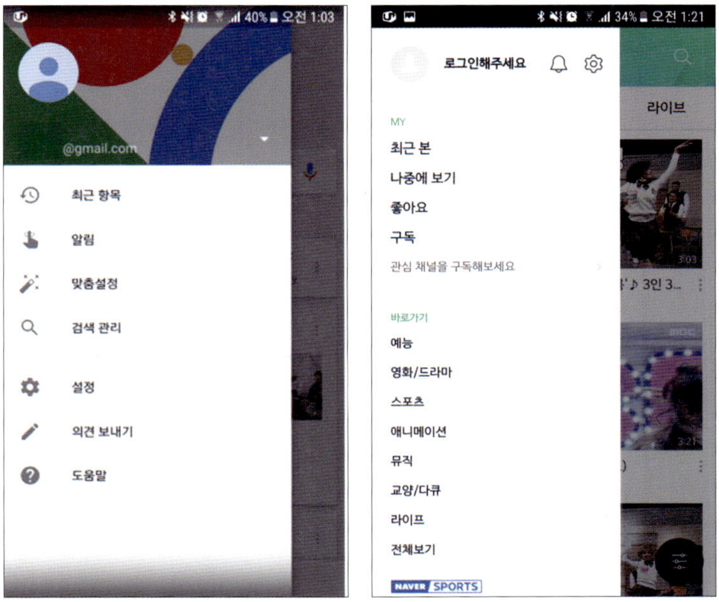

그림5. Google 앱과 NAVER TV 앱에서 적용한 swipe 메뉴

iPhone 개발자의 경우 최근에 발표된 3D Touch gesture에 주목해야 할 것이다. 이는 기존 터치 동작에 압력이라는 개념을 추가한 기술이며 앱 개발자들은 iPhone의 사용자들이 이러한 새로운 기능을 수행 할 수 있게 되었다는 것을 염두하여 UX를 개발해야 한다.

예를 들어 앱 아이콘을 특정 강도의 세기로 누르면 메뉴를 통해 추가 정보를 가져올 수 있으며 카메라 아이콘을 이와 같이 누르면 셀프샷 모드로 작동 할 수 있는 옵션이 제공되는 형태의 동작이 가능할 것이다.

3 모바일 UX 디자인을 위한 와이어프레임 및 프로토타입

와이어 프레임(Wireframe)은 모바일 앱의 페이지 및 웹페이지의 구조를 제안하기 위한 화면 설계도이다. 실제 세부 디자인을 진행하기 전에 선(wire)을 이용해 윤곽선(Frame)를 설계해볼수 있다. 이것은 디자인의 컨셉, 고객의 요구사항, 콘텐츠의 기능 요소를 모두 파악하여 전략적으로 설계되어야 하므로 매우 중요한 요소이다.

또한 이 와이어 프레임이 잘 갖추어야만 디자이너와 웹 퍼블리셔, 개발자, 그리고 고객이 서로 소통을 원활히 할수 있다.

와이어 프레임의 제작툴로는 CACOO, 아이폰 목업 등이 있다.

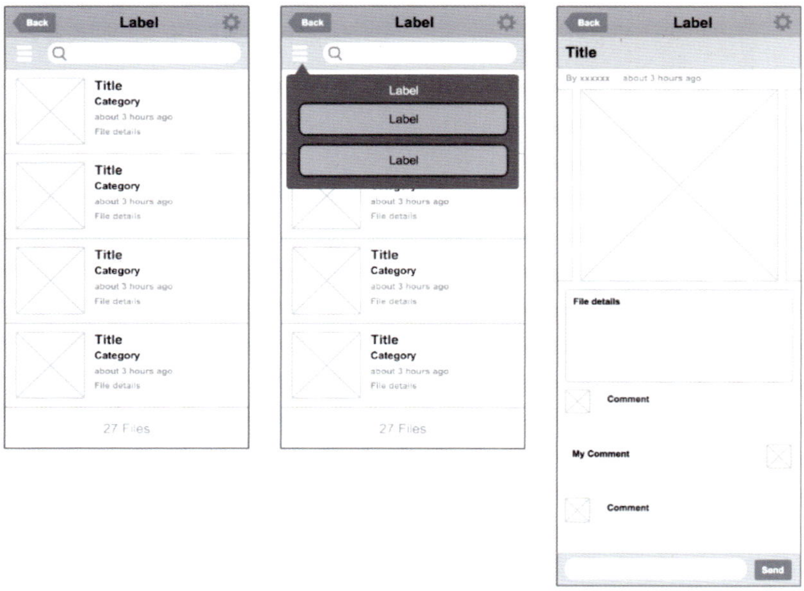

그림6. CACOO 와이어 프레임의 예

그림7. CACOO 와이어 프레임의 예 제작툴 메뉴

프로토타이핑은 코딩을 하지 않고도 테스트가 가능하도록 견본을 만들어 보는 행위를 의미한다. 이러한 프로토타이핑을 통하여 성능과 구현 가능성 등을 시험하기 위해 전체적인 기능을 간편하게 만들어 보면서 시행 착오를 줄일 수 있다. 프로토타입 제작툴로는 UX핀, POP앱, Fluid UI 등이 있다.

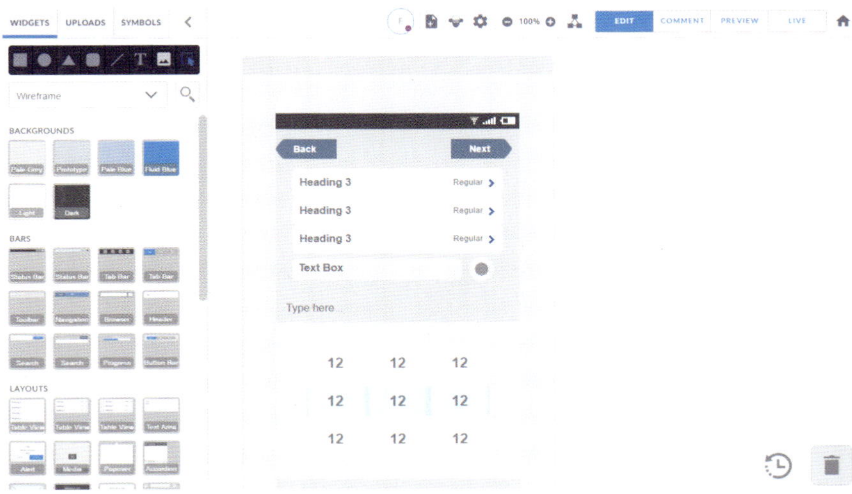

그림8. Fluid UI 프로토 타입의툴 메뉴

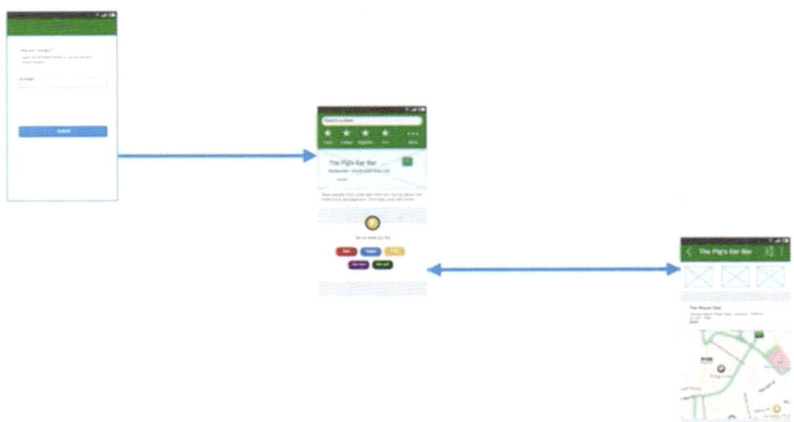

그림9. Fluid UI 프로토 타입의 예

UA. 팀회의 진행하기

▪ 팀 회의1. 'SOS앱 제작하기'

'길을 잃었을 때 SOS문자 보내기' 주제로 모바일 UX/UI디자인 특징을 분석하여 본다.

UX/UI 그룹활동 워크시트 ________ 분반 _____ 조 (조원:)

주제 : 길을 잃었을 때 SOS문자 보내기

1. 모바일 UX 디자인 특징

ex)

사용자환경에서 사용되는 색상 :

사용자 환경을 고려한 전체적인 메뉴 및 이미지 구성 :

2. 모바일 UI 디자인 특징

ex)

화면크기 :

이미지 사이즈 :

메뉴버튼 :

팝업되는 가상 키보드 특징 :

그림10. 그룹활동 워크시트1

분석된 특징을 바탕으로 모바일 전용 프로토타이핑 툴을 사용하여 프로토타입을 설계한다. 몇 개의 스크린을 설계할 것인지?, 또한 앞에서 분석한 모바일 UX/UI특징이 잘 반영될 수 있도록 설계한다.

3. 프로토 타입 설계(Fluid UI 프로토 타입의 툴 사용)

- www.fluidui.com (웹에서 바로 조작, 구현 및 테스트할수 있는 모바일 전용 툴)

ex) 모바일에서 구현후에 워크시트에 붙여넣기 한다.

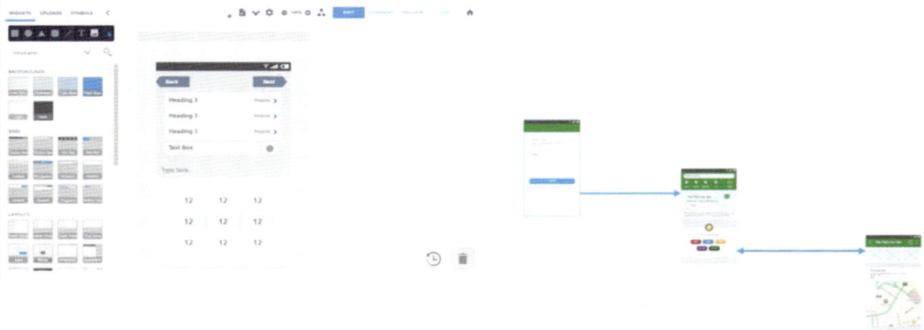

그림11. 그룹활동 워크시트12

또한 앞에서 분석한 모바일 UX/UI특징이 잘 반영될 수 있도록 설계한다.

AppInventor 실습하기1

▪ 실습1. SOS앱 제작하기(SOS.aia)

위치센서를 이용하여 현재 위치를 읽어오고, 스마트 기기에 저장된 연락처 목록에서 문자를 보내고자 하는 사람의 연락처를 선택하여 문자를 보낼 수 있는 앱을 제작한다.

▪ 컴포넌트 설명

위치 센서	: 스마트 기기의 위치를 알려준다. 사용을 위해 위치센서를 켜야한다.
문자 메시지	: 지정된 전화번호로 메시지를 보낼수 있다.
표배치	: 표 모양으로 요소들을 정렬할 수 있도록 한다.
연락처 선택	: 연락처를 선택할 수 있는 목록이 나타 난다.

▪ 블록 설명

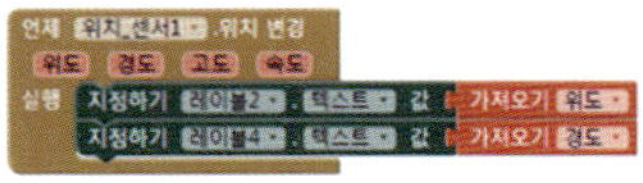

: 위치 센서가 현재의 위도 값과 경도 값을 알려준다.

: 위치 센서가 읽은 스마트 기기가 있는 현재 주소를 알려준다.

: 연락처를 선택하면 스마트 기기에 저장되어 있는 연락처 앱을 호출하여 선택할 수 있도록 한다.

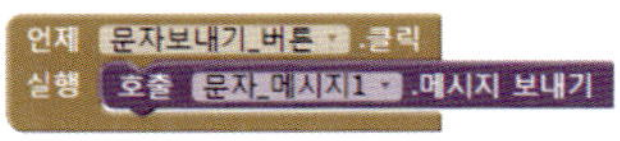

: 버튼을 클릭하면 문자 메시지를 보낼수 있다. 단, 메시지와 전화번호를 지정해야 한다.

▪ 앱 디자인하기

① [프로젝트]－[새 프로젝트 시작하기...]－프로젝트 이름을 "SOS"로 입력한 후 －[확인] 버튼을 누른다.

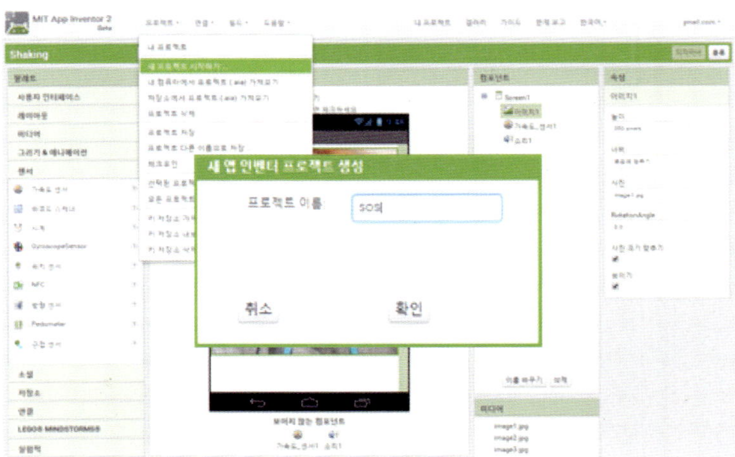

② 미디어창에서 미디어 파일 sos3.png 파일을 업로드 합니다.

③ [이미지] 컴포넌트를 뷰어창에 드래그하며, 속성창에서 높이를 30 pixels, 너비를 부모에 맞추기로 설정한다. 이미지를 지정하기 위해 속성 창에서 [이미지] 상자를 클릭하여 나타나는 미디어 파일 중 "sos3.png" －[확인] 버튼을 누른다.

④ [레이블] 컴포넌트를 뷰어창에 드래그하며, 속성창 텍스트에 전하고 싶은 메시지를 입력한다.

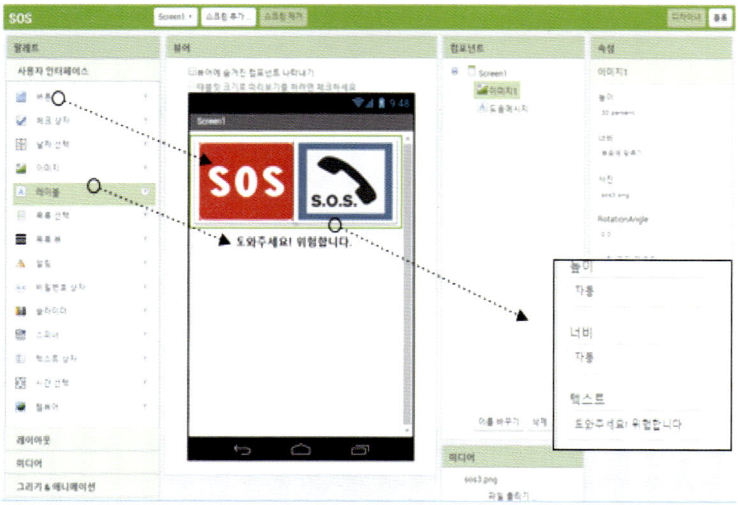

⑤ [표배치] 컴포넌트를 뷰어 창에 드래그 한다.

⑥ [버튼] [연락처 선택] 컴포넌트, 텍스트 상자2개를 [표배치]로 드래그하며, 텍스트상자의 이름을 내위치, 연락처 선택이름을 연락처 선택으로 버튼의 이름을 변경한다.

⑦ [버튼]컴포넌트를 뷰어창에 드래그 하여, 버튼의 이름, 속성을 메시지 보내기로 입력한다.

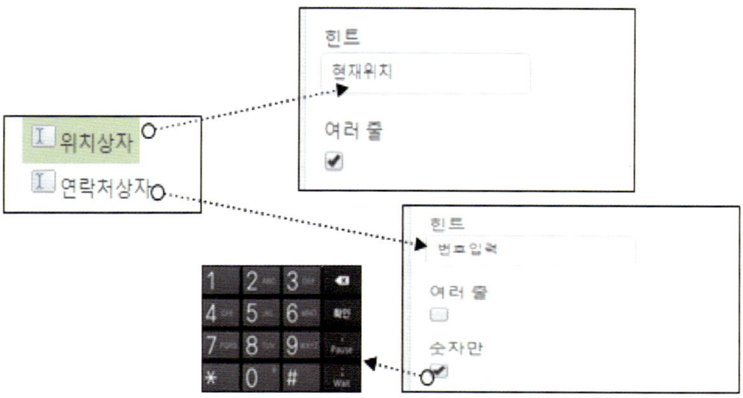

⑨ [수평배치] 컴포넌트를 뷰어 창에 드래그 하고, [수직배치] 컴포넌트 2개를 [수평배치] 컴포넌트 창 안으로 드래그 한다.

⑩ [수직배치] 컴포넌트1에는 [버튼], [레이블] 컴포는트를 드래그 하고, 속성창에서 텍스트를 위도, '0000'으로 입력하고, [수직배치] 컴포넌트1에는 [버튼], [레이블] 컴포넌트를 드래그 하고, 속성창에서 텍스트를 경도, '0000'으로 입력한다.

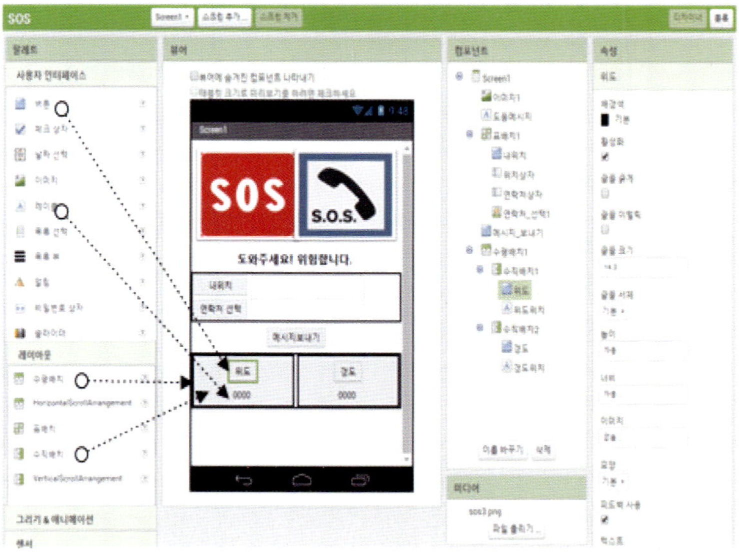

⑪ [위치센서] [문자메시지] 컴포넌트를 뷰어 창에 드래그 하며, 위치센서의 속성을 수정한다.

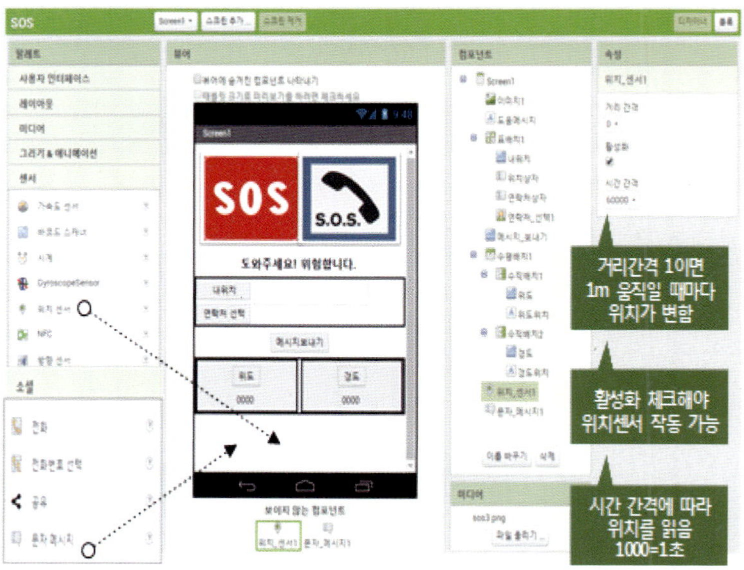

▪ 블록 코딩하기

오른쪽 상단의 [블록]버튼을 클릭하여 블록코딩을 실시한다.

① 현재 내 위치를 가져오기 위한 코딩은, "블록" 창의 Screen1 항목의 [내위치] 버튼을 클릭, 블록이 나타나면 언제 내위치 .클릭 실행 블록을 드래그하고, [위치상자]텍스트상자를 클릭, 지정하기 위치상자 . 텍스트 값 블록, [위치센서]컴포넌트 클릭, 위치_센서1 . 현재 주소 블록을 실행 내용에 끼워준다.

② 휴대폰에 저장된 연락처를 열어 선택하는 코딩은, [연락처 선택]컴포넌트에서 언제 연락처_선택1 .터치 다운 실행 선택하고, 호출 연락처_선택1 .열기 블록을 선택한다.

③ 선택된 연락처를 연락처 상자 컴포넌트에 연락처를 나타내는 코딩은, [연락처 선택]컴포넌트에서 언제 연락처_선택1 .선택 후 실행 블록을 드래그하고, [연락처 상자] 컴포넌트에서 지정하기 연락처상자 . 텍스트 값 , 연락처_선택1 . 전화번호 블록을 선택한다.

④ 메시지 보내기를 클릭하여 지정된 연락처에 연락처 이름, 도움메시지, 내 위치를 보내기 위한 코딩은, [메시지 보내기]버튼을 클릭하고, 언제 메시지_보내기 .클릭 실행 블록을 드래그, [문자 메시지]컴포넌트의 지정하기 문자_메시지1 . 메시지 값 , 공통블록의 리스트 항목을

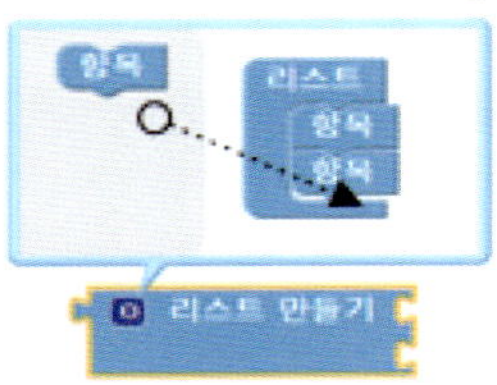

3개로 추가후

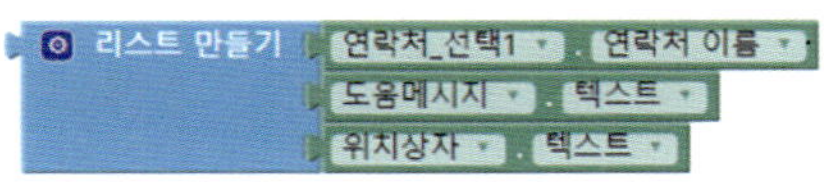

[연락처선택]컴포넌트, [도움메시지], [위치상자]텍스트상자 에서 블록을 선택하고, [문자메시지1] 컴포넌트에서 지정하기 문자_메시지1 . 전화번호 값 연락처상자 . 텍스트 , 연락처 상자에 있는 전화번호를 선택한다. 또한 [문자보내기]컴포넌트 클릭 후 호출 문자_메시지1 .메시지 보내기 블록을 선택 한다.

⑤ 현재 위치의 위도를 알아보기 위해, 위도 버튼 클릭후, 언제 위도 .클릭 실행 블록 선택, [위치 센서]컴포넌트에서 지정하기 위도위치 . 텍스트 값 , 위치_센서1 . 위도 블록을 선택한다.

⑥ 현재 위치의 경도를 알아보기 위해 경도 버튼 클릭후, [언제 경도 .클릭 실행] 블록 선택, [위치 센서]컴포넌트에서 [지정하기 경도위치 . 텍스트 값], [위치_센서1 . 경도] 블록을 선택한다.

완성된 코드 다음과 같다.

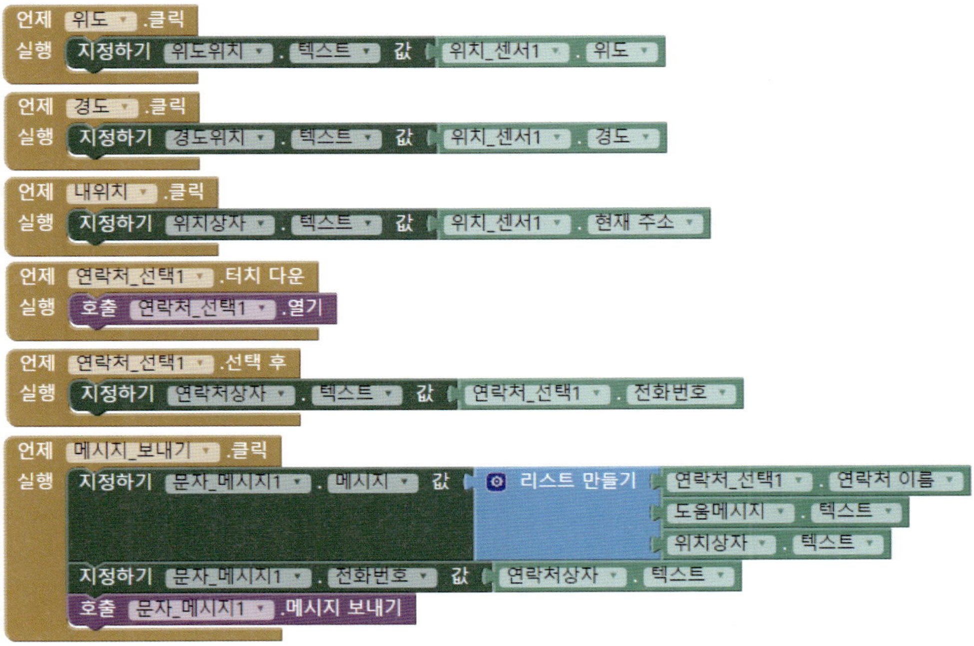

AppInventor 실습하기2

▪ 실습1. 내차 찾기 앱 제작하기(IamHere.aia)

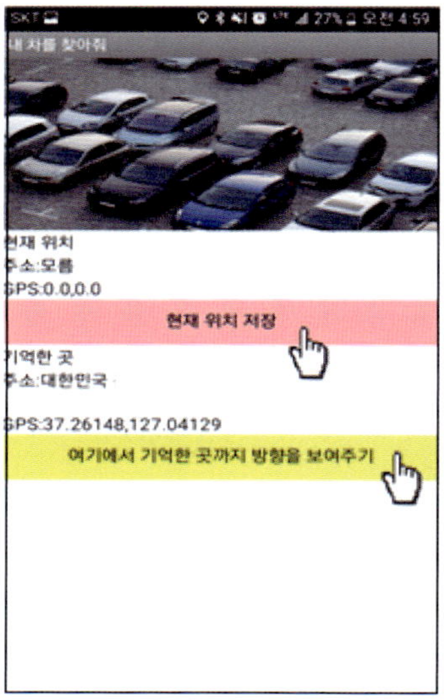

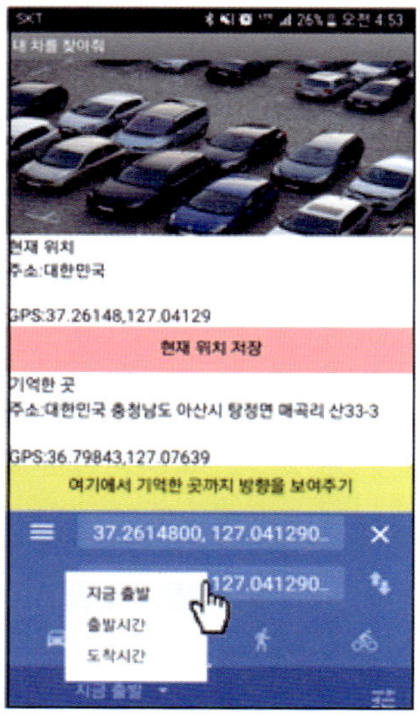

주차장에서 내차의 위치를 찾을 수 있도록 도와 주는 앱을 제작한다.

▪ 컴포넌트 설명

컴포넌트	설명
위치 센서	: 스마트 기기의 위치를 알려준다. 사용을 위해 위치센서를 켜야한다.
TinyDB	: 앱에서 사용하는 데이터를 저장한다.
웹뷰어	: 웹 페이지를 보여준다.

▪ 블록 설명

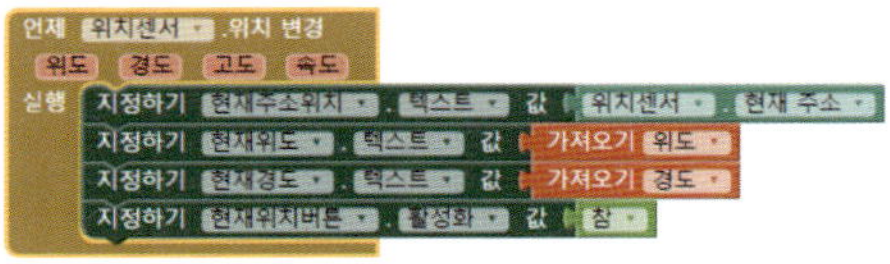

: 위치 센서가 현재주소, 위도 값과 경도 값을 알려준다.

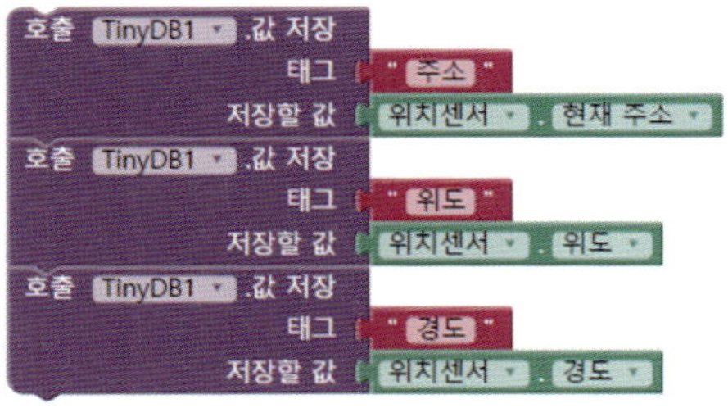

: TinyDB1를 사용하여 핸드폰 저장소에 현재주소, 위도, 경도 값을 저장할 수 있다.

: 버튼을 클릭하면 웹뷰어의 URL을 이용하여 지도를 이용할 수 있다.

▪ 앱 디자인하기

① [프로젝트]-[새 프로젝트 시작하기...]-프로젝트 이름을 "IamHere"로 입력한 후 -[확인] 버튼을 누른다.

② 미디어창에서 미디어 파일 parking.jpg 파일을 업로드 합니다.

③ [이미지] 컴포넌트를 뷰어창에 드래그하며, 속성창에서 높이를 30 percent, 너비를 부모에 맞추기로 설정한다. 이미지를 지정하기 위해 속성 창에서 [이미지] 상자를 클릭하여 나타나는 미디어 파일 중 “parking.jpg” - [확인] 버튼을 누른다.

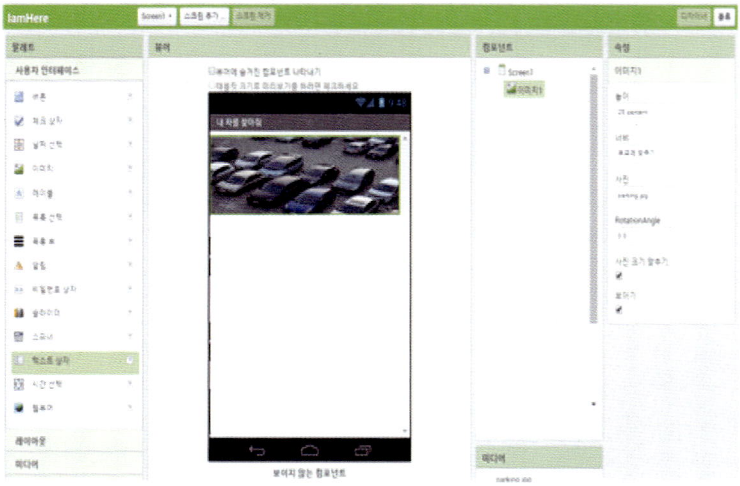

④ [레이블] 컴포넌트를 뷰어창에 드래그하고, 속성의 텍스트를 현재 위치로 입력한다.

⑤ [수평배치] 컴포넌트 4개를 뷰어창으로 드래그하고, 레이블, 버튼을 이용하여 아래와 같이 디자인한다.

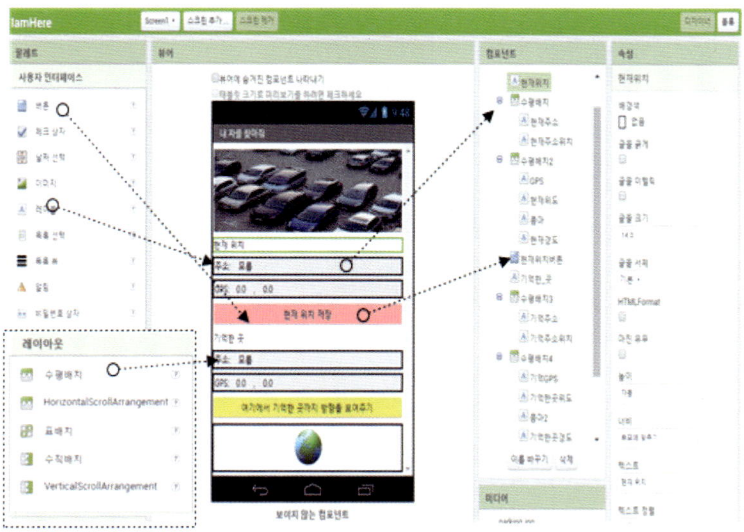

⑤ 보이지 않는 컴포넌트 위치센서, TinyDB1을 뷰어창으로 드래그하고, 웹뷰어 컴포넌트, 버튼을 이용하여 아래와 같이 디자인한다.

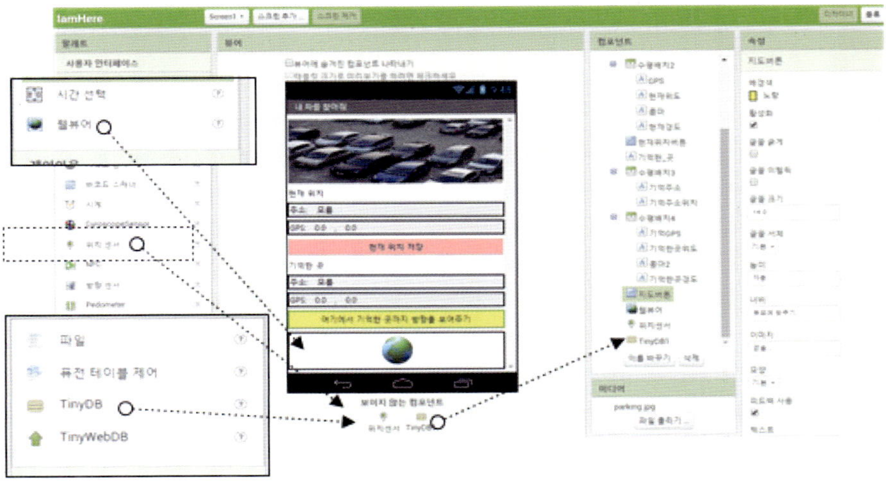

▪ 블록 코딩하기

오른쪽 상단의 [블록]버튼을 클릭하여 블록코딩을 실시한다.

① 위치 센서 컴포넌트를 이용하여, 처음 위치와 변경된 위치 정보가 생기면 위치센서는 구글 지도에 접속하여 GPS위치에 해당하는 주소를 가져와 현재 주소위치 속성에 저장한다. 그리고 현재위치 버튼을 활성화 한다.

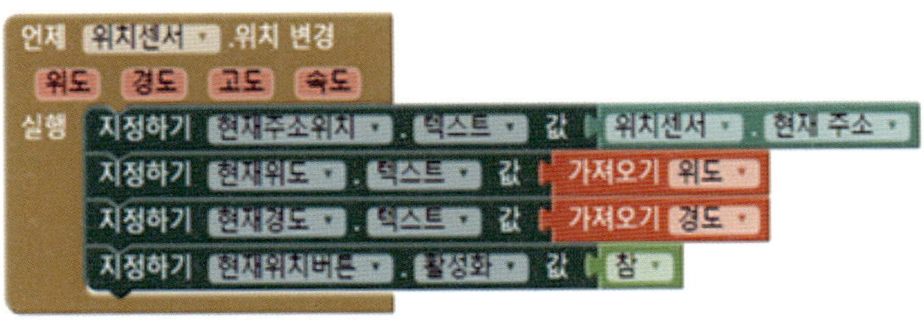

② 현재위치 버튼을 클릭하면 현재 위치 정보가 레이블에 표시되고 저장된다. 1~3블럭은 위치 정보를 해당 레이블에 보여주며, 네 번째 블록은 지도버튼을 활성화 시킨다. 주차 위치를 영구히 저장하기 위해 타이니 디비를 사용한다. 태그, 저장할 값이라는 두 개의 변수를 이용하여 저장한다. 태그는 저장할 데이터를 식별하며, 저장할 값은 실제로 저장할 값에 쓰인다.

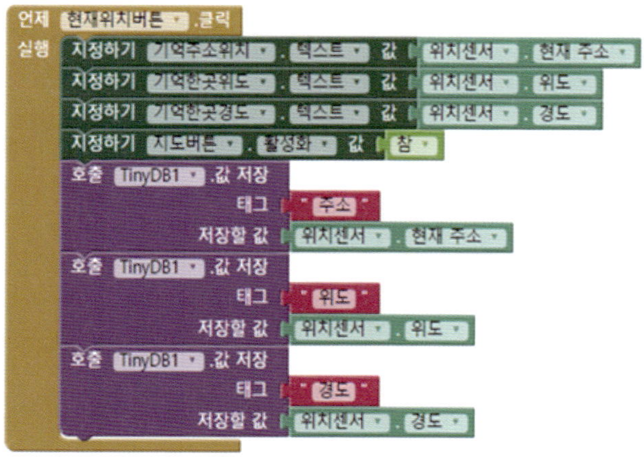

③ 지도 버튼을 클릭하면 사용자가 현재 위치와 주차한 곳 위치를 가지고 URL을 만든 다음 웹뷰어로 지도를 띄워 위치를 알려준다.

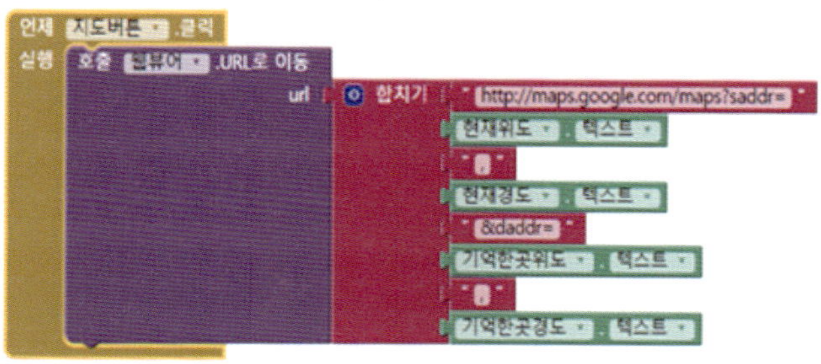

④ Screen1초기화 버튼을 누르면 앱이 시작할 때, 데이터베이스에서 위치 정보를 가져온다. 기억해 둔 위치가 있으면 표시하고 , 그렇지 않으면 "모름"이라 표시한다.
4번째 블록중 만약~ 그러면에 있는 블록은 데이터 베이스에서 받아온 값을 보고 지도 버튼을 활성화 할지 여부를 결정한다. "모름"이 아니면 성공적으로 위치 정보를 얻어온 상황이므로 버튼을 활성화 한다.

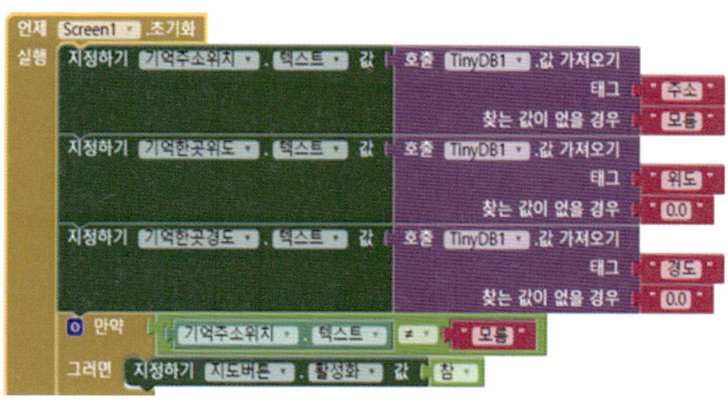

완성된 코드는 다음과 같다.

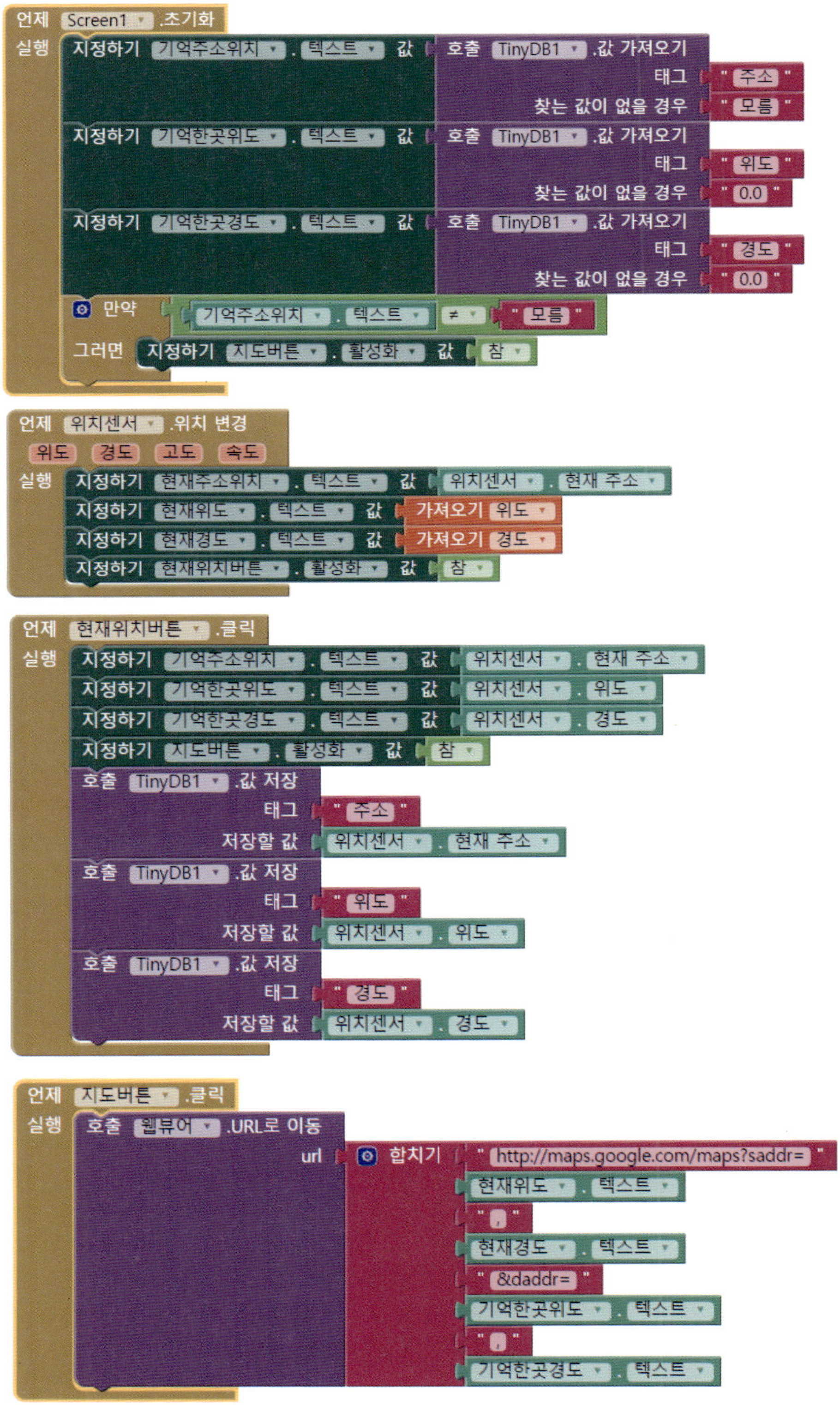

Chapter 9. 정리하기

1 훌륭한 모바일 UX를 설계하기 위해서는 기존에 제작된 앱들의 모범 사례를 참조하는 것이 효과적이다. 사용자들의 행동 패턴 및 선호도에 대해 구체적으로 이해한 후 사용자들을 만족시키기 위한 필수적인 요소들을 잘 배치하면 된다.

2 효과적인 모바일 UX 디자인을 위한 전략

(1) UI 디자인 : 사용자의 기호 및 사용하는 운영체제별로 가장 적합한 UI를 중심으로 디자인을 한다. 이를 통해서 사용자 만족도 상승 및 사용 편리성을 높일 수 있다.

(2) 사용자 친화적 색상 디자인 : 사용자의 선택을 높이고 버튼을 누르고 싶은 욕구가 드는 친화적인 색상을 버튼이나 메뉴의 배경색으로 설정한다.

(3) 간결한 UI 디자인 : 사용자는 디지털 매체의 복잡하고 산만한 광고 및 UI 정보들에 이미 충분히 지쳐있다. 최대한 간결하고 사용 접근이 편리한 디자인을 선호한다.

(4) 개인화 추세 : 사용자들은 자신의 요구사항만으로 구성된 개인화된 디자인을 선호한다.

(5) 제스처 중심 디자인 : 기존과 달리 최근 스마트폰은 다양한 사용자 제스처들을 제공한다. 핀칭, 스윕핑, 스크롤링 등을 적합하게 지원하는 디자인이 선호된다.

3 와이어 프레임을 이용한 모바일 UX 디자인

최근에는 와이어 프레임을 사용해서 사전에 사용자의 만족도를 높일 수 있는 디지털 프로토타이핑을 제공할 수 있다. CACOO, 아이폰 목업 등이 와이어프레임을 지원한다. 선(Line)만으로 단순하고 빠르게 사전 디자인이 가능하다.

4 디지털 프로토타이핑을 이용한 모바일 UX 디자인

디지털 환경에서 다양한 인터페이스를 사용해서 실제 앱이나 상품과 유사한 결과물을 사전에 제작해 볼 수 있다.

대표적으로 Fluid UI, POP 등이 디지털 프로토타이핑을 지원한다.

5 이번 장에서 사용된 컴포넌트들

(1) 위치 센서 : 스마트폰의 위치를 알려줌

(2) 문자 메시지 : 지정된 전화번호로 문자 메시지를 전송함

(3) 연락처 선택 : 전화나 문자메시지를 보내기 위한 연락처를 목록으로 나타냄

Chapter 9. 연습문제

1 다음은 효과적인 모바일 UX 디자인 전략에 대한 설명이다. 올바르지 않은 것은?
① 사용자 만족도 상승 및 사용 편리성 확대를 위한 UI 디자인 방법을 적용한다.
② 사용자 선택을 높일 수 있는 친화적인 색상을 사용해서 버튼을 제작한다.
③ 다양한 제스처를 지원할 수 있도록 지원한다.
④ 사용자의 요구사항에 적합하도록 독립화 추세이다.

2 모바일 UX를 위한 제스처에 대한 설명이다. 올바르지 않은 것은?
① 플리킹(Flicking) : 화면을 빠르게 문지르듯 떼어 빠르게 스크롤하는 제스처
② 롱탭(Long tap) : 한 지점을 일정 시간 이상 길게 누르고 있는 제스처
③ 스프레딩(Spreading) : 두 손가락을 동시에 클릭하는 제스처
④ 핀칭(Pinching) : 두 손가락을 동시에 안쪽으로 드래그하는 제스처

3 다음은 모바일 UX를 위한 제스처 중에서 다음은 무엇을 설명하는가?
( )

한 손가락을 화면 위에 터치한 상태에서 수평 또는 수직 방향으로 일정 거리를 움직이는 제스처. 이때 사선 방향으로 움직이는 것은 해당 이벤트로 인식되지 않는다.

4 와이어프레임을 이용해 모바일 UX 디자인을 좀 더 좋게 만들 수 있다. 이에 대한 설명으로 올바르지 않은 것은?
① 사용자 만족도를 높이기 위해서 와이어프레임을 이용한다.
② 다양한 도형들을 이용해 와이어프레임을 구성한다.
③ 대표적인 지원 제품으로 CACOO, 아이폰 목업 등이 있다.
④ 단순하고 빠르게 사전 디자인이 가능하다.

5 다음은 모바일 UX 디자인을 지원하기 위한 도구에 대한 설명이다. 이것은 무엇인가?
( )

디지털 환경에서 다양한 인터페이스를 사용해서 실제 앱과 유사한 결과물을 사전에 제작해 볼 수 있다. 대표적으로 Fluid UI가 있다.

Chapter 10.

소규모 프로젝트

10.1 학교 생활에서 필요한 앱 만들기

AppInventor 실습하기

10.1 학교 생활에서 필요한 앱 만들기

이번 장에서는 지금까지 학습한 내용을 기반으로 실제로 소규모 프로젝트를 진행해 본다. 첫 번째로 지난 1장부터 4장까지 학습한 스탠포드 공대 버나드 로스 교수의 디자인 사고 문제해결 방법론에 대해서 다시한번 정리해 본다. 두 번째로는 팀원을 구성하고 팀원 간 토론을 통해서 디자인 사고 문제해결 방법론의 각 단계별 UA시트지를 완성한다. 세 번째로는 생성된 프로토타입을 바탕으로 앱인벤터를 사용하여 실제로 앱을 제작해 본다. 마지막으로 완성된 앱을 테스트한다.

1 디자인 사고 문제해결 방법론

그림1. 디자인 사고의 5가지 단계

2 디자인 사고 단계별 UA 진행하기

먼저 팀원(2~4명)을 구성하여 디자인 사고 단계를 진행할 주제를 선정한다. 소규모 프로젝트의 주제를 선정하기 위해 각 팀원들은 '캠퍼스에서 자신이 원하는 정보를 찾을 때에 불편한 점'을 교내(도서관, 기숙사, 서점, 식당, 강의실, 편의시설 등), 교외(교통편, 동아리모임, 학과모임 등)의 관점으로 나눠서 생각해 보고 팀원들 간의 토론을 통해서 주제를 선택한다.

① 공감하기

해결해야 할 문제를 이해하고 공감하는 단계이다. 문제의 핵심을 파악하기 위해 각 팀원들 간의 토론을 통하여 특이한 사항, 새롭게 알게된 점, 예상치 못한 점 등을 공유해보고 공유한 내용을 아래 워크시트에 작성해 본다.

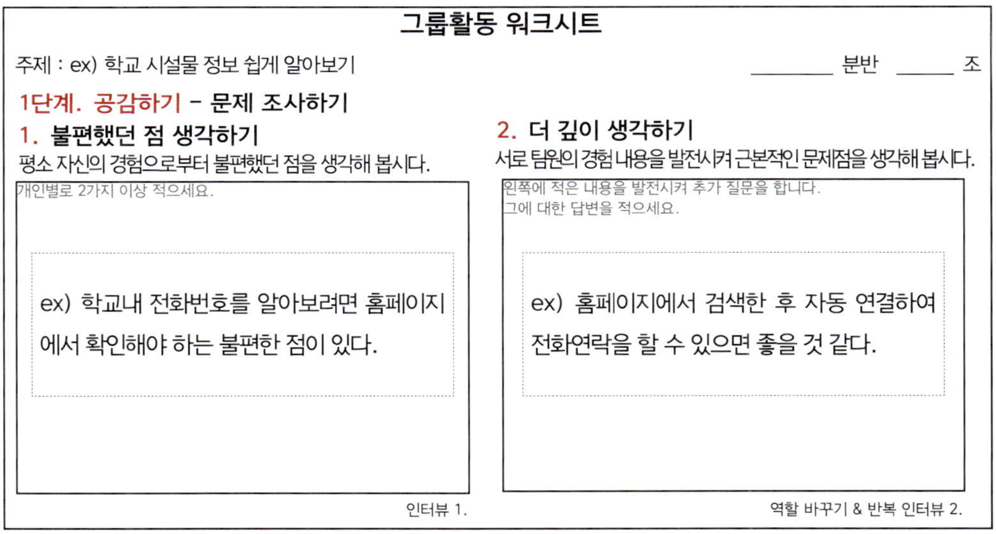

그림2. 그룹활동 워크시트 1

② 정의하기

공감단계에서 얻은 내용을 통해 문제점을 정의하는 단계이다. 팀원들이 공감하는 문제점에 대해 수집한 정보를 연결하고 패턴을 발견하여 보다 구체적인 문제점을 도출한다.

2단계. 정의하기 - 문제 정의하기 ________ 분반 ______ 조

의견을 수집
제시된 문제에 대해 정리해 봅시다.

· 원하는 것 : 하려고 하는 것들(동사 사용)

· 이해한 것 : 문제 해결을 위한 상대방의 감정/생각에서 얻은 새로운 교훈(추론)

문제를 정의
정리된 문제를 하나의 문장으로 정리해 봅시다.

· (우리가 원하는 것) ______________________

______________________ 을 위한 방법이 필요하다.

· (놀랍게도 ~ 그러므로 ~ 그러나 ~)를 이용하여 문장 완성

놀랍게도 ______________________

______________________ 문제가 있다.

그러므로 ______________________

______________________ 를 원한다.

그러나 ______________________

______________________ 제약이 있다.

그림3. 그룹활동 워크시트 1

ex) 선문대학교 학과 및 주요기관 전화번호 쉽게 찾기
- 캠퍼스 생활에 필요한 유익한 정보는 무엇이 있을까?
- 현재 해당 정보에 접근하려면 현재 어떤 방법이 있는가?
- 불편한 것이 정확히 무엇인가?

ex) 홈페이지를 통해 학과 정보, 전화번호 등은 찾을 수 있으나 여러 경로를 통해 찾아야 하므로 불편하다. 쉽게 찾을 수 있는 방법이 필요하다.

③ 아이디어 내기

정의된 문제를 해결하기 위한 아이디어를 만들어내는 단계이다. 팀원들은 아이디어 발상 기법(브레인스토밍 발상법, 체크리스 발상법, Six Thinking Hat, Five-Why)중 하나를 택하여 문제를 해결하기 위한 아이디어를 생각해 본다.

- 문제를 해결하기 위한 방안을 기입한다.
- 깊은 관찰, 역 발상, 다른 용도로 활용, 강제 결합, 엽기적 생각, 결점 보완 등을 통해서 창의적인 아이디어들을 도출해 본다.
- 도출된 여러 개의 아이디어 후보들 중에서 최종적으로 한개를 선정한다.

3단계. 아이디어 내기 - 문제 해결을 위한 대안 생성하기 _______ 분반 _____ 조

원하는 것을 해결하기 위한 반안 적기(1인당 3가지 이상)

· · · ·	· · · ·	· · · ·	· · · ·

해결방법 공유 & 의견 수렴

팀원들의 아이디어를 공유하고 수렴하여 가장 좋은 아이디어를 선정합니다.

·

ex)
- 학교 건물 마다 벽보를 활용하여 알린다.
- 학교 홈페이지 팝업창을 활용한다.
- 학교관련 앱을 만들어 이용한다.

ex) 학교 관련 앱을 만들어 원하는 학과 정보를 쉽게 찾을수 있는 학교 정보 앱을 만든다.

④ 프로토 타입

도출된 아이디어를 실제와 비슷하게 프로토타입으로 만드는 단계이다. 아이디어를 바탕으로 구체적으로 정리하고, 화면을 설계한다.

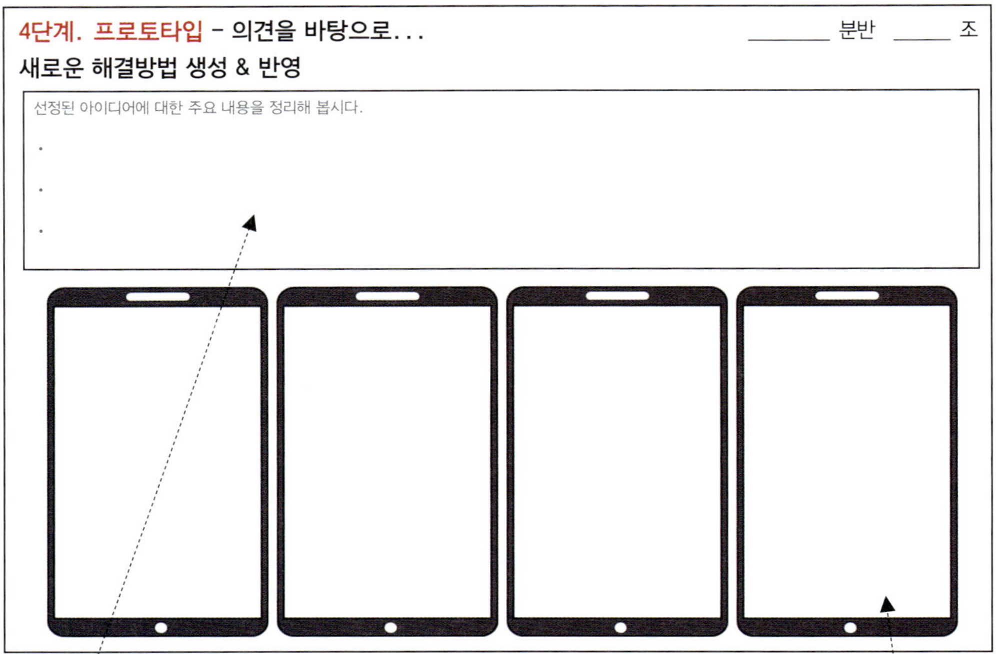

ex)

- 학과 연락처, 학과 폼페이지, 학교 시설물을 구분한다. 화면을 전화하며 필요한 정보를 검색 가능하도록 화면을 설계한다.

ex)

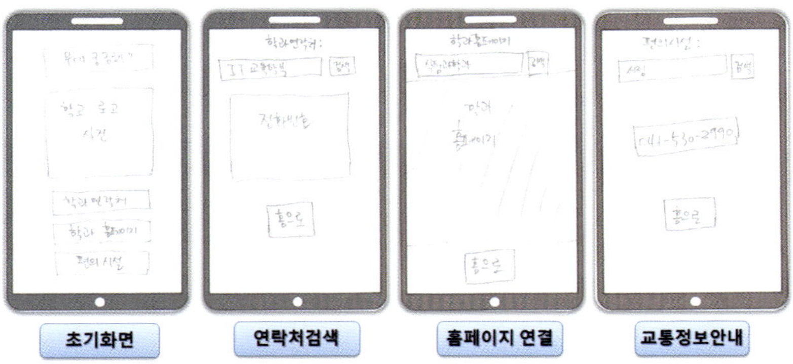

⑤ 평가하기

완성된 프로토타입을 기반으로 앱을 제작하여 실제로 사용해보고 사용성을 평가해본다. 마지막으로 본 프로젝트를 진행하면서 배운점, 느낀점, 개선할 점 등을 정리해 본다.

5단계. 테스트 - 발전시키기 ________ 분반 ______ 조

해결 방법을 공유하고 의견을 받는다

완성된 해결방법에 대해 정리하고, 토론하여 보완점 및 개선점을 생각해 봅시다.

- (배)운점	- (느)낀점	- (실)행할 점

ex)	ex)	ex)
- 수업시간에 배운 디자인사고 방법론을 사용하여 문제 해결이 가능한 방법론을 배웠으며, 팀원들과 다양한 아이디어로 앱을 만들어 보았다.	- 앱을 만드는 일은 어려운 일인 줄 알았으나, 한학기 수업으로 나만의 앱을 만들어서 뿌듯하였다.	- 학년이 올라갈수록 학교에 필요한 정보가 많은데, 지금 만든 앱을 쉽게 유지보수 가능하도록 수정하여야겠다.

AppInventor 실습하기

▪ 실습1. SchoolApp 앱 만들기(SchoolApp.aia)

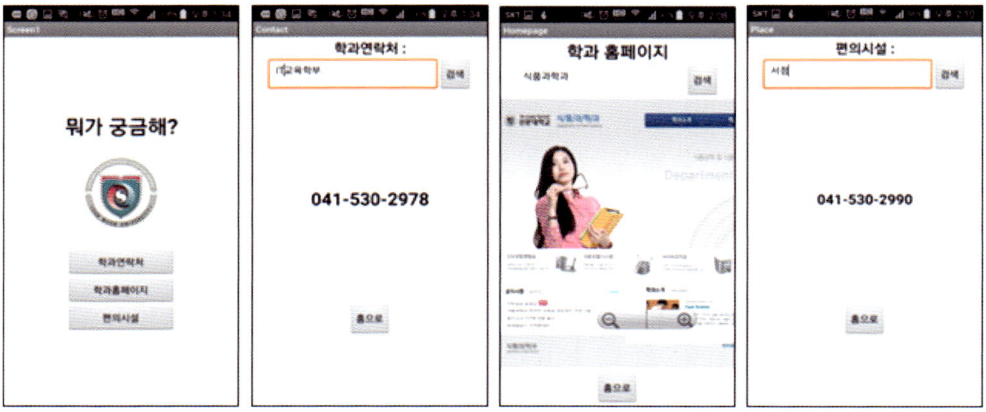

필요한 자료를 리스트에 등록한다. 텍스트 상자에 입력된 내용과 같은 내용을 리스트에서 찾아 보여준다.

▪ 컴포넌트 설명

버튼	: 클릭할수 있는 컴포넌트
이미지	: 이미지를 볼수 있는 컴포넌트
웹뷰어	: 웹페이지를 볼수 있는 컴포넌트
레이블	: 글을 쓰고, 볼수 있는 컴포넌트
수평배치	: 요소들이 가로로 정렬되도록 칸을 만들 수 있는 컴포넌트
수직배치	: 요소들이 세로로 정렬되로록 칸을 만들 수 있는 컴포넌트

■ 블록 설명

: 텍스트나 파일명을 목록으로 만들어주는 블록

: 특정 '리스트' 중에 위치 번째 항목을 선택하는 블록

: 논리적으로 같은 값을 판별하는 블록

: 수치 자료를 비교하여 '크다', '작다', '같다', '같지 않다' 등을 판별할 수 있는 블록

: 만약 홈의 자료를 논리적으로 판단하여 실행하는 블록
참이면 '그러면' 홈에 있는 코드를 실행

■ 앱 디자인하기

스쿨 앱을 만들어보자

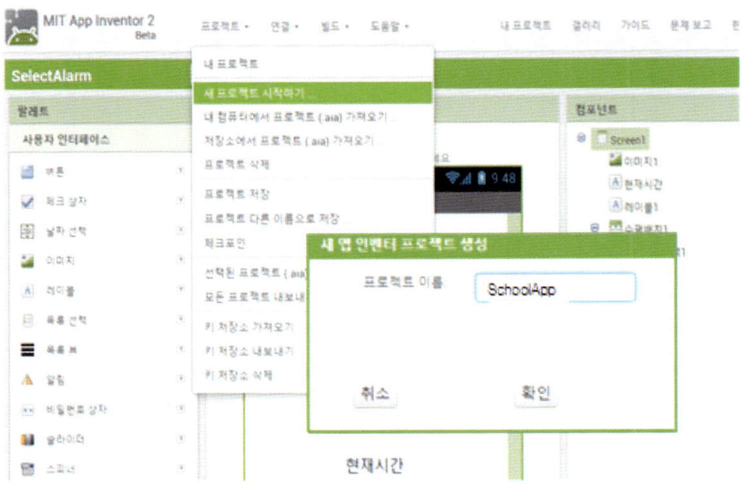

① [프로젝트]-[새 프로젝트 시작하기...]-프로젝트 이름을 "SchoolApp" -[확인]

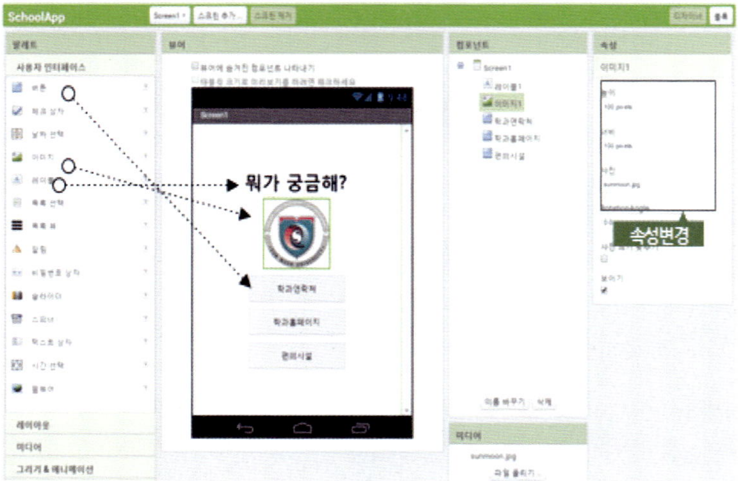

② [레이블] 컴포넌트를 넣고, 컴포넌트 텍스트를 “뭐가 궁금해?”로 변경한다.

③ [이미지] 컴포넌트를 넣고, 컴포넌트 높이, 너비는 “100”pixels로 변경하고, “sunmoon.jpg” 파일을 업로드 한다.

④ [버튼] 컴포넌트 3개를 뷰어창에 드레그 하고, 버튼의 이름과, 텍스트 속성의 이미지를 ‘학과 연락처’, ‘학교 홈페이지’, ‘편의시설로’ 변경하고, 버튼의 높이는 ‘40’Pixels, 너비는 “150”pixels로 변경한다.

⑤ Screen1의 속성창에서 수평정렬을 ‘중앙’ , 수직정렬을 ‘가운데’로 설정한다.

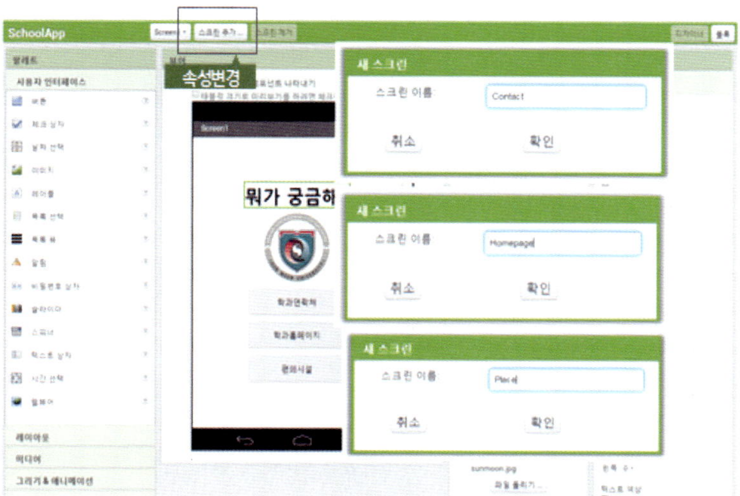

⑥ 스크린추가 버튼을 클릭하여 스크린 3개를 추가한다. 스크린 이름은 각각 “Homepage, Contact, Place”로 설정한다.

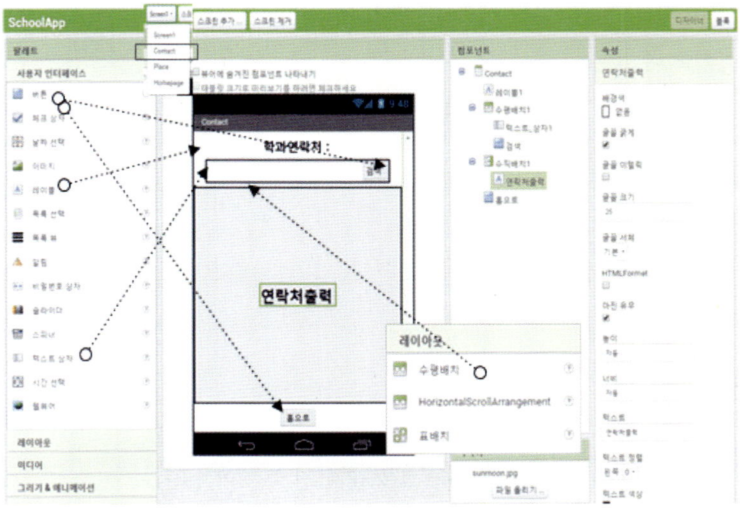

⑦ 추가된 스크린중 "Contact"를 클릭하고 [레이블]컴포넌트를 뷰어창에 드래그하고, 속성창에서 " 학과연락처 : "로 변경한다.

⑧ [수평배치] 컴포넌트를 뷰어창에 드래그하고 [수평배치] 컴포넌트 안에 [텍스트 상자]와 [버튼]을 배치한다. [버튼] 컴포넌트의 이름과 텍스트를 "검색"으로 변경한다.

⑨ [수직배치]컴포넌트를 뷰어창에 드래그하고 [수직배치]컴포넌트 안에 [레이블]컴포넌트를 삽입한다. [수직배치]컴포넌트의 속성은 수평수직 가운데 정렬, 높이 "300" pixels, 너비 "부모에 맞추기"로 설정한다. 또한 [레이블]컴포넌트 속성창의 텍스트를 "연락처 출력"으로 변경한다.

⑩ [버튼]컴포넌트를 뷰어창으로 드래그하고, [버튼]컴포넌트의 이름과 속성창의 텍스트를 "홈으로" 변경한다.

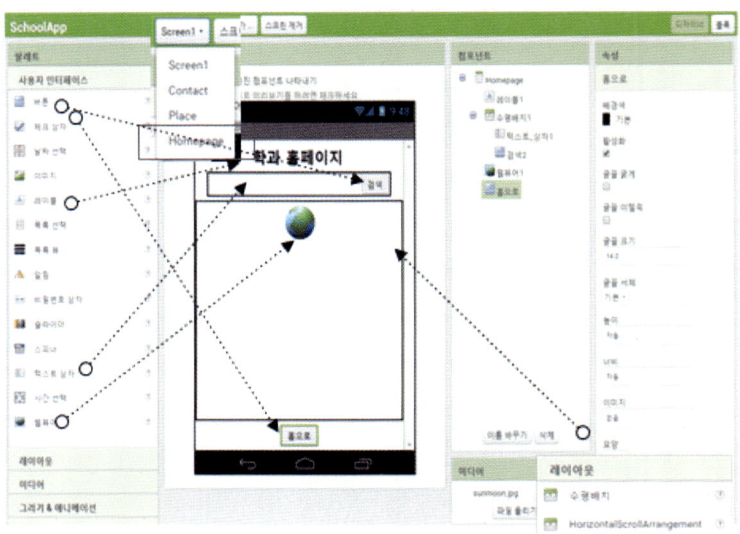

⑦ 추가된 스크린중 “Homepage”를 선택하고 [레이블]컴포넌트를 뷰어창에 드래그 하여, 속성창에서 “학과홈페이지”로 변경한다.

⑧ [수평배치] 컴포넌트를 뷰어창에 드래그하고 [수평배치] 컴포넌트 안에 [텍스트 상자]와 [버튼]을 배치한다. [버튼] 컴포넌트의 이름과 텍스트를 “검색”으로 변경한다.

⑨ [웹뷰어]컴포넌트를 뷰어창에 드래그한다.

⑩ [버튼]컴포넌트를 뷰어창으로 드래그하고, [버튼]컴포넌트의 이름과 텍스트를 “홈으로”로 변경한다.

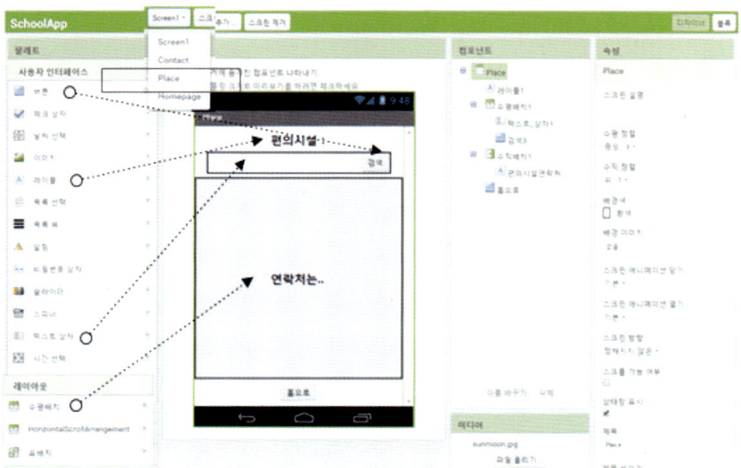

⑪ 추가된 스크린중 “Place”를 선택하고 [레이블]컴포넌트를 뷰어창에 드래그 하여, 속성창에서 “편의시설”로 변경한다.

⑧ [수평배치] 컴포넌트를 뷰어창에 드래그하고 [수평배치] 컴포넌트 안에 [텍스트 상자], [버튼]을 배치한다. [버튼] 컴포넌트의 이름과 텍스트를 “검색”으로 변경한다.

⑨ [수직배치]컴포넌트를 뷰어창으로 드래그하고, [수직배치] 컴포넌트 안에 [레이블] 컴포넌트를 삽입한다. 속성창에서 수직, 수평정렬을 가운데로 변경하고, 높이 300 “pixels”, 너비 “부모에 맞추기...”로 변경한다. [레이블] 컴포넌트의 텍스트는 “연락처는...” 으로 변경한다.

⑩ [버튼]컴포넌트를 뷰어창으로 드래그하고, [버튼]컴포넌트의 이름과 텍스트이름을 “홈으로”로 변경한다.

▪ 블록 코딩

다음으로 프로그램을 실행하기 위한 블록 코딩을 위해 오른쪽 상단의 **[블록]**버튼을 클릭한다.

우리가 해야 할 일을 정리해보자.

> Screen1화면에서 학과연락처, 학과홈페이지, 편의시설을 클릭하면 각 화면으로 이동한다.
> [학과연락처] 버튼을 클릭하면 변경된 화면에서 학과이름을 입력하고 [검색] 버튼을 눌렀을 때, 해당 학과 연락처가 검색되도록 한다.
> [학과홈페이지] 버튼을 클릭하면 변경된 화면에서 학과이름을 입력하고 [검색] 버튼을 눌렀을 때, 해당 학과 홈페이지가 검색되도록 한다.
> [편의시설] 버튼을 클릭하면 변경된 화면에서 찾고자 하는 편의시설의 이름을 입력하고 [검색] 버튼을 눌렀을 때, 찾고자 하는 시설의 연락처가 검색되도록 한다.
> 학생들은 앞시간에 팀별활동 UA를 활용하여 앱을 수정한다.
> 학과이름과 학과연락처는 리스트를 사용하여 작성한다.
> 색인 변수를 사용하여 각 리스트 순서를 가리키도록 한다.

① 블록창의 학과연락처, 학과홈페이지, 편의시설 버튼을 클릭하여 다른스크린으로 이동 가능하도록 코딩한다.

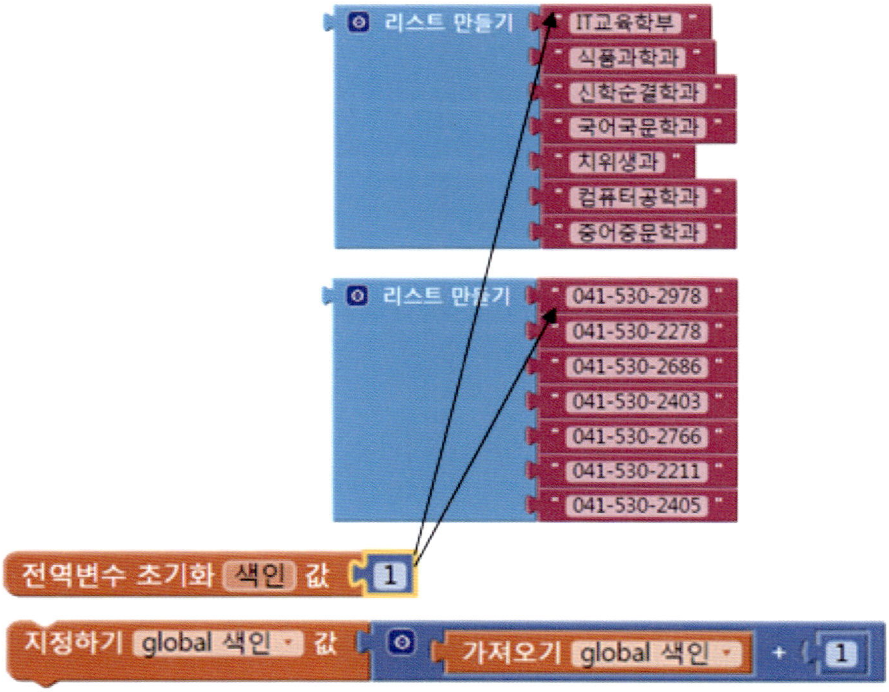

② 작성한 "학과이름"와 "학과연락처"를 가리키는 변수로 "색인 변수를 사용한다. 1씩 증가하면서 다음 문제를 가리킬 수 있다.

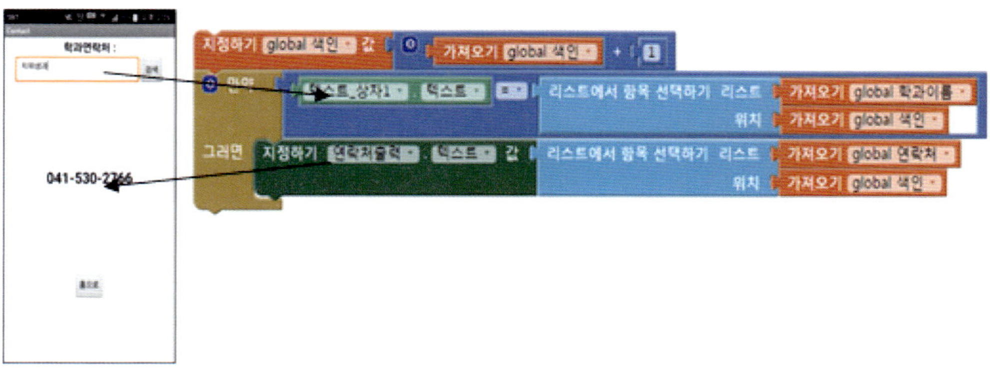

③ 찾고자 하는 학과연락처를 텍스트상자에 입력하고 [검색]버튼을 클릭하면 찾고자 하는 학과의 연락처를 색인변수에 의해 찾을 수 있다.

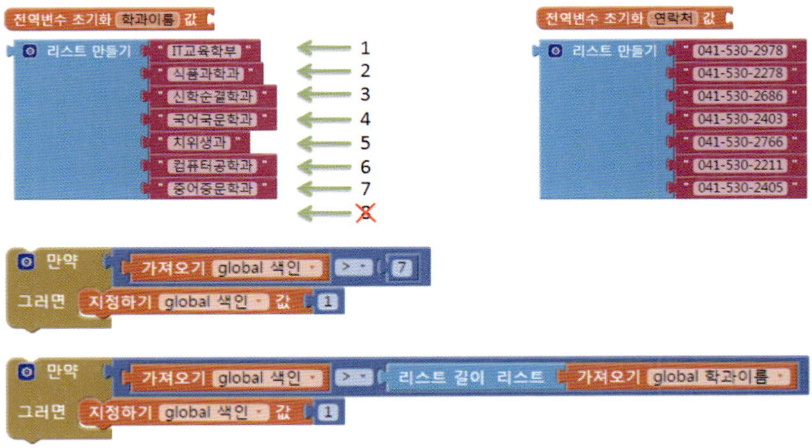

④ 만들어진 학과 및 학과 연락처의 리스트의 길이가 7이라면 8이 되는 순간 오류가 발생한다. 이 오류는 없애기 위해 8이 되는 순간 다시 색인값이 1이 되도록 하는 수정한 코딩이다.

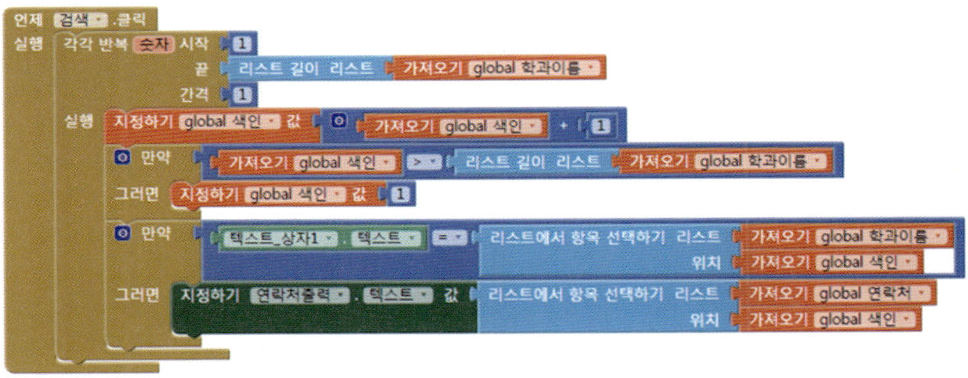

⑤ 검색을 클릭하면 반복 횟수를 지정후 색인 값을 증가하여 리스트 길이가 8이 되면 다시 색인값이 1로 지정하고, 텍스트 상자의 텍스트 값이 리스트 항목에서 선택한 리스트, 위치 값이 많으면 처리하여 화면에 보이도록 코딩한다.

⑥ 홈으로 버튼을 클릭하면 Screen1화면으로 이동하여 학과연락처, 학과홈페이지, 편의시설버튼이 있는 화면으로 이동가능하도록 코딩을 활성한다.

⑦ 앱을 수정하여 소규모 프로젝트를 진행한다.

완성된 코드는 다음과 같다.

Screen1

Contact

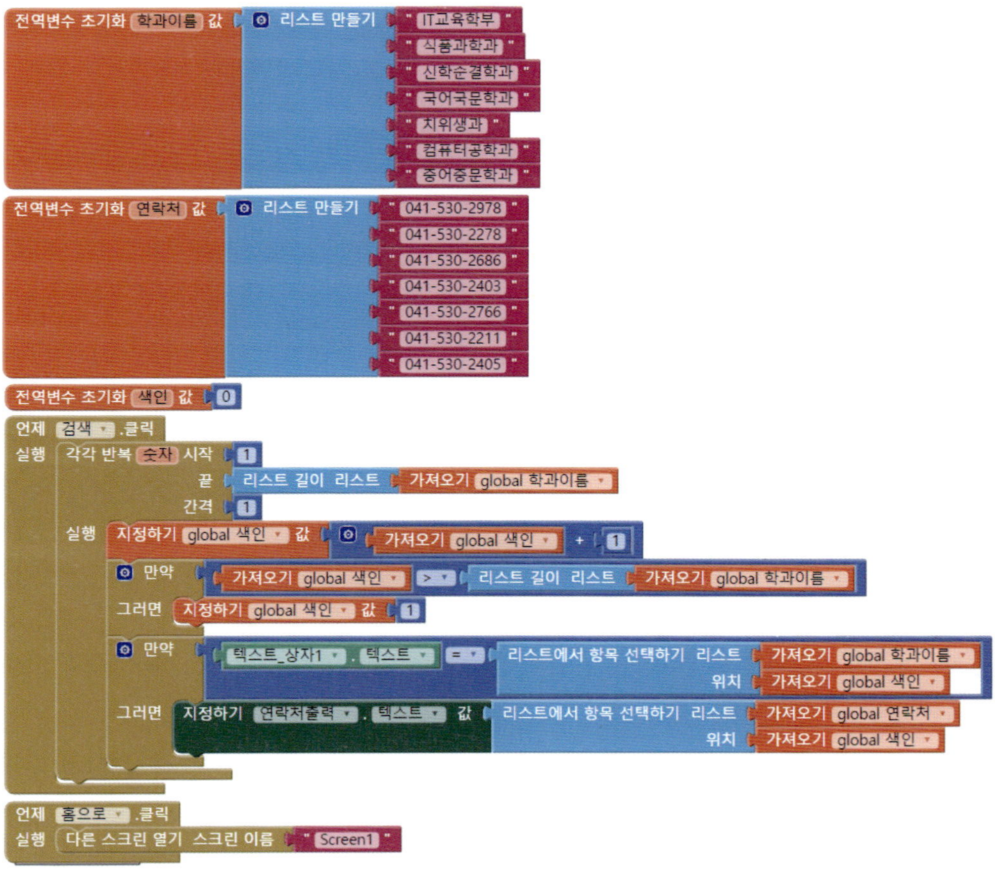

Homepage

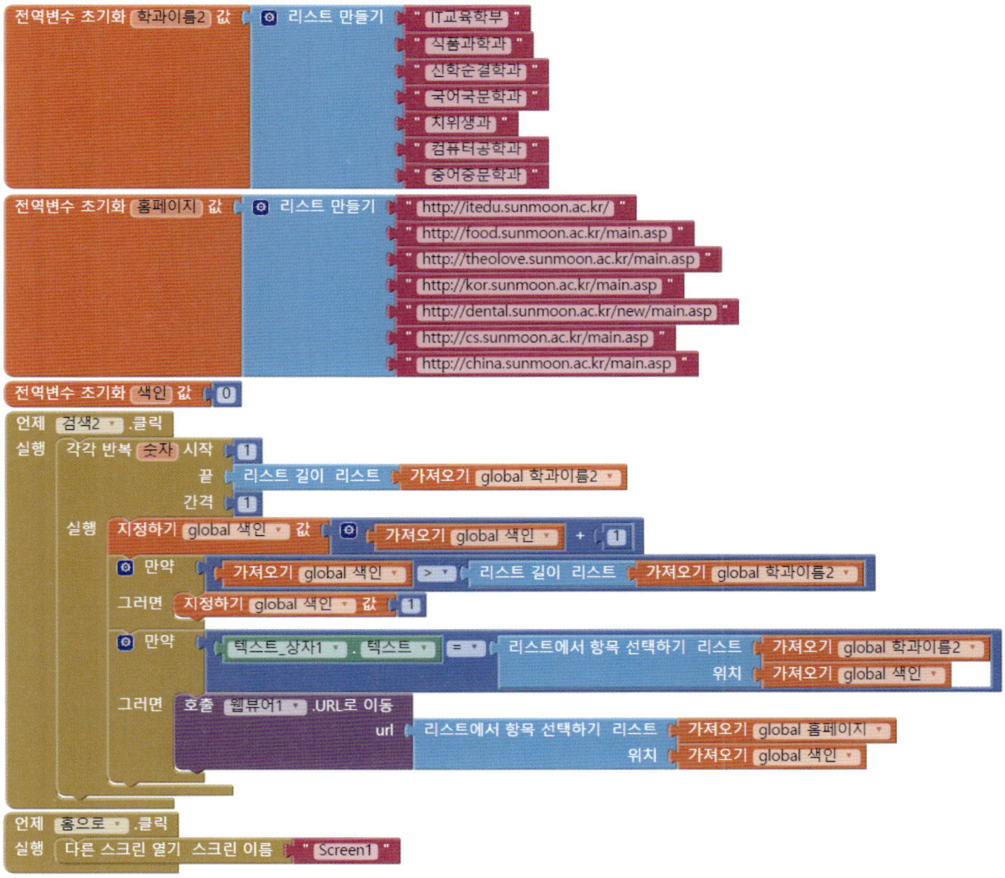

전역변수 초기화 학과이름2 값
리스트 만들기
IT교육학부
식품과학과
신학순결학과
국어국문학과
치위생과
컴퓨터공학과
중어중문학과
전역변수 초기화 홈페이지 값
리스트 만들기
http://itedu.sunmoon.ac.kr/
http://food.sunmoon.ac.kr/main.asp
http://theolove.sunmoon.ac.kr/main.asp
http://kor.sunmoon.ac.kr/main.asp
http://dental.sunmoon.ac.kr/new/main.asp
http://cs.sunmoon.ac.kr/main.asp
http://china.sunmoon.ac.kr/main.asp
전역변수 초기화 색인 값 0
언제 검색2 .클릭
실행 각각 반복 숫자 시작 1
끝 리스트 길이 리스트 가져오기 global 학과이름2
간격 1
실행 지정하기 global 색인 값 가져오기 global 색인 + 1
만약 가져오기 global 색인 > 리스트 길이 리스트 가져오기 global 학과이름2
그러면 지정하기 global 색인 값 1
만약 텍스트_상자1 . 텍스트 = 리스트에서 항목 선택하기 리스트 가져오기 global 학과이름2
위치 가져오기 global 색인
그러면 호출 웹뷰어1 .URL로 이동
url 리스트에서 항목 선택하기 리스트 가져오기 global 홈페이지
위치 가져오기 global 색인
언제 홈으로 .클릭
실행 다른 스크린 열기 스크린 이름 Screen1

Place

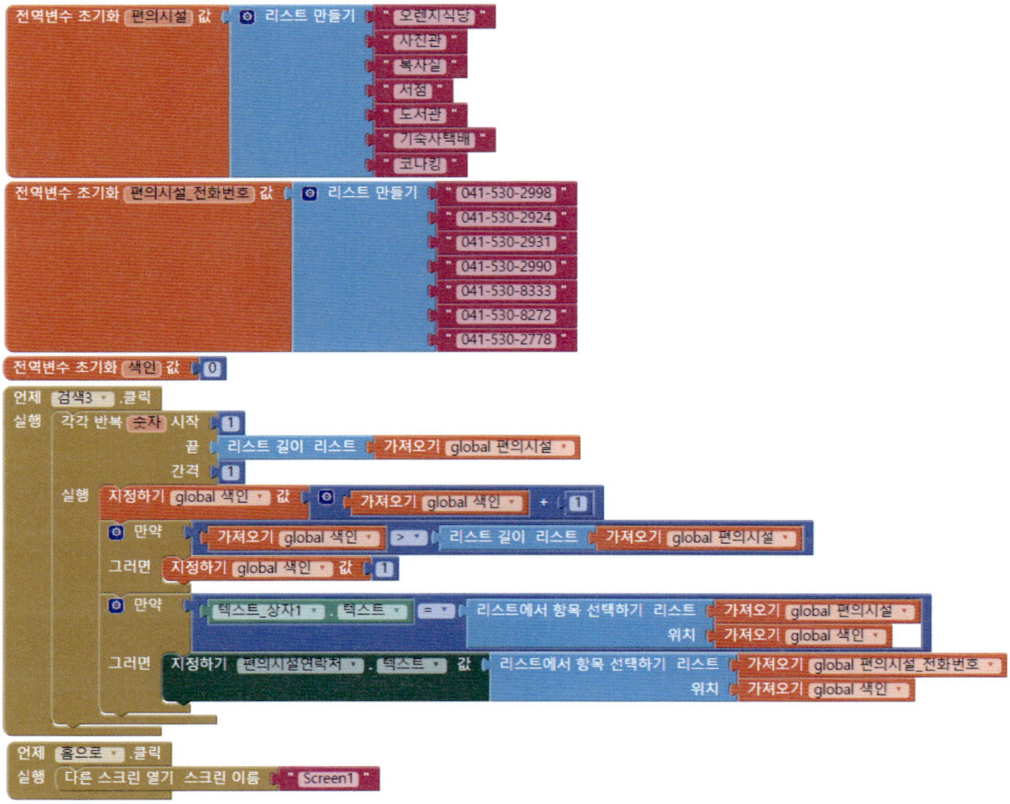

전역변수 초기화 편의시설 값
리스트 만들기
" 오렌지식당 "
" 사진관 "
" 복사실 "
" 서점 "
" 도서관 "
" 기숙사택배 "
" 코나킹 "
전역변수 초기화 편의시설_전화번호 값
리스트 만들기
" 041-530-2998 "
" 041-530-2924 "
" 041-530-2931 "
" 041-530-2990 "
" 041-530-8333 "
" 041-530-8272 "
" 041-530-2778 "
전역변수 초기화 색인 값 0
언제 검색3 .클릭
실행 각각 반복 숫자 시작 1
끝 리스트 길이 리스트 가져오기 global 편의시설
간격 1
실행 지정하기 global 색인 값 가져오기 global 색인 + 1
만약 가져오기 global 색인 > 리스트 길이 리스트 가져오기 global 편의시설
그러면 지정하기 global 색인 값 1
만약 텍스트_상자1 . 텍스트 = 리스트에서 항목 선택하기 리스트 가져오기 global 편의시설
위치 가져오기 global 색인
그러면 지정하기 편의시설연락처 . 텍스트 값 리스트에서 항목 선택하기 리스트 가져오기 global 편의시설_전화번호
위치 가져오기 global 색인
언제 홈으로 .클릭
실행 다른 스크린 열기 스크린 이름 " Screen1 "

Chapter 11.

프로젝트 예제1

11.1 디자인사고를 적용한 프로젝트

11.1 디자인사고를 적용한 프로젝트

1 디자인 사고의 적용사례

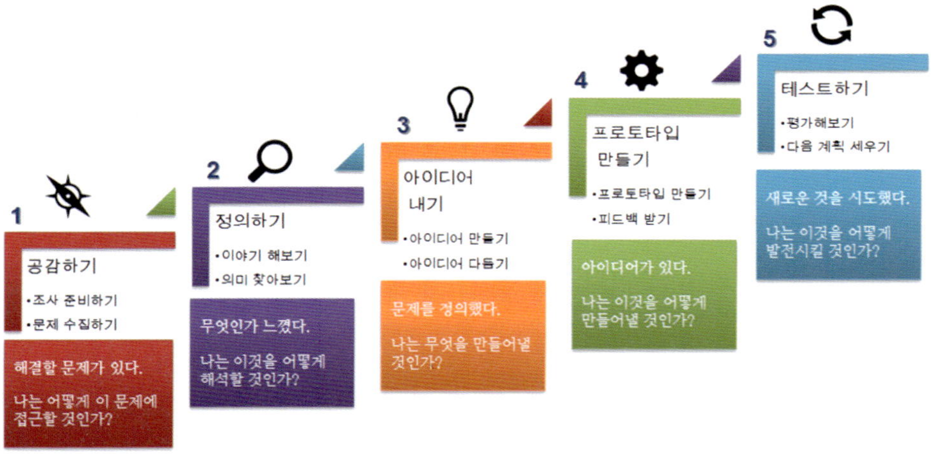

① 공감하기

이 단계는 디자인 사고에서 인간중심 프로세스의 핵심이다. 고객의 문제를 이해하고 공감하는 단계이기 때문이다. 공감을 위해서는 실제로 고객들을 만나 공감대를 형성하고 실제 상황과 행동 등을 관찰한다. 이를 통해 고객들이 측정 방식으로 행동하는 이유, 신체적이나 정신적인 요구 등에 대해 고객의 입장에서 이해한다.

아래 프로젝트에서는 평소 경험에 의해서 불편했던 점으로 여행을 떠나려고 하면 나라마다 필요한 것들이 생기게 되고 여행을 가기 전에 무엇을 가지고 가야 할지 각 나라의 금기사항이 어떠한 것들이 있는지 일일이 찾아보는 것이 불편했다. 그 경험 내용을 발전시켜 근본적인 문제점을 생각해 본 것으로 여행 갈 때 유용한 어플을 만들어 여행경로와 필요한 물품을 정리하는 앱을 만들어보고자 하였다.

1단계. 공감하기 - 문제 조사하기

불편했던 점 생각하기 - 8분 (2회 x 각 4분)
평소 자신의 경험으로부터 불편했던 점을 생각해 봅시다.

막상 여행을 가려고 계획과 생각은 할 수 있다. 하지만! 뭐가 필요한지도 모르겠고 나라마다 꼭 필요한 물건들이 한 두 가지씩은 있다.
어디를 가야지 맛있게 먹을 수 있는지, 현지의 환율은 어떻게 되는지, 대중교통은 어느 것이 편리한지, 무엇을 고를지 어려울 수 있다.
그런 어려움을 조금이나마 해소 하고자 이런 어려움을 생각해보았다.

인터뷰 1.

더 깊이 생각하기 - 8분 (각 4분)
서로 팀원의 경험 내용을 발전시켜 근본적인 문제점을 생각해 봅시다.

여행 갈 때 유용한 어플(예: 번역 어플, 숙소예약 어플)의 다운로드 경로와 필요한 물품을 써서 여행 갈 짐을 싸면서 체크 할 수 있도록 돕는 것이 이 앱의 목적이다.

역할 바꾸기 & 반복 인터뷰 2.

② 정의하기

공감단계에서 얻은 내용을 통해 문제점을 정의하는 단계이다. 의미가 있고 실제적인 문제를 정의하는 것이 중요하다. 이는 수집한 정보를 연결하고 패턴을 발견하는 과정이다. 이를 통해 진정한 문제를 발견할 수 있으며, 이것이 디자인 사고의 핵심이 될 수 있다.

공감단계에서 여행을 할때 경험적인 내용을 바탕으로 문제를 정의하는 단계로 제시된 문제점에 대해서 정리해 보고 그것을 기반으로 의견을 수립해서 여행 관련에 대해 정리된 문제를 하나의 문장으로 정리해 본다. 그것을 정리해 본 것으로 원하는 것은 처음 여행할 때 언어적인 문제와 어디서 숙박을 할지, 필요한 물품이 무엇인지 막막한 점을 효율적으로 검색하거나 빠르게 찾는 것이 필요하다는 정리를 하였다.

2단계. 정의하기 - 문제 정의하기

의견을 수집
제시된 문제에 대해 정리해 보고, 정리된 문제를 하나의 문장으로 정리해 봅시다.

· 우리가 원하는 것 : 여행지 소개 어플을 만듦으로서 그 해당 여행지의 특징을 알 수 있다.
그리고 그 여행지마다의 필수품이나 꼭 필요한 어플(번역 어플, 숙박 어플)등의 링크를 걸어 매우 쉽고 빠르게 여행을 준비 할 수있다.

· 이해한 것 : 처음에 여행을 할 때는 말도 안통하고 어디서 잠을 잘지 어떤 필수품이 있는지 막막하기 마련이다. 하지만 이 어플을 사용함으로서 따로 검색하거나 하지 않아도 훨씬 효율적으로 그 나라마다의 필요한 것들을 빠르게 찾아볼 수 있다.

· (우리가 원하는 것)
각 나라마다의 필수품이나 여행을 쉽게 할 수 있게 하는것 을 위한 방법이 필요하다.

· (놀랍게도 ~ 그러므로 ~ 그러나 ~)를 이용하여 문장 완성

놀랍게도 각 나라별로 금기사항이 있다는 문제가 있다.
그러므로 이 앱을 통해 이 금기사항에 대해 알아 볼 수 있기 를 원한다.
그러나 매년 금기사항이 바뀔 수 있기 때문에 매번 확인 해야하는 제약이 있다.

③ 아이디어 내기

정의된 문제를 해결하기 위한 아이디어를 만들어내는 단계이다. 아이디어 발상을 할 때 처음부터 해결하려하는 것이 아니라 가능한한 광범위한 생각을 하도록 노력해야한다. 이렇게 다양한 아이디어가 나왔다면, 이를 추리는 과정이 필요하다.

앞에서 원하는 것을 해결하기 위한 방안을 적어 보았는데 의견을 각 나라의 필수품, 금기사항, 번역 어플, 숙박시설 등을 해결방안으로 제시하였다. 이 의견을 공유하고 의견을 수렴하여서 각 나라별 필수품이나 금기 사항들을 적고, 숙박 어플이나 번역 어플의 링크를 걸어놓는 아이디어를 추가했다.

3단계. 아이디어 내기 – 문제 해결을 위한 대안 생성하기

원하는 것을 해결하기 위한 반안 적기(1인당 3가지 이상)

· 각 나라별 필수품	· 번역 어플 링크	·	·	·
· 각 나라별 금기사항	· 각 나라별 숙박시설	·	·	·
·	·	·	·	·
·	·	·	·	·

해결방법 공유 & 의견 수렴

팀원들의 아이디어를 공유하고 수렴하여 가장 좋은 아이디어를 선정합니다.

· 처음에 생각해 낸 아이디어는 각 나라별 필수품이나 금기 사항들만 적어 놓으려 했었는데

· 그거 말고도 숙박 어플이나 번역 어플들의 링크를 걸어도 좋겠다고 생각이 들어 아이디어들을 추가했다.

· 그렇게 하니까 훨씬 편리하고 간편한 앱이 완성되었다.

④ 프로토타입 만들기

도출된 아이디어를 실제와 비슷하게 프로토타입을 만드는 단계이다. 이는 시제품이 될 수 있고, 스토리 또는 그림 등으로 만들어질 수 있다. 만들어진 프로토타입으로 고객에게서 피드백을 얻을 수 있다. 피드백과정에서 다시 수정될 수 있다.

앞에 의견을 바탕으로 선정된 아이디어에 대한 주요 내용을 정리해 보았다. 어플에 들어갈 내용으로 각 나라별 필수품에 대한 정보와 나라별 금기사항, 번역 어플, 나라별 숙박 시설에 대한 정보를 반영하였다.

4단계. 프로토타입 – 의견을 바탕으로...
새로운 해결방법 생성 & 반영

선정된 아이디어에 대한 주요 내용을 정리해 봅시다.

· 저희가 만들 어플에 들어갈 내용으로 총 4가지를 선정하였습니다.

· 첫 번째는 각 나라별 필수품에 대한 정보입니다.

· 두 번째는 각 나라별 금기사항입니다.

· 세 번째는 번역어플리케이셔 링크립니다.

· 네 번째는 각 나라별 숙박시설에 대한 정보입니다.

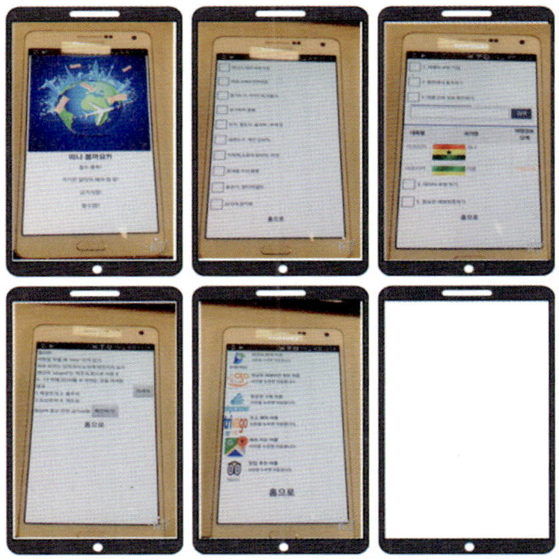

⑤ 테스트하기

프로토타입이 완성되었다면, 이것을 실제로 제품이나 서비스로 생성하여 고객에게 피드백을 받아 개선해가는 단계이다. 고객이 실제생활에서 사용해보는 것이 가장 좋지만, 그렇지 못하다면 비슷한 상황을 만들어서 실시할 수 있다.

여행지 앱을 작성해 보고 여행지 앱에서 이루어진 부분을 작성해 보고 여행지 앱에서 문제점을 작성해 보고 앞으로 개선할 수 있는 방안을 작성해 본다. 작성된 개선방안을 기반으로 아이디어를 추가하는 부분까지 작성해서 추후에 앱이 발전할 수 있는 방안을 작성해 본다.

여행지 앱을 만들어서 사용함으로 다른 검색이나 어플 다운로드 시간을 줄임으로 훨씬 더 편리하게 사용할 수 있다는 것을 이루었고 기능을 추가하면 편리할 수 있을 것 같지만 너무 무턱대고 넣다보면 앱이 복잡해 진다는 문제점을 가지고 있다. 개선될 수 있는 점은 몇 가지의 더 많은 정보를 넣음으로 많은 정보를 담을 수 있도록 하고 기능을 추가해 주면 조금 더 편리하게 개선될 수 있다. 이것에 추가적인 아이디어는 총 4가지로 나라별 필수품, 나라별 금기사항, 번역어플 링크, 나라별 숙박시설 등이다. 간단하게 몇가지 필수 기능만 넣으니 복잡하지 않고 훨씬 편리하게 사용할 수 있을 것 같다. 사용해 보고 추가적으로 기능을 다듬는 것이 필요할 것 같다.

5단계. 테스트 - 발전시키기

해결 방법을 공유하고 의견을 받는다. 8분 (2회 x 각 4분)

완성된 해결방법에 대해 정리하고, 토론하여 보완점 및 개선점을 생각해 봅시다.

+ 무엇이 이루어졌는가...	**−** 무엇이 개선될 수 있는가...
여행지 어플을 만들어서 사용함으로서 원래의 검색 시간이나 어플 다운로드 시간을 줄임으로서 훨씬 더 편리하고 빠르게 만들 수 있게 되었다.	몇 가지의 더 많은 정보를 넣음으로서 전보다도 더 많은 정보를 담고 있는 어플을 만들 수 있다. 그리고 몇 가지 기능을 추가함으로서 더 편리하게 개선될 수 있다.
? 문제점은...	**!** 아이디어는...
문제점은 생각해보자면 기능을 추가하면 좀 더 편할 수 있을 거 같다. 하지만 기능을 무턱대고 많이 넣다보면 번잡하고 복잡한 앱이 될 수도 있다. 적당히 문제점을 없을 정도의 양으로 기능을 추가해야겠다.	아이디어로는 총 4가지를 넣었다. 첫 번째가 각 나라별 필수품, 두 번째가 각 나라별 금기사항, 세 번째가 번역 어플 링크, 네 번째가 각 나라별 숙박시설 이렇게 넣어봤다. 이렇게 간단하게 몇가지로 기능을 넣으니 복잡하지 않고 훨씬 편리해 진거 같다.

2 실제 프로그램 작성(여행지에 따른 여행 필수품 앱)

앱을 시작하면 첫 화면에서 여행에 필요한 필수품목, 가기 전 처리해야 할 일, 금기사항, 필수앱 이렇게 여행에 필요한 부분을 선택할 수 있게 구성되어 있다. 필수품목 항목으로 들어가면 여행에 필요한 것들이 쭉 열거되어 있고 체크박스를 이용하여 해당 품목을 챙겼는지 표시할 수 있도록 되어 있다. 가기 전 알아야 할 일에서는 여행자 보험이나 환전, 여행안전 정보 확인, 데이터 로밍, 예방 접종 등의 정보를 제공하고 체크할 수 있도록 되어 있다. 금기사항 항목에서는 나라별 간단한 금기사항이 나와있고 자세히라는 항목을 선택하게 되면 사이트로 이동해서 자세한 내용을 확인할 수 있도록 되어 있다. 마지막 필수앱 항목을 누르면 여행에 필요한 번역 어플, 항공권 구매 어플, 숙소 예약 어플, 해외 지도 어플, 맛집 추천 어플 등의 여행에 필요한 어플들이 따로 정리되어 있어 여행에 필요한 정보를 어플 하나만으로 편리하게 이용할 수 있다.

① 컴포넌트 설명

웹뷰어 : 웹 페이지를 보여주기 위한 컴포넌트입니다. 디자이너 또는 블록 에디터에서 홈 URL을 지정할 수 있습니다. 링크들을 따라가도록 뷰를 지정할 수 있습니다. 웹 폼을 채우도록 사용할 수도 있습니다.

체크 상자 : 체크 상자는 사용자 클릭에 따라 선택되거나 해제됩니다. 디자이너 또는 블록 에디터에서 모양을 다양하게 변경할 수 있습니다.

액티비티 스타터 : 액티비티 시작 함수를 사용하여 액티비티를 실행시킬 수 있는 컴포넌트입니다. 실행될 수 있는 액티비티들은 다음과 같습니다:

- 다른 앱 인벤터 안드로이드 앱 시작
- 카메라 앱 시작
- 웹 검색 실행
- 브라우저에서 특정 웹 페이지 열기
- 특정 위치를 지도 앱으로 열기

② 앱 인벤터 화면 디자인하기

◎Screen1

◎Screen2

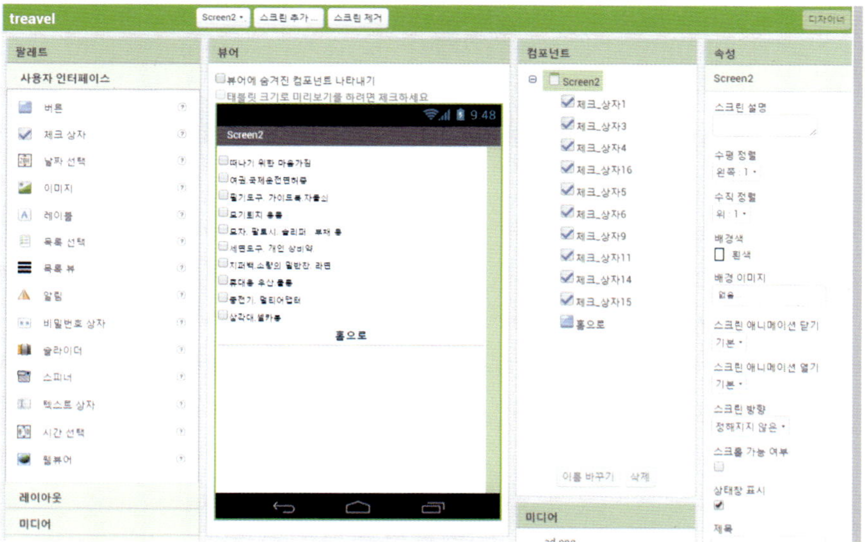

◎Screen3

◎Screen4

◎Screen5

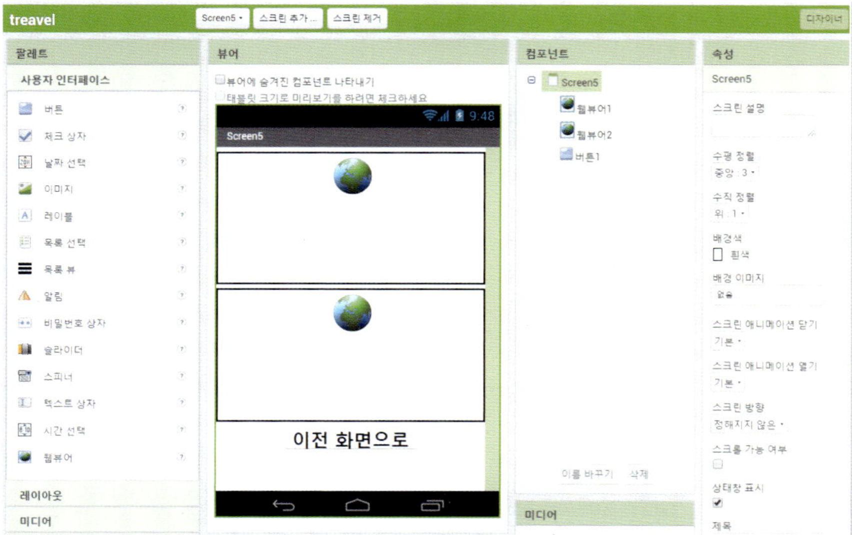

◎Screen6

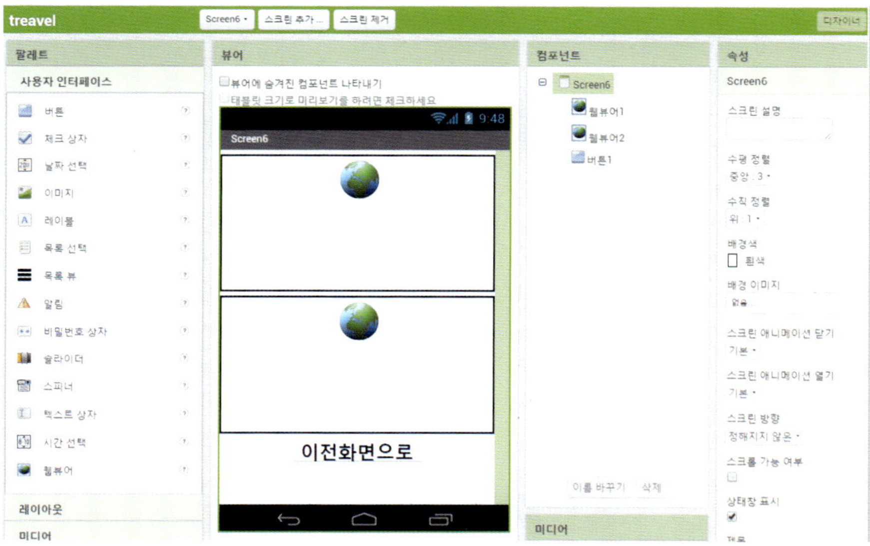

◎Screen7

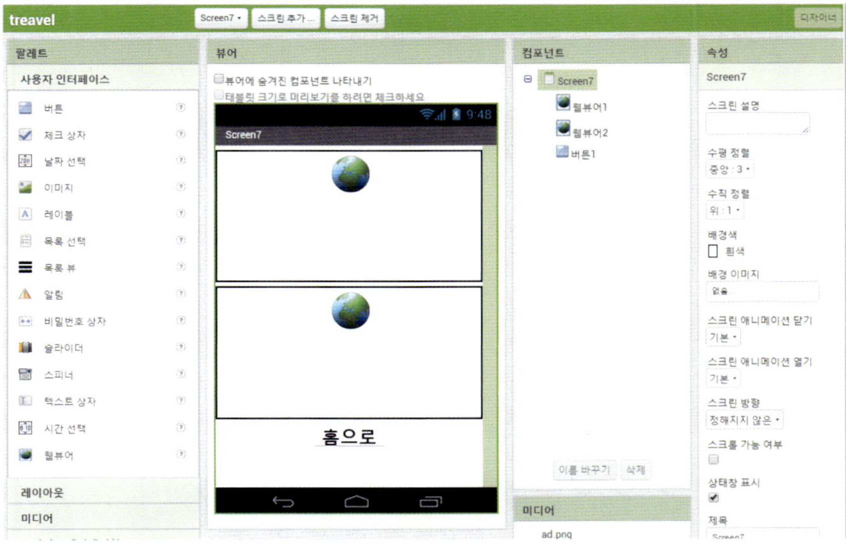

◎Screen8

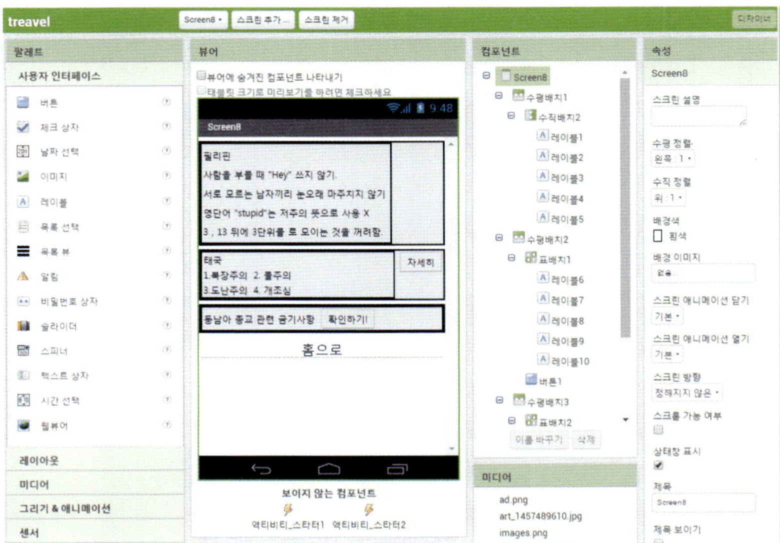

③ 앱 인벤터 코딩

◎Screen1

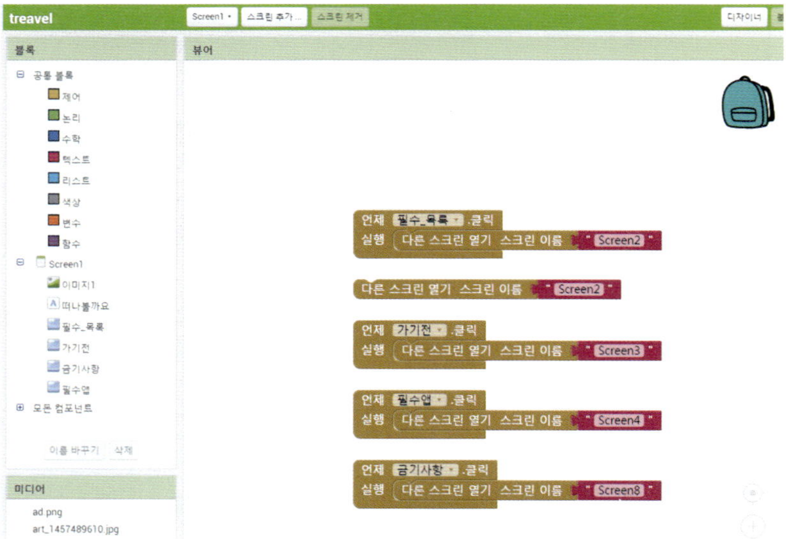

◎Screen2

◎Screen3

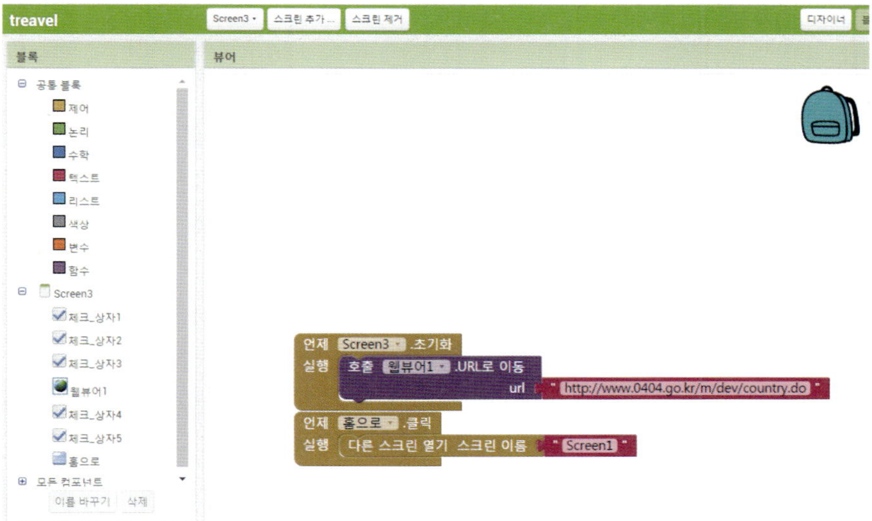

◎Screen4

◎Screen5

◎Screen6

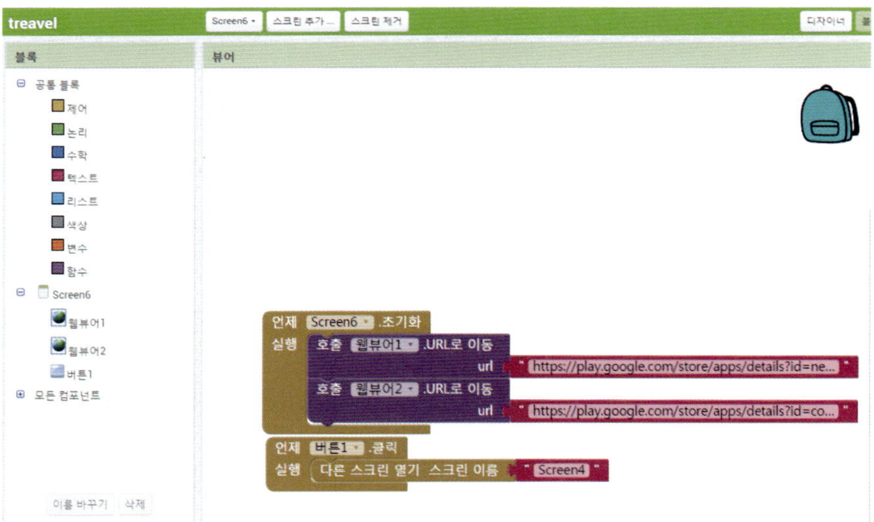

◎Screen7

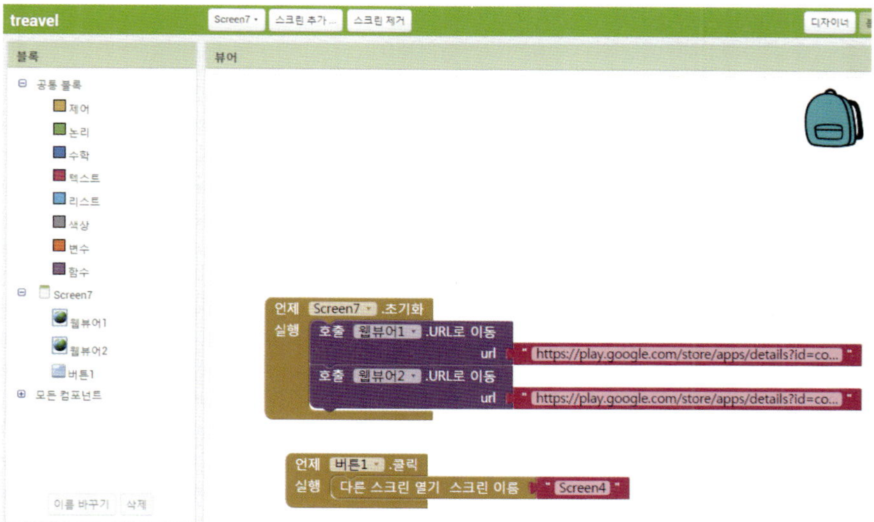

◎Screen8

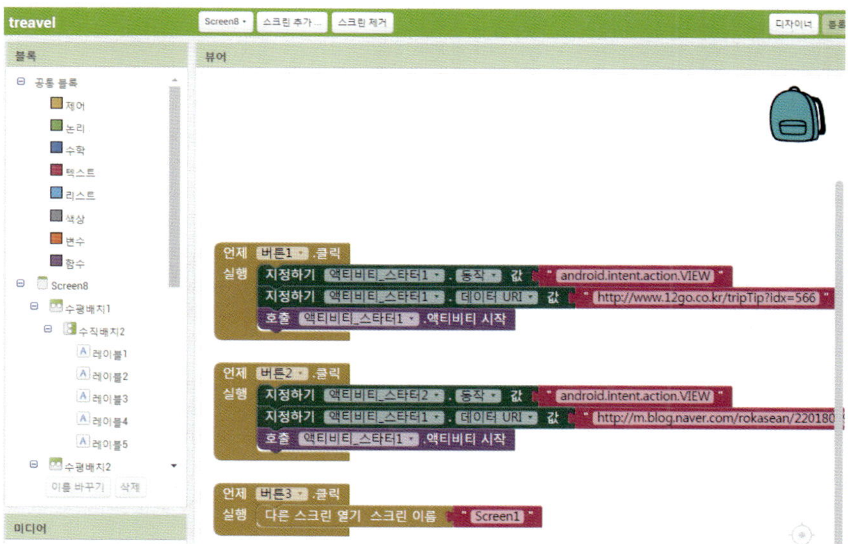

Chapter 12.

프로젝트 예제2

12.1 디자인사고를 적용한 프로젝트

1 디자인 사고의 적용사례

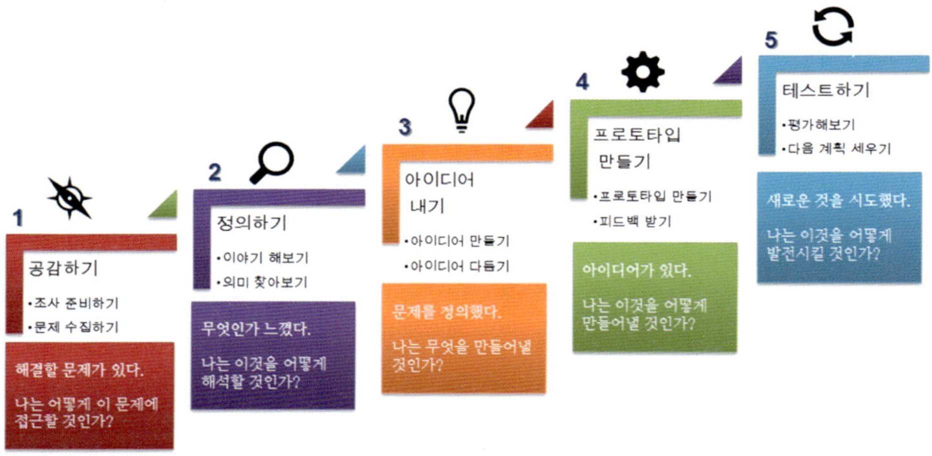

① 공감하기

이 단계는 디자인 사고에서 인간중심의 프로세스의 핵심이다. 고객의 문제를 이해하고 공감하는 단계이기 때문이다. 공감을 위해서는 실제로 고객들을 만나 공감대를 형성하고 실제 상황과 행동 등을 관찰한다. 이를 통해 고객들이 측정 방식으로 행동하는 이유, 신체적이나 정신적인 요구 등에 대해 고객의 입장에서 이해한다.

아래 프로젝트에서는 평소경험에서 문제를 조사하고 그 내용에 대해서 조금 더 깊은 부분까지 생각하여 근본적인 학교에서 밥먹는 문제에 대해서 생각해 본다. 공감하기 단계에서 학교에서 밥먹는 문제에 대해 평소에 경험으로 불편했던 점에 대해서 적어보고 그 불편했던 경험을 바탕으로 근본적으로 밥먹는 문제에 대한 생각을 깊이 해보게 된다.

1단계. 공감하기 – 문제 조사하기

불편했던 점 생각하기 – 8분 (2회 x 각 4분) 평소 자신의 경험으로부터 불편했던 점을 생각해 봅시다.	**더 깊이 생각하기 – 8분** (각 4분) 서로 팀원의 경험 내용을 발전시켜 근본적인 문제점을 생각해 봅시다.
– 밥을 혼자 먹기 싫다. – 내 주변에 친구가 있을까? – 음식은 뭘 먹을까? – 학교 주변에 음식점 전화번호를 바로 알 수 있을까?	왼쪽에 적은 내용을 발전시켜 추가 질문을 합니다. 그에 대한 답변을 적으세요. – 내 주변에 있는 친구들과 채팅해보자. – 음식을 고르고 바로 음식점에 전화하자.
인터뷰 1.	역할 바꾸기 & 반복 인터뷰 2.

② 정의하기

공감단계에서 얻은 내용을 통해 문제점을 정의하는 단계이다. 의미가 있고 실제적인 문제를 정의하는 것이 중요하다. 이는 수집한 정보를 연결하고 패턴을 발견하는 과정이다. 이를 통해 진정한 문제를 발견할 수 있으며, 이것이 디자인 사고의 핵심이 될 수 있다.

공감단계에서 학교에서 밥먹기에 대한 경험적인 내용을 바탕으로 문제를 정의하는 단계로 제시된 문제점에 대해서 정리해 보고 그것을 기반으로 의견을 수립해서 학교에서 밥먹기에 대해 정리된 문제를 하나의 문장으로 정리해 본다. 그것을 정리해 본 것으로 원하는 것은 주변에 있는 친구를 찾아 함께 밥먹을 방법이 필요하고 혼자 밥먹지 못하는 친구들이 서로 만나서 식사를 하기까지 음식을 선정하고 전화를 거는 부분까지 한꺼번에 정리를 하였다.

2단계. 정의하기 – 문제 정의하기

의견을 수집

제시된 문제에 대해 정리해 보고, 정리된 문제를 하나의 문장으로 정리해 봅시다.

· 우리가 원하는 것 : 주변에 있는 친구를 찾아 함께 밥을 먹을 방법이 필요하다.

· 이해한 것 : 혼자서 밥 먹는 것을 못하는 친구들이 있다.
주변의 친구들과 만나기까지 음식을 선택할 방법이 필요하다.
음식을 선택한 후에는 전화를 걸어야 하므로 음식점 전화번호가 필요하다.

· (우리가 원하는 것)

내 주변에 있는 친구를 찾을 방법과 음식을 선택하고 연락을 취하기 을 위한 방법이 필요하다.

· (놀랍게도 ~ 그러므로 ~ 그러나 ~)를 이용하여 문장 완성

놀랍게도	나는 혼자 밥을 먹지 못한다는	문제가 있다.
그러므로	내 주변에 함께 밥을 먹을 친구를 찾기	를 원한다.
그러나	우리는 아직 엡인벤터의 기능을 잘 모른다는	제약이 있다.

③ 아이디어 내기

정의된 문제를 해결하기 위한 아이디어를 만들어내는 단계이다. 아이디어 발상을 할 때 처음부터 해결하려하는 것이 아니라 가능한한 광범위한 생각을 하도록 노력해야한다. 이렇게 다양한 아이디어가 나왔다면, 이를 추리는 과정이 필요하다.

앞에서 학교에서 밥먹기에 관해 정의된 문제를 해결하기 위한 아이디어 해결방안을 생각해 낸다. 아이디어 발상을 통하는 법은 여러 가지 방법론으로 할 수 있고 가능한한 여러 가지 방법을 중복적으로 사용해서 학교에서 밥먹기에 대해서 다양한 아이디어를 정리해 본다. 정의된 문제점인 "주변에 있는 친구를 찾아 함께 밥먹을 방법이 필요하다."라는 문제점에서 조원이 각자 아이디어를 도출해 본다. 그리고 나온 아이디어 중에서 가장 좋은 아이디어를 조원끼리 논의해서 선정한다.

3단계. 아이디어 내기 – 문제 해결을 위한 대안 생성하기

원하는 것을 해결하기 위한 반안 적기(1인당 3가지 이상)

· · 위치 알기 · 채팅창에서 음식 상의하기 · 시간나면 게임하기	· · 오픈채팅 · 음식점 정보 검색 · 위치추적하기	· · 학교근처 음식점 조사해두기 · 기다리는 시간 잠시 게임하기	· · · ·	· · · ·

해결방법 공유 & 의견 수렴

팀원들의 아이디어를 공유하고 수렴하여 가장 좋은 아이디어를 선정합니다.

- 나의 위치를 알아내고 친구들에게 보내기
- "채팅 신청"하여 버튼을 선택하면 오픈채팅 실행하기
- 채팅창에서 함께 메뉴 고르기
- 음식점에 전화하여 주문하기
- 잠시 쉬는 동안 게임 즐기기

④ 프로토타입 만들기

도출된 아이디어를 실제와 비슷하게 프로토타입을 만드는 단계이다. 이는 시제품이 될 수 있고, 스토리 또는 그림 등으로 만들어질 수 있다. 만들어진 프로토타입으로 고객에게서 피드백을 얻을 수 있다. 피드백과정에서 다시 수정될 수 있다.

아래는 밥친구 앱을 만들기 위한 디자인을 직접 그림으로 표현해 본다.

4단계. 프로토타입 - 의견을 바탕으로...
새로운 해결방법 생성 & 반영

선정된 아이디어에 대한 주요 내용을 정리해 봅시다.

- 내 주변의 친구를 찾는 일은 너무 힘들다.
  내 위치를 검색하여 친구에게 보내는 방식으로 변경했다.
- 카카오톡 오픈채팅방을 만들어서 주소를 보내서 들어올 수 있는 친구들에게 보낸다.
  - 링크를 열면 함께 채팅할 수 있다.
- 친구들이 자주 먹는 메뉴를 미리 만들어서 함께 메뉴를 선택한다.
- 한명이 가게이름을 선택하면 전화번호가 나타나고 바로 전화를 할 수 있다.
- 음식이 올때까지 약속장소로 이동하거나 게임을 하면서 기다린다.

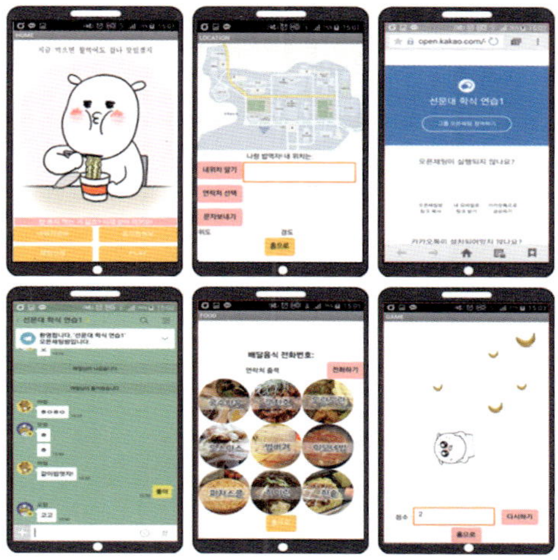

⑤ 테스트하기

프로토타입이 완성되었다면, 이것을 실제로 제품이나 서비스로 생성하여 고객에게 피드백을 받아 개선해가는 단계이다. 고객이 실제생활에서 사용해보는 것이 가장 좋지만, 그렇지 못하다면 비슷한 상황을 만들어서 실시할 수 있다.

밥친구 앱을 작성해 보고 밥친구 앱에서 이루어진 부분을 작성해 보고 밥친구 앱에서 문제점을 작성해 보고 앞으로 개선할 수 있는 방안을 작성해 본다. 작성된 개선방안을 기반으로 아이디어를 추가하는 부분까지 작성해서 추후에 앱이 발전할수 있는 방안을 작성해 본다.

밥친구 앱을 만들어서 사용함으로 친구들을 불러서 혼자 밥을 먹지 않아도 되고 채팅창에서 함께 메뉴를 고민해서 빠른시간에 즉시 주문할 수 있다는 것을 이루었다. 내 주변의 친구들을 검색하기 힘들다는 문제점을 가지고 있다. 개선될 수 있는 점은 내 친구가 근처에 있는지 검색하여 그 친구에게 대화를 걸 수 있는 방법이 있다면 조금 더 편리하게 개선될 수 있다. 추가적인 아이디어는 학교 주변에 음식점 정보를 한식, 중식, 분식, 페스트푸드 등으로 분류해서 선택의 폭을 넓게 하면 좋겠다는 점과 기다리는 동안 친구와 함께 할 수 있는 게임을 추가하면 지루한 시간을 즐겁게 즐길 수 있다는 것이다.

5단계. 테스트 – 발전시키기

해결 방법을 공유하고 의견을 받는다. 8분 (2회 x 각 4분)

완성된 해결방법에 대해 정리하고, 토론하여 보완점 및 개선점을 생각해 봅시다.

+ 무엇이 이루어졌는가...

· 친구를 불러 혼자 밥을 먹지 않아도 된다.

· 채팅창에서 함께 메뉴를 고민하고, 즉시 주문할 수 있다.

– 무엇이 개선될 수 있는가...

· 내 친구가 근처 있는지 검색하여 그 친구에게 대화를 걸 수 있는 방법이 있으면 좋겠다.

? 문제점은...

· 내 주변의 친구를 검색하기 힘들다.

! 아이디어는...

· 학교 주변에 음식점 정보를 한식, 중식, 분식, 패스트푸드등으로 분류하여 선택의 폭을 넓게 하면 좋겠다.

· 친구와 함께 할 수 있는 게임을 추가하면 함께 기다리면서 즐길 수 있을 것 같다.

2 실제 프로그램 작성(선문대 밥친구 앱)

밥친구 앱은 첫 화면에서 내 위치 공유, 음식점 정보, 채팅신청, PLAY의 4개의 버튼으로 프로그램을 구성되었다. 내 위치 공유를 누르면 내 위치 알기, 연착처 선택, 문자보내기로 구성되어서 자신의 위치를 친구들에게 보낼 수 있도록 구성되어 있다. 음식점정보를 누르면 학교 주변의 음식점 상호가 보이고 해당 상호를 누르면 전화번호를 확인하고 전화를 걸 수 있도록 구성되어 있다. 채팅신청을 누르면 카카오톡으로 들어가서 오픈채팅을 할 수 있도록 구성되어 있다. PLAY로 들어가면 바나나먹기라는 간단한 게임이 들어 있어서 핸드폰을 기울여서 바나나들 먹는 게임을 진행할 수 있게 구성되어 있다.

① 컴포넌트 설명

위치 센서	: 경도, 위도, 고도 (기기의 지원 여부에 따라 다름), 주소와 같은 위치 정보를 제공하는 숨겨진 컴포넌트입니다.
방향 센서	: 3차원 공간에서의 기기의 물리적 방향에 대한 정보를 제공하는 숨겨진 컴포넌트입니다.
시계	: 스마트폰의 시계, 타이머, 그리고 시간 계산을 기능을 하는 제공하는 보이지 않는 컴포넌트입니다.
문자 메시지	: 메시지 보내기 함수가 호출되면, 전화번호 속성의 전화번호로 메시지 속성의 값을 내용으로 하는 문자 메시지를 보내는 컴포넌트입니다.
전화	: 전화번호 속성에 지정된 번호로 전화를 거는 보이지 않는 컴포넌트입니다. 전화번호는 디자이너 또는 블록 에디터에서 지정할 수 있습니다. 전화 걸기 함수는 프로그램이 전화를 거는 기능을 합니다.

② 앱 인벤터 화면 디자인하기

◎Screen1

◎Screen2

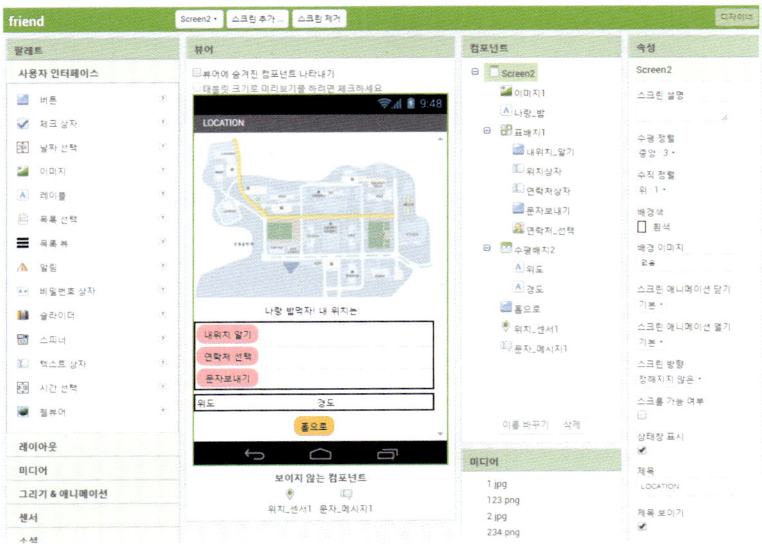

◎Screen3

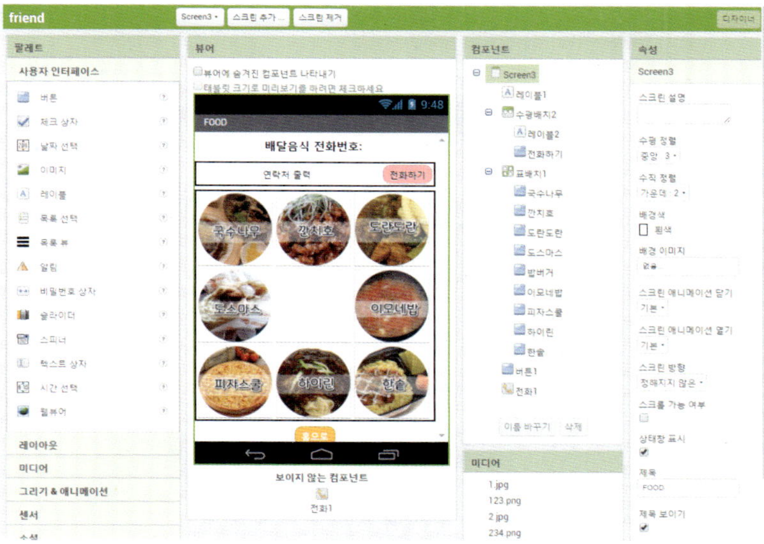

◎Screen4

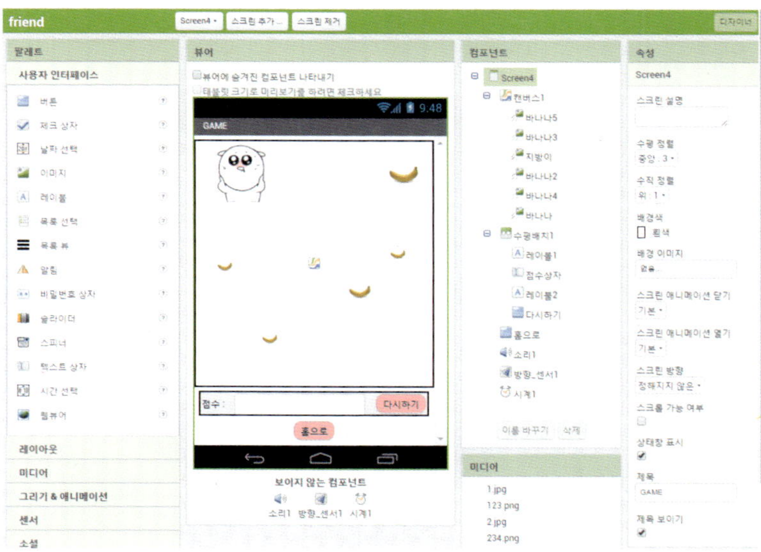

③ 앱 인벤터 코딩

◎Screen1

◎Screen2

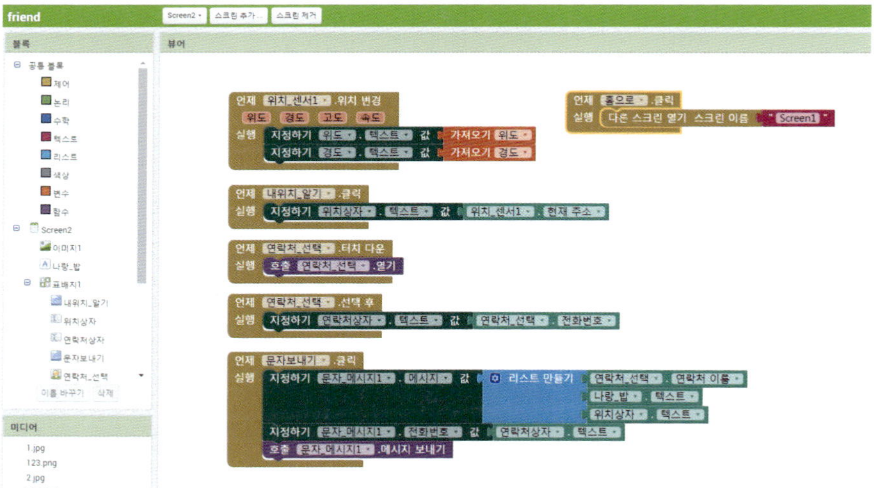

◎Screen3

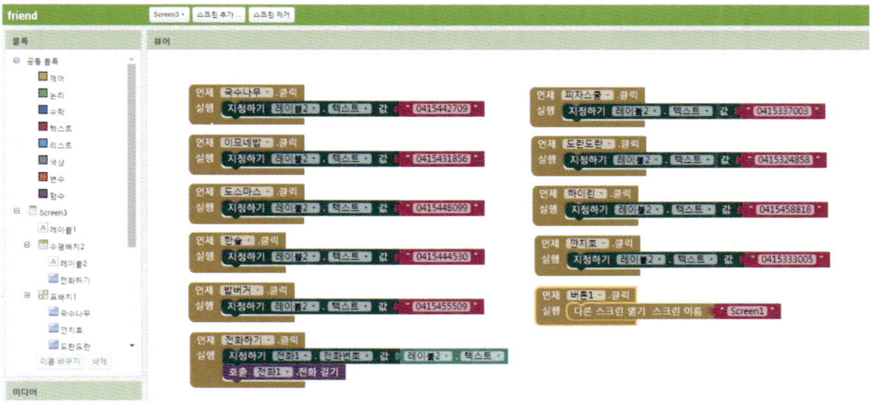

◎Screen4

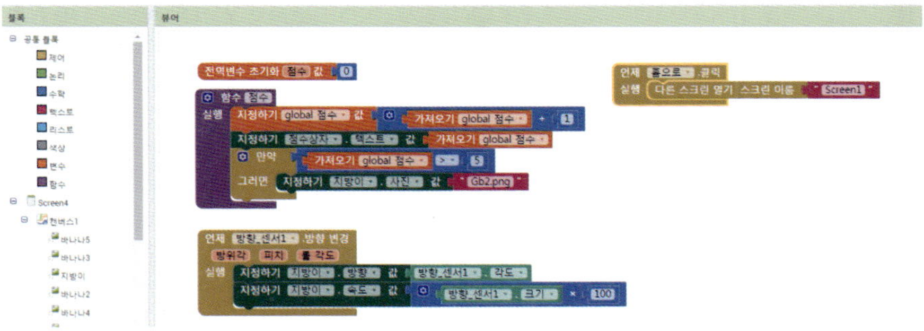

◎Screen5

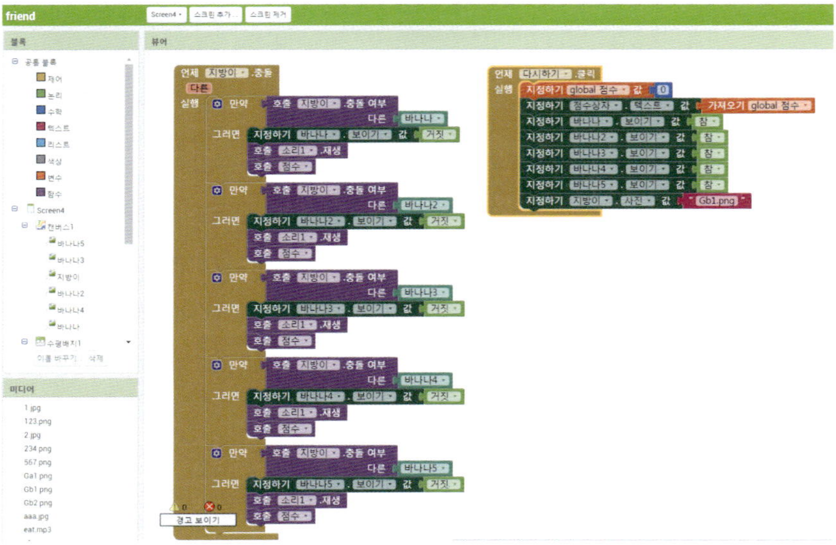

◎Screen6

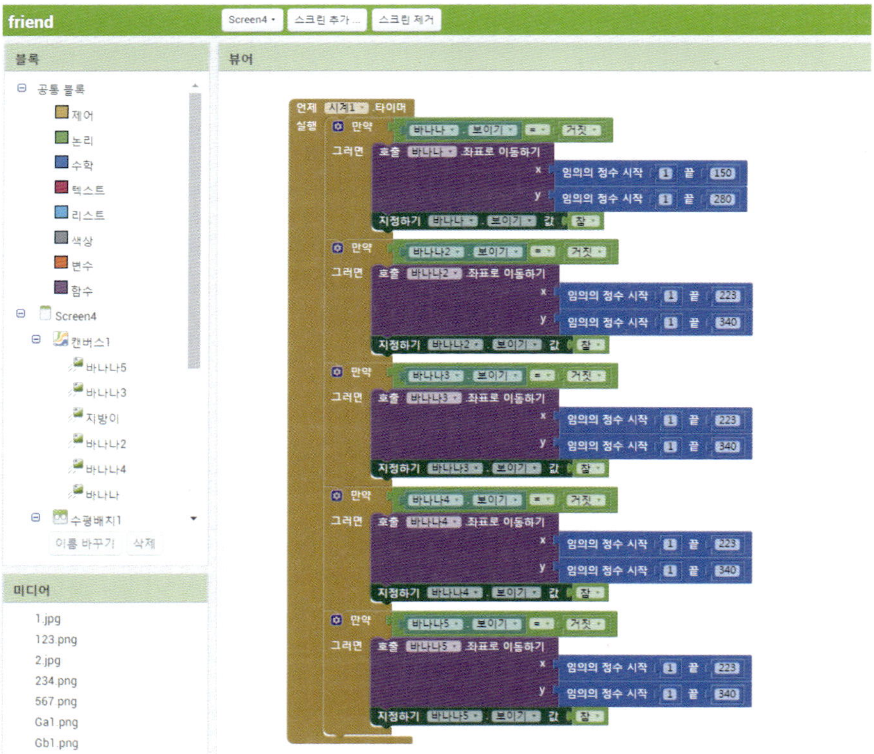